智能网联汽车传感器技术

主　编　宋建华　邓锦阳
副主编　资庆峰　张　浩　徐菁
参　编　董　鑫　刘　泽　李奕衡

北京理工大学出版社
BEIJING INSTITUTE OF TECHNOLOGY PRESS

内 容 简 介

本书由曲靖职业技术学院组织编写，基于校企合作双元、工学结合一体的人才培养模式，服务于企业用人需求，满足学习者职业生涯发展需求。在内容选择方面，更突出教学内容的实用性和实践性，坚持以职业能力为本位，以应用为目的，以必需、够用为度，实现理论教学与实践教学融通合一、能力培养与工作岗位对接合一、实习与顶岗工作学做合一。

本书包括8个项目13个实践任务，介绍了智能汽车传感器认知、视觉传感器测试与装调、毫米波雷达传感器测试与装调、激光雷达传感器测试与标定、超声波传感器测试与装调、车载卫星导航定位系统测试与装调、车载惯性导航系统测试与装调以及多传感器融合系统调试。同时与本书配套的在线课程在"智慧职教"上线，每个学习任务与在线开发课程资源结合，实现学习者课前、课中、课后随时学习。

本书适用于智能网联汽车技术、汽车电子技术、新能源汽车技术及智能交通技术运用等相关专业，同时也可供从事自动驾驶汽车相关工作的工程技术人员参考、使用。

版权专有　侵权必究

图书在版编目（CIP）数据

智能网联汽车传感器技术／宋建华，邓锦阳主编.
-- 北京：北京理工大学出版社，2024.2
ISBN 978-7-5763-4001-3

Ⅰ.①智⋯　Ⅱ.①宋⋯　②邓⋯　Ⅲ.①智能控制-汽车-传感器　Ⅳ.①U463.6

中国国家版本馆 CIP 数据核字（2024）第 098752 号

责任编辑： 陈莉华	**文案编辑：** 李海燕
责任校对： 周瑞红	**责任印制：** 李志强

出版发行 ／	北京理工大学出版社有限责任公司
社　　址 ／	北京市丰台区四合庄路6号
邮　　编 ／	100070
电　　话 ／	（010）68944439（学术售后服务热线）
网　　址 ／	http：//www.bitpress.com.cn

版 印 次 ／	2024年2月第1版第1次印刷
印　　刷 ／	北京广达印刷有限公司
开　　本 ／	787 mm×1092 mm　1/16
印　　张 ／	14.25
字　　数 ／	335 千字
定　　价 ／	89.00 元

图书出现印装质量问题，请拨打售后服务热线，负责调换

前　　言

　　自动驾驶汽车技术是一项庞大且复杂的系统工程。智能车辆自主行驶的前提和基础就是对环境信息和车内信息的采集、处理与分析，即环境感知。环境感知需要多种车载传感器实时获取周边环境的信息，通过多种算法处理和分析原始输入数据，给出最合理的决策。因此，环境感知是硬件设备和软件算法的统一体。硬件设备是感知的物理基础，主要指各种车载传感器，包括超声波雷达传感器、毫米波雷达传感器、激光雷达传感器、视觉传感器及多传感器信息融合系统等。

　　本书由曲靖职业技术学院组织编写，基于校企合作双元制、工学结合一体人才培养模式，服务于企业用人需求，满足学习者职业生涯发展需求。在内容选择方面，更突出教学内容的实用性和实践性，坚持以职业能力为本位，以应用为目的，以必需、够用为度，实现理论教学与实践教学融通合一、能力培养与工作岗位对接合一、实习与顶岗工作学做合一。本书包括8个项目13个实践任务，介绍了智能汽车传感器认知、视觉传感器测试与装调、毫米波雷达传感器测试与装调、激光雷达传感器测试与标定、超声波雷达传感器测试与装调、车载卫星导航定位系统测试与装调、车载惯性导航系统测试与装调以及多传感器融合系统调试。同时与本书配套的在线课程在"智慧职教"上线，每个学习任务与在线开发课程资源结合，实现学习者课前探究，课中导学，课后拓学。

　　本书适用于智能网联汽车技术、汽车电子技术、新能源汽车技术及智能交通技术运用等相关专业，同时也可供从事自动驾驶汽车相关工作的工程技术人员参考、使用。

　　由于编者水平有限，本书还有不足之处。若发现不妥，希望及时提出意见和建议，以便在下次修订时改正、完善。

编　者

目　录

项目一　智能汽车传感器认知 …………………………………………………………… 1

  任务1　智能汽车传感器基本认知 ……………………………………………………… 2

  任务2　智能汽车传感器识别 …………………………………………………………… 14

项目二　视觉传感器测试与装调 ………………………………………………………… 19

  任务1　视觉传感器认知 ………………………………………………………………… 20

  任务2　视觉传感器功能测试 …………………………………………………………… 34

  任务3　视觉传感器整车联调测试 ……………………………………………………… 40

项目三　毫米波雷达传感器测试与装调 ………………………………………………… 46

  任务1　毫米波雷达传感器认知 ………………………………………………………… 47

  任务2　毫米波雷达传感器功能测试 …………………………………………………… 62

  任务3　毫米波雷达传感器整车联调测试 ……………………………………………… 70

项目四　激光雷达传感器测试与标定 …………………………………………………… 75

  任务1　激光雷达传感器认知 …………………………………………………………… 76

  任务2　激光雷达传感器功能测试 ……………………………………………………… 91

  任务3　激光雷达传感器整车联调测试 ………………………………………………… 101

项目五　超声波传感器测试与装调 ……………………………………………………… 108

  任务1　超声波传感器认知 ……………………………………………………………… 109

  任务2　超声波传感器功能测试 ………………………………………………………… 120

  任务3　超声波传感器整车联调测试 …………………………………………………… 127

项目六　车载卫星导航定位系统测试与装调　132

任务 1　车载卫星导航定位系统认知　133
任务 2　车载卫星导航定位系统整车联调测试　152

项目七　车载惯性导航系统测试与装调　158

任务 1　车载惯性导航系统认知　159
任务 2　车载惯性导航系统功能测试　175
任务 3　车载惯性导航系统整车联调测试　180

项目八　多传感器融合系统调试　186

任务 1　多传感器融合技术认知　187
任务 2　多传感器融合系统调试　210

参考文献　219

项目一　智能汽车传感器认知

　　毋庸置疑，汽车是人们出行的必需品之一。而随着 5G、智能网联的蓬勃发展，全球迈入万物互联时代，智能汽车、无人驾驶正迅速成为新出行时代的标志。随之而来，智能汽车的性能需不断提升和优化，这必须得益于汽车电子科技的迅速发展，而其中最具代表的核心元件是汽车传感器。汽车传感器是汽车电子控制系统的信息来源，是车辆电子控制系统的基础关键部件，智能汽车通过先进车载传感器对环境进行感知，特别是先进驾驶辅助系统，以传感器采集的信息作为系统的输入，传感器的质量和性能直接影响先进驾驶辅助系统的功效。这些先进环境感知传感器包括视觉传感器、毫米波雷达传感器、激光雷达传感器、超声波传感器、车载惯性导航系统、车载卫星导航定位系统等。

任务1 智能汽车传感器基本认知

📋 任务导入

某学校邀请你做关于智能汽车环境传感器在汽车上的应用方面的科普讲座，你作为一名技术员能完成任务吗？

智能汽车环境感知
传感器认知

📋 任务目标

（1）能正确说出传感器的定义及组成。
（2）能正确说出汽车传感器的常见分类、特点。
（3）能正确说出应用于自动驾驶汽车的主要环境感知传感器的类型。
（4）能正确描述不同环境感知传感器的安装位置与作用。
（5）能概括说明不同环境感知传感器的性能，说出它们之间的性能差异。
（6）能举例说明智能汽车环境感知传感器的配置应用。

📋 知识储备

自动驾驶汽车必须具有环境感知能力，能不断采集汽车外部环境信息，识别周围环境中静止和运动的物体，对识别的物体进行检测和跟踪，再通过相应的算法判断物体是否是目标物以及目标物对汽车的威胁程度，即具有探测视场、探测距离的能力。环境感知是硬件设备（感知设备）和软件算法（感知技术）的统一体，硬件设备是自动驾驶汽车实现环境感知的物理基础，主要指各种环境感知传感器。

一、汽车传感器的定义及组成

传感器是一种检测装置，能感受到被测量的信息，并能将感受到的信息，按一定规律变换成电信号或其他所需形式的信息输出，以满足信息的传输、处理、存储、显示、记录和控制等要求。

1. 汽车传感器的组成

传感技术中传感器通常是由敏感元件、转换元件、信号调节与转换电路等其他辅助元件组成。传感器的基本组成如图1-1-1所示。

图1-1-1　传感器的基本构成

（1）敏感元件。
直接感受被测量，并输出与被测量成确定关系的某一物理量的元件。如应变式压力传感器的弹性膜片就是敏感元件，其作用是将压力转换为弹性膜片的变形。

（2）转换元件。

转换元件把来自敏感元件的其他量转换成适合传输、测量的电信号，适合传输、测量的电信号通过信号调节与转换电路被转换为可显示、记录、处理和控制的有用电信号，最后有用电信号被传递至其他装置并进行通信。如应变式压力传感器的应变片，它的作用是将弹性膜片的变形转换为电阻值的变化。

（3）转换电路。

把传感元件输出的电信号转换成便于处理、控制、记录和显示的有用电信号所涉及的有关电路。信号调节与转换电路的选择要视传感元件的类型而定，常用的电路有电桥、放大器、振荡器、阻抗变换器等。

（4）辅助电源。

转换元件和变换电路一般还需要辅助电源供电。

2. 汽车传感器的分类

汽车传感器有很多种分类方法，例如有按测量对象划分的，有按工作原理划分的，有按功能划分的，有按使用区域划分的，但目前还没有统一的分类方法。

汽车传感器的分类及特点

（1）按测量对象划分。

汽车传感器按测量对象可以分为温度传感器、压力传感器、流量传感器、气体浓度传感器、位置传感器、转速传感器、加速度传感器、距离传感器等。汽车传感器按测量对象划分如表1-1-1所示。

表1-1-1　汽车传感器按测量对象划分

类　别	说　明
温度传感器	主要用于检测发动机温度、吸入气体温度、冷却液温度、燃油温度、环境温度等
压力传感器	主要用于检测气缸负压、大气压、涡轮发动机升压比、气缸内压、油压等
流量传感器	主要用于检测发动机空气流量和燃料流量等
气体浓度传感器	主要用于检测车辆内气体和废气排放的浓度等
位置传感器	主要用于检测曲轴转角、节气门开度、制动踏板位置、车辆位置等
转速传感器	主要用于检测发动机转速、车轮转速和行驶车速等
加速度传感器	主要用于测量纵向加速度、横向加速度和垂直加速度等
距离传感器	主要用于测量汽车行驶的距离以及汽车至障碍物之间的距离等

（2）按工作原理划分。

汽车传感器按工作原理可以分为电阻式传感器、电容式传感器、电感式传感器、压电式传感器、电磁式传感器、热电式传感器、光电式传感器、电化学式传感器等。汽车传感器按工作原理划分如表1-1-2所示。

表 1-1-2　汽车传感器按工作原理划分

类　别	说　明
电阻式传感器	是指将被测量变化转换成电阻变化的传感器,如空气流量传感器、压力传感器、节气门位置传感器等
电容式传感器	是指将被测量变化转换成电容量变化的传感器,如机油传感器、碰撞传感器、燃油液位传感器等
电感式传感器	是指将被测量变化转换成电感量变化的传感器,如位置传感器、爆震传感器、加速度传感器等
压电式传感器	是指将被测量变化转换成由于材料受机械力产生静电电荷或电压变化的传感器,如进气压力传感器、减振器传感器等
电磁式传感器	是指利用磁通量的变化,将被测量在导体中转换成电信号变化的传感器,它利用导体和磁场发生的相对运动而在导体两端输出感应电势,如发动机转速传感器、车轮转速传感器、转向盘转角传感器等
热电式传感器	是指将被测量变化转换成热电动势变化的传感器,如水温传感器、空气流量传感器、进气温度传感器等
光电式传感器	是指将光通量转换成电量的传感器,如曲轴位置传感器、红外传感器等
电化学式传感器	是指利用被测量的电化学反应,将其变化转换成电位或者电导率变化的传感器,如氧传感器、湿度传感器等

（3）按功能划分。

汽车传感器按功能可以分为汽车控制用传感器和汽车性能检测用传感器。汽车传感器按功能划分如表 1-1-3 所示。

表 1-1-3　汽车传感器按功能划分

类　别	子类别	说　明
汽车控制用传感器	发动机控制系统传感器	如流量传感器、压力传感器、气体浓度传感器、温度传感器、爆燃传感器等
	底盘控制系统用传感器	如悬架控制用传感器、制动防抱死系统（Antilock Braking System，ABS）传感器、驱动防滑系统（Anti-Slip Regulation，ASR）传感器、稳定性控制系统（Electronic Stability Program，ESP）传感器、自适应巡航控制系统传感器、车道偏离报警系统传感器、车道保持辅助系统传感器、汽车并线辅助系统传感器、汽车自动刹车辅助系统传感器、自动泊车辅助系统传感器等
	车身控制传感器	如汽车姿态控制传感器、智能空调传感器、安全气囊传感器、汽车自适应前照明系统传感器、汽车夜视辅助系统传感器、汽车平视显示系统传感器等
	导航控制用传感器	如微机械陀螺仪、电子罗盘等
汽车性能检测用传感器	汽车动力性能检测传感器	
	汽车燃料经济性检测传感器	
	汽车制动性能检测传感器	
	汽车操纵稳定性检测传感器	
	汽车行驶平顺性检测传感器	
	汽车灯光检测传感器	
	轮胎压力检测传感器	

（4）按使用区域划分。

汽车传感器按使用区域可以分为发动机传感器、底盘传感器、车身传感器、电器传感器、导航传感器等。

二、智能汽车环境感知传感器类型

智能网联汽车通过搭载智能传感器系统来感知周围的环境，对获得的信息加以处理。通过智能决策和智能控制对智能网联汽车的行驶路线进行规划和控制，从而顺利到达目的地。

目前应用于自动驾驶汽车的环境感知传感器主要有超声波传感器、毫米波雷达传感器、激光雷达传感器、视觉传感器、车载惯性导航系统、车载卫星导航定位系统。其中超声波传感器、毫米波雷达传感器、激光雷达传感器、视觉传感器为外界感知，其主要目的是感知外在环境，包括静态环境感知和动态环境感知，静态环境感知主要是感知周围位置相对固定不变的物体，动态环境感知主要是感知周围移动的物体。车载卫星导航定位系统、车载惯性导航系统为自身感知，通常是感知自身的运动状态，包括位置、朝向、速度等。主要环境感知传感器类型如图1-1-2所示。

图1-1-2 主要环境感知传感器类型

三、智能汽车环境感知传感器的安装位置与作用

不同环境感知传感器安装在汽车的不同位置，能够对车辆周围360°全覆盖检测，环境感知传感器的覆盖范围如图1-1-3所示。它们的作用不同，其实现的自动驾驶辅助功能也各不相同，环境感知传感器的位置和作用如图1-1-4所示。

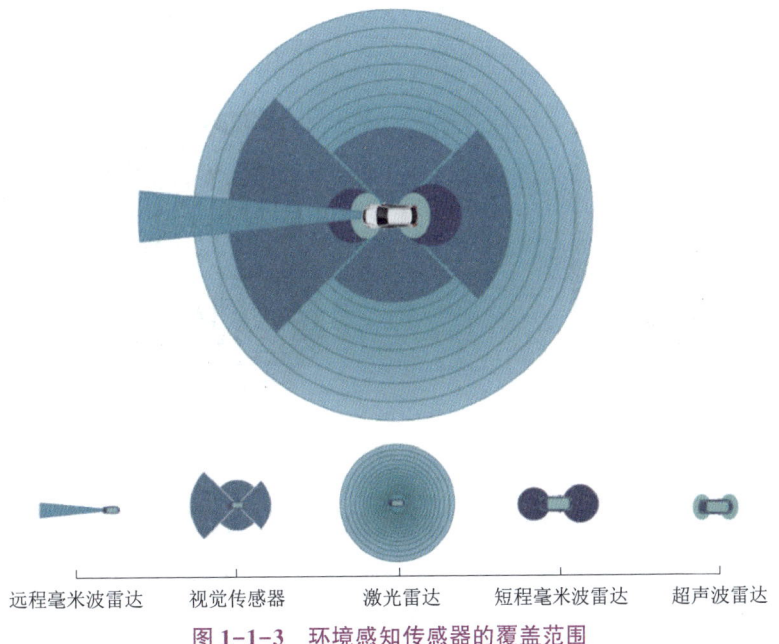

远程毫米波雷达　　视觉传感器　　激光雷达　　短程毫米波雷达　　超声波雷达

图1-1-3 环境感知传感器的覆盖范围

图 1-1-4　环境感知传感器的位置和作用

超声波传感器，穿透能力强，不受光线条件的影响，可检测较小范围内的物体位置，一般被安装在汽车前、后保险杠上，可以帮助实现泊车辅助等功能。超声波传感器如图 1-1-5 所示。

视觉传感器，利用图像识别算法可检测或识别近距离内的道路基础设施、车辆、行人、障碍物等道路目标物和路侧呈现设备的信号与信息。一般可以前置安装或者环绕安装（两侧与后边）。

图 1-1-5　超声波传感器

例如，Mobileye 公司的视觉处理器系统可以检测或识别交通标志、交通信号灯、行人、障碍物、道路边界、车道线，用于实现车道偏离警告、车辆检测、前车碰撞预警等驾驶辅助功能。车载单目、双目摄像头如图 1-1-6 所示。

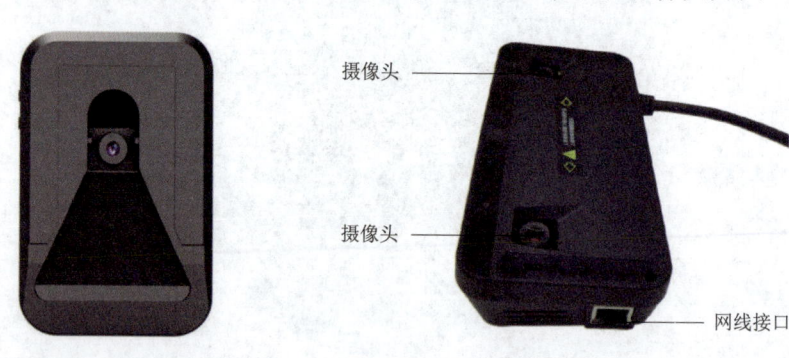

图 1-1-6　车载单目、双目摄像头

毫米波雷达传感器，可探测远距离目标的距离、速度、方位等，一般分为长距离毫米波雷达和中短距离毫米波雷达。长距离毫米波雷达一般安装于车辆前方，用于帮助实现自适应巡航等功能。中短距离毫米波雷达一般可安装在车辆前方、两侧或后方，其中前置的中短距离毫米波雷达可用于实现岔路口交通状况提醒等功能，两侧后边的中短距离雷达可用于实现盲区检测等功能，后置的中短距离毫米波雷达可用于实现后向碰撞预警等功能。车载毫米波雷达如图 1-1-7 所示。

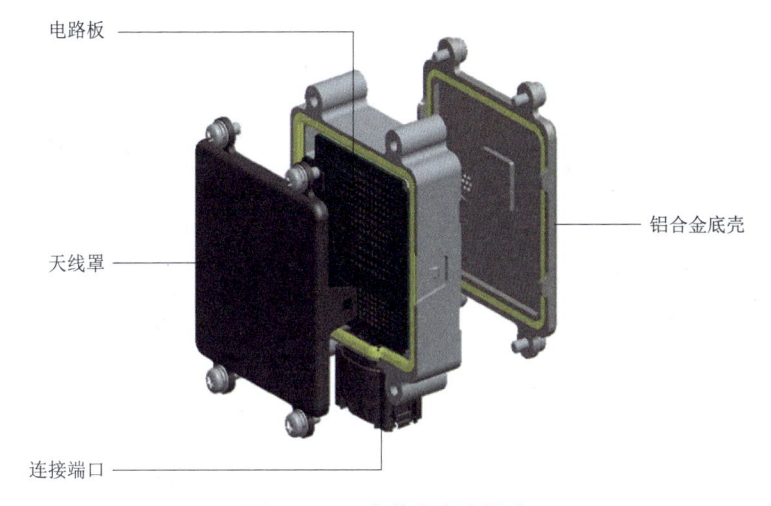

图 1-1-7　车载毫米波雷达

激光雷达传感器，利用测距的原理，采集获取道路基础设施和道路目标物表面三维坐标数据，从而进行各种量算或建立立体模型，构建实时的三维环境感知地图，前置的激光雷达传感器扫描可以用于实现紧急制动、行人检测和碰撞避免等驾驶辅助功能。激光雷达如图 1-1-8 所示。

图 1-1-8　激光雷达

全球导航卫星系统（Global Navigation Satellite System，GNSS）常见的有美国的全球定位系统（Global Positioning System，GPS）、俄罗斯的格洛纳斯卫星导航系统（Global Navigation Satellite System，GLONASS）、中国的北斗卫星导航系统（Beidou Navigation Satellite System，BDS）与欧盟的伽利略卫星导航系统（Galileo Satellite Navigation System，GALILEO），并称为全球 4 大导航卫星系统。

以美国全球定位系统 GPS 为例，GPS 传感器又称 GPS 接收机，是一种被动式无线电定位设备，主要功能是接收 GPS 卫星信号并将信号进行放大、变频、锁相处理，测定 GPS 信号从卫星到接收机天线的传播时间，解释导航电文，实时计算 GPS 天线所在的位置及运行速度等。GPS 接收机主机的最佳安装位置一般是在车辆后轴的中心位置，接收机天线一般安装在车辆顶部（需保证两个天线距离车载电子设备在 0.5 m 以上，以保证电子设备不会受到电磁干扰，两天线间距需在 1 m 左右的同一高度上）。常见的车载卫星导航定位系统接收机主机如图 1-1-9 所示，车载卫星导航定位系统接收机天线如图 1-1-10 所示。

图 1-1-9　常见的车载卫星导航定位系统接收机主机

图 1-1-10　车载卫星导航定位系统接收机天线

车载惯性导航系统，是一种不依赖外部信息，也不向外辐射能量的自主式导航系统，是以陀螺仪和加速度计为敏感器件的导航参数解算系统。它是获取车辆行驶数据（车辆行驶的速度、加速度和方向）的主要手段，也是为自动驾驶提供实时定位能力的一种关键技术。一个惯性导航传感器通常集成多个陀螺仪和多个加速度计，一般安装在车载卫星导航定位系统接收机主机附近，最佳安装位置为车辆的后轴中心位置。随着技术发展，惯性导航传感器的发展趋势是与车载卫星定位传感器融合集成为一个传感器。惯性导航单元如图 1-1-11 所示。

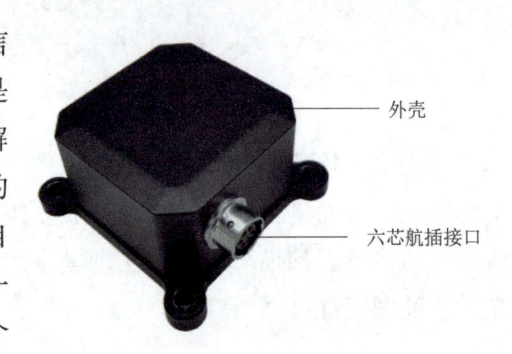

图 1-1-11　惯性导航单元

在车辆的实际行驶场景中，仅依赖某一种类型传感器获得数据往往是不可靠的，且探测范围有限，不可避免地会存在时空盲区。智能网联汽车通常是根据场景需求，选择超声波传感器、毫米波雷达传感器、激光雷达传感器、视觉传感器、车载卫星导航定位系统与车载惯性导航系统中的若干进行组合，协同感知汽车行驶场景的状况，利用多传感器信息融合技术对检测到的数据进行分析、综合和平衡，根据各个传感器信息在时间或空间的冗余或互补特性进行容错处理，扩大系统的时频覆盖范围，增加信息维数，避免单个传感器的工作盲区，从而得到所需要的环境信息。

四、智能汽车环境感知传感器性能

不同类型的环境感知传感器，具有各自的优点与缺点，常见的环境感知传感器性能对比如表 1-1-4 所示。

表 1-1-4 常见的环境感知传感器性能对比

应用的技术	超声波传感器	毫米波雷达传感器	激光雷达传感器	视觉传感器
远距离探测能力	弱	强	强	强（红外夜视摄像头最远可达 400 m）
探测精度	一般	较高	极高	一般
夜间工作能力	强	强	强	弱（红外夜视摄像头：强）
全天候工作能力	弱	强	弱	弱
不良天气工作能力	一般	强	弱	弱
温度稳定性	弱	强	强	强
车速测量能力	一般	强	弱	一般
目标识别能力	弱	弱	一般	强
避免虚报警能力	弱	强	一般	一般
成本	很低	适中	很高	适中

超声波传感器的数据处理简单、快速，一般能检测到的距离为 1~5 m，但检测不出来详细的位置信息，主要用于近距离障碍物检测，通常用于泊车辅助。

毫米波雷达传感器分辨率高、抗干扰能力强，具有较好的环境适应性，下雨、大雾或黑夜等天气状况对毫米波的传输几乎没有影响，因此可在各种环境下可靠地工作。毫米波雷达的不足是进行目标识别时，难以识别出正在转弯与正在换道的车辆。

视觉传感器，采用机器视觉技术对所得的图像进行处理，主要用于车道线识别、交通信号灯识别、障碍物的检测与跟踪以及驾驶人状态监测。机器视觉受天气状况和光照条件变化的影响很大，并且无法直接得到检测对象的深度信息，但是它具有检测范围广、信息容量大、成本低等优点。

激光雷达传感器方向性好、波束窄、无电磁干扰、距离及位置探测精度高。与机器视觉相比，激光雷达能解决图像模糊问题。激光雷达技术可以跟踪目标，获得周围环境的深度信息，广泛应用于障碍物检测、环境三维信息的获取、车距保持、车辆避障。但是激光雷达成本高，对控制单元的运算能力要求高，环境适应性差，雨、雾天气对其工作效果会产生较大影响。

智能汽车环境感知传感器的性能

五、智能汽车环境感知传感器的配置

环境感知传感器在智能网联汽车上的配置与自动驾驶级别有关，自动驾驶级别越高，配置的传感器越多，传感器的要求也越高。

美国汽车工程师学会（Society of Automotive Engineers，SAE）根据系统对于车辆操控任务的把控程度，将自动驾驶技术分为 L0~L5 级：L0 级（无自动化）、L1 级（驾驶支持）、L2级（部分自动化）、L3级（有条件自动化）、L4级（高度自动化）和L5级（完全自动化）。如表1-1-5所示是美国汽车工程师学会（SAE）自动驾驶分级标准。

表1-1-5 美国汽车工程师学会（SAE）自动驾驶分级标准

美国汽车工程师学会（SAE）自动驾驶分级标准							
分级		L0	L1	L2	L3	L4	L5
名称		无自动化	驾驶支持	部分自动化	有条件自动化	高度自动化	完全自动化
定义		由人类驾驶者全权驾驶汽车，在行驶过程中可以得到警告	通过驾驶环境对方向盘和加速减速中的一项操作提供支持，其余由人类操作	通过驾驶环境对方向盘和加速减速中的多项操作提供支持，其余由人类操作	由无人驾驶系统完成所有的驾驶操作，根据系统要求，人类提供适当的应答	由无人驾驶系统完成所有的驾驶操作，根据系统要求，人类不一定提供所有的应答，限定道路和环境条件	由无人驾驶系统完成所有的驾驶操作，可能的情况下，人类接管，不限定道路和环境条件
主体	驾驶操作	人类驾驶者	人类驾驶者/系统		系统		
	周边监控	人类驾驶者			系统		
	支援	人类驾驶者				系统	
系统作用域		无	→				全域

在选择环境感知传感器时，一般需要综合考虑多个方面的属性，结合这些属性参数和不同等级的无人驾驶功能实现需求，从多种传感器中综合考虑加以选取。下面以4款车为例介绍车辆环境感知传感器的配置。

1. 2018款一汽奔腾SENIA R9

一汽奔腾SENIA R9每辆车上有1个前视单目摄像头，用于车道偏离预警系统、前方碰撞预警系统、自动紧急制动系统、自适应巡航控制系统和智能限速提醒系统；4个环视鱼眼摄像头，用于全景泊车系统；前面4个超声波雷达、后面4个超声波雷达，用于前、后泊车辅助系统；2个24GHz毫米波雷达，用于并线辅助系统和倒车预警系统。一汽奔腾SENIA R9汽车环境感知传感器配置示意图如图1-1-12所示。

2. 特斯拉电动车

特斯拉Autopilot 2.0以L2为主，后面慢慢升级过渡到L3，特斯拉电动车环境感知传感器配置示意图如图1-1-13所示，主要传感器配置如下：

（1）3个前置摄像头［广角（60 m）、长焦（250 m）、中距（150 m）］。

（2）2个侧方前视摄像头（80 m）。

（3）2个侧方后视摄像头（100 m）。

（4）1个后视摄像头（50 m）。

（5）12个超声波传感器（探测距离/精度翻倍）。

（6）1个增强版前置毫米波雷达（160 m）。

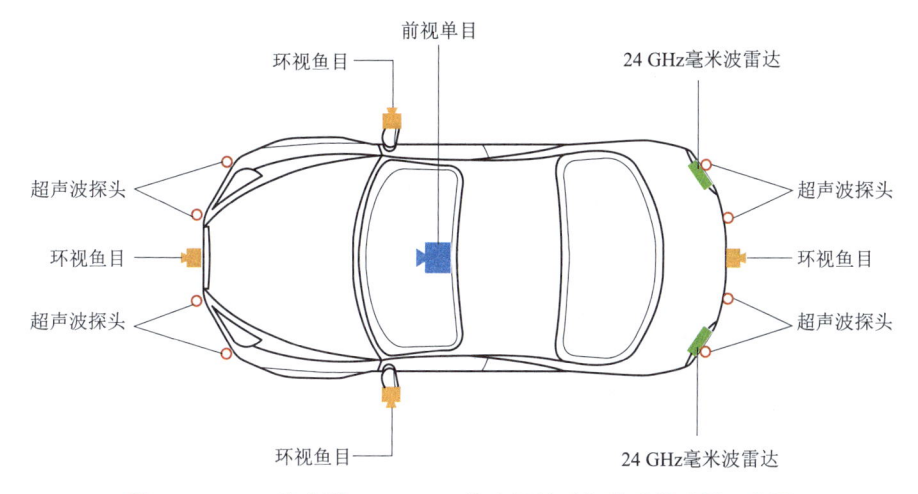

图 1-1-12　一汽奔腾 SENIA R9 汽车环境感知传感器配置示意图

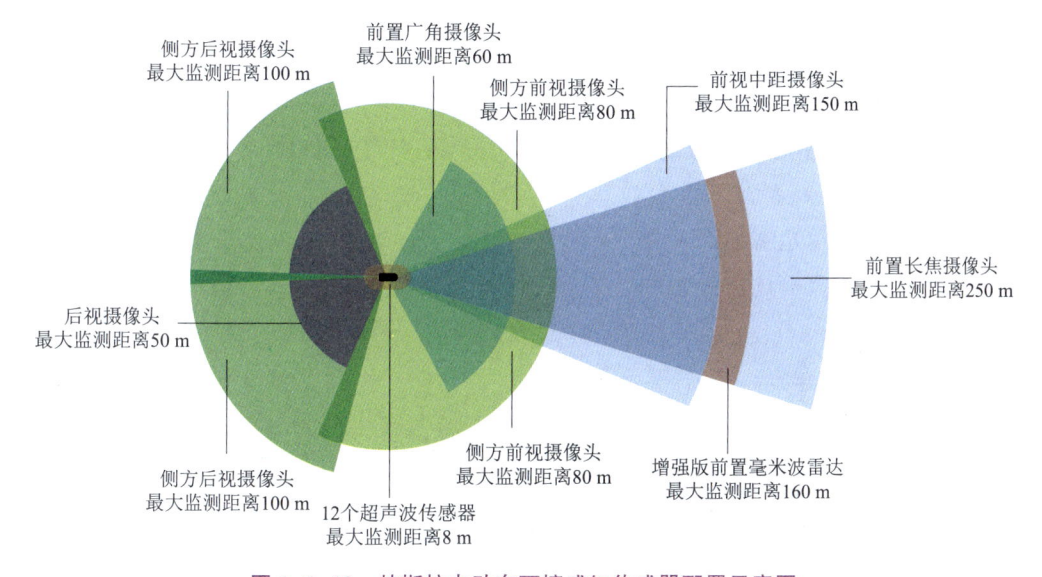

图 1-1-13　特斯拉电动车环境感知传感器配置示意图

3. 奥迪 A8

目前量产的奥迪 A8 为 L3，其环境感知传感器配置示意图如图 1-1-14 所示，主要传感器配置如下：

（1）12 个超声波传感器。
（2）4 个环视鱼眼摄像头。
（3）1 款前视摄像头。
（4）4 个中程毫米波雷达。
（5）1 个远程毫米波雷达。
（6）1 个红外夜视摄像头。
（7）1 个 4 线束激光雷达。

远程毫米波雷达　环视鱼眼摄像头　前视摄像头　超声波传感器　环视鱼眼摄像头　中程毫米波雷达　环视鱼眼摄像头　超声波传感器　红外夜视摄像头　中程毫米波雷达　超声波传感器　4线束激光雷达

图 1-1-14　奥迪 A8 汽车环境感知传感器配置示意图

4. 通用 Cruise AV 汽车

通用公司用于研究 L4 自动驾驶技术的 Cruise AV 汽车，如图 1-1-15 所示，主要传感器配置如下：

（1）5 个 16 线激光雷达。

（2）21 个毫米波雷达。

（3）16 个摄像头。

图 1-1-15　通用 Cruise AV 汽车

课后练习

1. 选择题

（1）下列描述中不属于超声波传感器性能特点的是_____。

A. 夜间工作能力强　　　　　　　　　　B. 目标识别能力强

C. 远距离探测能力弱　　　　　　　　D. 温度稳定性弱

（2）_____传感器分辨率高、抗干扰能力强，具有较好的环境适应性，下雨、大雾或黑夜等天气状况对毫米波的传输几乎没有影响，因此可在各种环境下可靠地工作。

A. 毫米波雷达　　B. 激光雷达　　C. 超声波　　D. 双目摄像头

（3）_____是一种不依赖于外部信息，也不向外辐射能量的自主式导航系统，是以陀螺仪和加速度计为敏感器件的导航参数解算系统。

A. 北斗卫星导航系统　　　　　　　　B. 格洛纳斯卫星导航系统

C. 伽利略卫星导航系统　　　　　　　D. 车载惯性导航系统

（4）下列描述中不属于激光雷达传感器性能特点的是_____。

A. 远距离探测能力强　　　　　　　　B. 夜间工作能力强

C. 车速测量能力强　　　　　　　　　D. 受气候影响大

（5）长距离毫米波雷达一般可以_____安装。

A. 前置　　　　B. 两侧　　　　C. 后置　　　　D. 环绕

2. 填空题

（1）传感技术中传感器由_____、_____和其他辅助件组成，有时也将_____、辅助电源作为传感器的组成部分。

（2）目前应用于自动驾驶汽车的环境感知传感器主要有_____、毫米波雷达传感器、激光雷达传感器、_____、_____、_____。

（3）环境感知是_____和_____的统一体。

（4）汽车传感器技术的发展趋势是_____、_____、_____、智能化和网络化。

（5）汽车传感器按使用区域可以分为_____传感器、_____传感器、车身传感器、电器传感器、_____传感器等。

3. 简答题

（1）汽车传感器具有哪些特点？

（2）请写出全球4大导航卫星系统（GNSS）的中文全称及英文简称。

任务 2　智能汽车传感器识别

任务导入

智能汽车传感器的种类很多，常见的有激光雷达、毫米波雷达、视觉传感器、超声波雷达等，每一类传感器由于感知原理的不同，在探测距离、探测精度、环境适用性等方面有各自的优劣势，因此在智能汽车中所有传感器各司其职又相互融合，为智能汽车提供全面的感知能力。

智能汽车传感器识别

任务目标

（1）能够识别常见的环境感知传感器设备。
（2）能够识别不同环境感知传感器设备的安装位置，并正确写出它们的主要作用。
（3）能按照设备操作手册，正确搜集产品信息并完成任务工单填写。
（4）能掌握 7S 管理规范，并按照规范完成实训任务，养成良好的职业习惯。

任务知识

智能汽车各传感器安装位置如图 1-2-1 所示。

图 1-2-1　智能汽车各传感器安装位置

智能汽车传感器线路的连接关系，如图 1-2-2 所示。

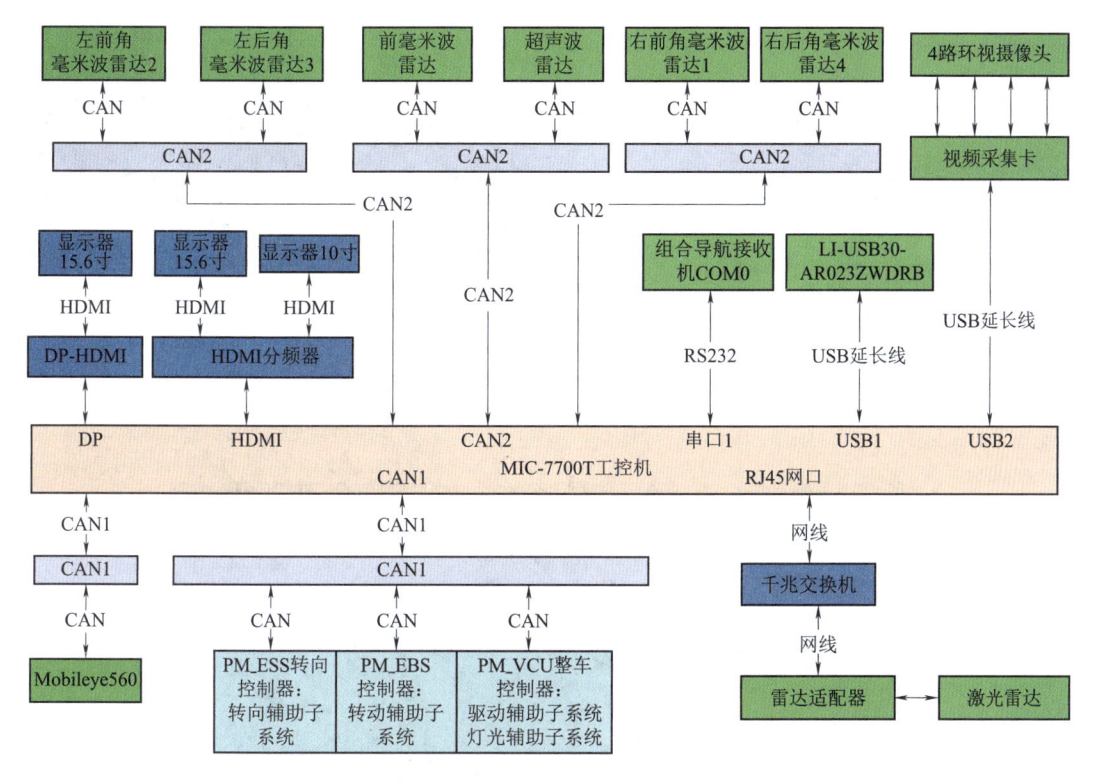

图 1-2-2　智能汽车传感器线路的连接关系

任务准备

设备	视觉传感器、毫米波雷达传感器、超声波雷达控制器、激光雷达传感器
耗材	静电手套
软件	Sensor

任务实施

一、视觉传感器安装位置

视觉传感器安装在车辆的前端，在中德诺浩上使用的是单目摄像头，在其他智能网联汽车上大多使用的是双目摄像头。

视觉传感器在车上的位置如图 1-2-3 所示，视觉传感器（单目摄像头）如图 1-2-4 所示。

360°全景功能摄像头（见图 1-2-5）也是一种视觉传感器，安装在车辆四周，设置为 8 个，用于感知车辆四周的物体。

图 1-2-3　视觉传感器在车上的位置 　　图 1-2-4　视觉传感器（单目摄像头）

图 1-2-5　360°全景功能摄像头

二、毫米波雷达传感器安装位置

毫米波雷达传感器安装在车辆前端，共 1 个，作用是通过毫米波发射器发射信号之后，根据接收发射信号所需的时间来计算车辆到障碍物的距离。

毫米波雷达传感器在车上的位置如图 1-2-6 所示，毫米波雷达传感器如图 1-2-7 所示。

三、激光雷达传感器安装位置

激光雷达传感器安装在车辆上方，共 1 个，是一个激光发射系统，可以建立车辆四周障碍物的 3D 模型。

激光雷达传感器在车上的位置如图 1-2-8 所示，激光雷达传感器如图 1-2-9 所示。

图 1-2-6 毫米波雷达传感器在车上的位置 　　图 1-2-7 毫米波雷达传感器

图 1-2-8 激光雷达传感器在车上的位置 　　图 1-2-9 激光雷达传感器

四、超声波雷达传感器安装位置

超声波雷达传感器安装在车辆的前后保险杠，不同智能网联汽车安装数量不同，安装需要结合车辆需求去决定安装数量，本书使用的智能网联汽车上共有 8 个超声波雷达传感器。

超声波雷达传感器在车上的位置如图 1-2-10 所示，超声波雷达传感器如图 1-2-11 所示。

图 1-2-10 超声波雷达传感器在车上的位置 　　图 1-2-11 超声波雷达传感器

任务总结

智能汽车传感器安装位置：

（1）视觉传感器安装在车辆的前方。

（2）毫米波雷达传感器安装在车辆的前机舱位置。

（3）激光雷达传感器安装在车顶。

（4）超声波雷达安装在车辆保险杠（包含前后）上。

项目二 视觉传感器测试与装调

　　视觉传感器是模拟人类视觉技术发展而来的一种应用技术。它基于车载机器（又名图像传感器）获取车辆周边环境的二维或三维图像信息，通过图像分析识别技术对行驶环境进行感知。通过图像传感器识别道路环境参数并判别行车的安全性，主要包括车道检测、车辆检测、行人检测、道路标志检测等。在即时定位与建图、定位与导航时作为车辆的"眼睛"。

任务1　视觉传感器认知

任务导入

假如你是一名测试工程师,在对视觉传感器进行测试之前,应该掌握视觉传感器的哪些关键内容?

任务目标

(1) 能正确描述视觉传感器的组成。
(2) 能列举视觉传感器的类型。
(3) 能描述视觉传感器的工作原理。
(4) 能描述单摄像头、双目摄像头的测距原理。
(5) 能列举视觉传感器的主要参数及典型应用。

知识储备

视觉器官是人和动物利用光的作用感知外界事物的感受器官。据统计,至少有80%的外界信息经视觉获得。视觉传感器以图像的形式捕捉汽车周边环境信息,通过对这些图像进行处理可以获得最接近人眼获取的周围环境信息。现今摄像头技术比较成熟,成本也较为低廉,因此视觉传感器在自动驾驶汽车领域应用十分广泛。但基于视觉的感知技术受环境光线、天气影响较大,很难全天候工作,在黑夜、雨雪、大雾等能见度较低的情况下,视觉传感器的识别率也会大幅降低。

一、视觉传感器的分类

根据所采用的相机感光技术,视觉传感器技术可以分为电荷耦合元件(Charge Coupled Device, CCD)技术、互补金属氧化物半导体(Complementary Metal Oxide Semiconductor, CMOS)技术、IR红外线感光技术、Stereo立体感知技术;根据所起的作用,又可以分为视觉增强应用技术、车辆行人检测应用技术、疲劳监测应用技术;根据采用的镜头数量,可以分为单目视觉技术和双目视觉技术。

视觉传感分类比较如表2-1-1所示。

表2-1-1　视觉传感分类比较

类别	优点	缺点	应用
CCD相机	高品质、低噪声的图像,输出一致性好	功耗大	图像传感器中最常见的类型
CMOS相机	光灵敏度较低,功耗低	易受噪声影响,固定噪声	集成电路

续表

类 别	优 点	缺 点	应 用
IR 夜视相机	穿透物体，夜晚检测	色彩还原差	夜视系统
Stereo 立体相机	深度信息	计算复杂度高	测距，3D 场景重构

1. 电荷耦合元件（CCD）

CCD 是指电荷耦合元件，是一种用电荷量表示信号大小，用耦合方式传输信号的探测元件，具有自扫描、感受波谱范围宽、畸变小、体积小、质量小、系统噪声低、功耗小、寿命长、可靠性高等一系列优点，并可做成集成度非常高的组合件。

CCD 电荷耦合靶面由多个阵列式光电耦合元件构成，其能根据光照强弱产生不同强度的电流，然后电流被转换为当量电压。

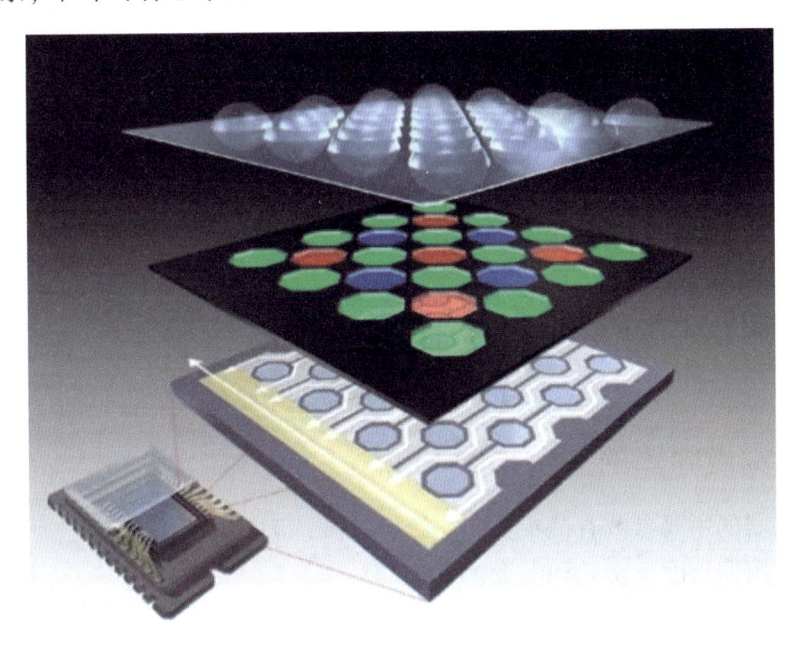

（1）CCD 图像传感器组成。

CCD 图像传感器由三层组成，其分别为微型镜头、分色滤色片、感光元件，如图 2-1-1 所示。在感光元件层的半导体硅片上制作成千上万个光敏元件，一个光敏元件称为一个像素，在半导体硅平面上光敏元件按照线阵或面阵有规则地排列。

图 2-1-1　CCD 图像传感器组成

（2）CCD 图像传感器工作过程。

CCD 的基本单元是 MOS 电容器，用于存贮电荷。在每个 MOS 电容内的工作过程可分为四步，即信号电荷的产生（光电转换）、信号电荷的存贮、信号电荷的传输，信号电荷的检测。如图 2-1-2 所示是 CCD 图像传感器工作过程。

2. 互补金属氧化物半导体（CMOS）

CMOS 是利用硅和锗这两种元素做成的半导体，使其在 CMOS 上共存着带 N（-）

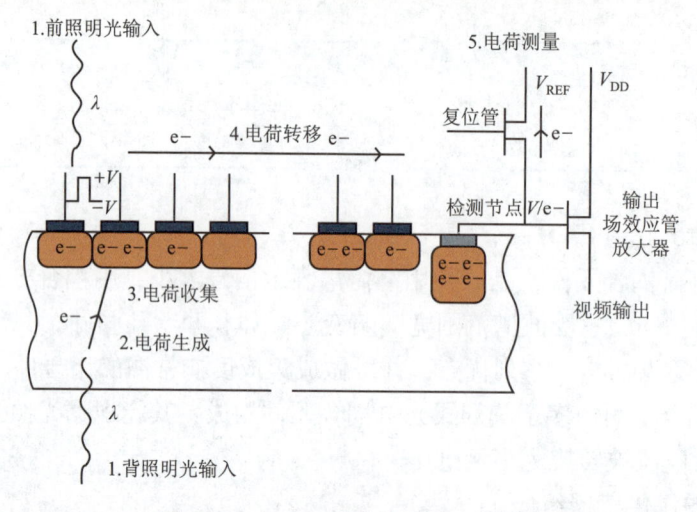

图 2-1-2　CCD 图像传感器工作过程

和 P（+）级的半导体，这两个互补效应所产生的电流即可被芯片记录和解读成影像。

（1）CMOS 图像传感器组成。

CMOS 的主要组成部分有像敏单元阵列和输出及信号处理电路，两部分是集成在同一硅片上。像敏单元阵列由光电二极管阵列构成，按 X 和 Y 方向排列成方阵，每一个像敏单元都有 X、Y 方向上的地址。

（2）CMOS 图像传感器工作原理。

通过 X、Y 方向地址译码器的控制，将每一个像敏单元的状态输送到放大器，可以实现逐行扫描或隔行扫描的输出方式，也可以只输出某一行或某一列的信号。CMOS 图像传感器工作原理示意图如图 2-1-3 所示。

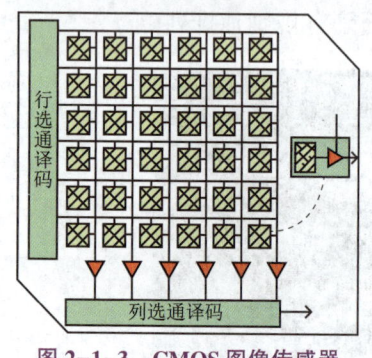

图 2-1-3　CMOS 图像传感器工作原理示意图

二、视觉传感器的主要参数

视觉传感器的主要参数有镜头焦距、测距范围、测距误差、基线、动态范围、分辨率、视场角、俯仰角度、功耗和图像帧率等。

1. 镜头焦距

镜头焦距也称为焦长，指从透镜中心到光聚集焦点的距离。镜头焦距决定了该镜头拍摄的被摄物体在成像平面上所形成影像的大小。假设以相同的距离面对同一被摄体进行拍摄，那么镜头焦距越长，则被摄体在传感器上所形成的影像的放大倍率就越大。

2. 测距范围

目标物与摄像头之间的距离。

3. 测距误差

距离测值与被测距离真值之差。视觉传感器的测距误差与其制造工艺、环境光线、天气等因素的影响有关。

4. 基线

两个相机光心之间的距离，称作基线距离。

5. 动态范围

动态范围通常用来表征一张图片中最亮和最暗间的范围：动态范围越大，图片包含的亮度信息越丰富，图片的明暗和色彩表现也更生动。在较暗环境及明暗差异较大时仍能实现识别，这就要求摄像头具有高动态的特性。

6. 分辨率

静止的图像是一个矩阵，由一些排成行、列的点组成，这些点称之为像素点，像素是构成数字图像的最小单位。

图像中每单位长度上的像素数目，称为图像的分辨率，其单位为像素/英寸或像素/厘米。在相同尺寸的两幅图像中，高分辨率的图像包含的像素比低分辨率的图像包含的像素多。不同像素的图像对比如图2-1-4所示。

72像素　　　　　　10像素

图 2-1-4　不同像素的图像对比

7. 视场角

以镜头为起点，以被测目标的物像可通过镜头的最大范围的两条边缘构成的夹角，称为视场角。视场角示意图如图2-1-5所示。视场角越大，视野就越大。

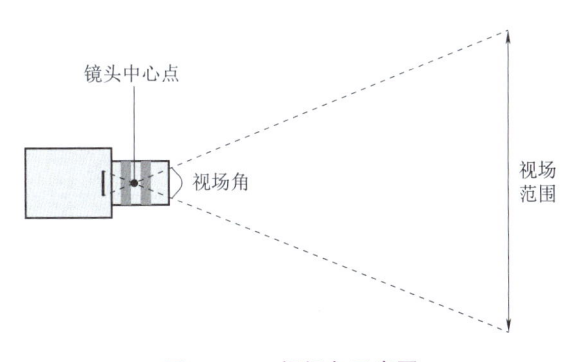

图 2-1-5　视场角示意图

8. 俯仰角度

相机坐标系 x 轴与水平面的夹角。

9. 功耗

功耗是所有的电器设备都有的一个指标，指的是在单位时间中所消耗的能源的数量，单位为 W。

10. 图像帧率

图像帧率代表单位时间所记录或者播放的图片的数量，每一帧都是静止的图像，连续播放一系列的图片就会产生动画效果。每秒的帧数表示视觉传感器在处理场时每秒钟能更新的次数，每秒钟帧数越多，所显示的动画就会越流畅。高帧率可以得到更流畅、更逼真的视觉体验。

三、视觉传感器工作原理

目标物体通过镜头生成光学图像投射到图像传感器上，光信号通过传感器转变为电信号，再进入模数转换电路后变为数字图像信号，最后送到数字信号处理芯片（Digital Signal Process，DSP）中进行加工处理，由 DSP 将信号处理成特定格式的图像传输到显示屏上进行显示。视觉传感器工作原理如图 2-1-6 所示。

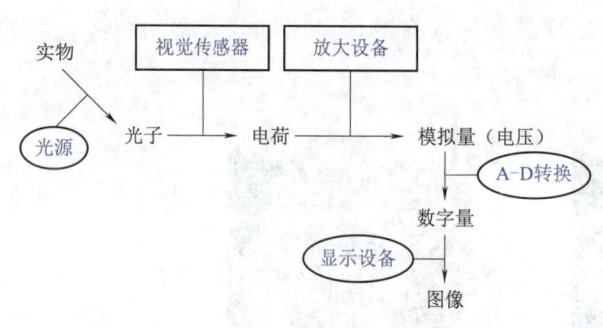

图 2-1-6 视觉传感器工作原理

在视觉传感器工作过程中，光信号通过光纤进行传输，而进行光信号传输之前需把模拟信号转换为光信号。

在自然界中，我们可以感知的，在时间和幅值上都是连续的物理量称为模拟信号，如温度、湿度、压力、电流、电压等。通常又把模拟信号称为连续信号，它在一定的时间范围内可以有无限多个不同的取值。而数字信号是指在取值上是离散的、不连续的信号，在计算机中，数字信号的大小常用有限位的二进制数表示。

图像数字化即将模拟图像转换为数字图像，这是进行数字图像处理的前提。图像数字化必须以图像的电子化作为基础，在图像传感器中把模拟图像转变成电子信号，随后才将其转换成数字图像信号。图像的数字化过程分为采样、量化和编码三个步骤。

模拟图像与数字图像如图 2-1-7 所示。

（1）采样。

图像采样就是把图像分割成一系列小区域，用特定的数值来表示每一个小区域的亮度、色彩等特征，即将空间上连续的图像转换成离散的采样点（即像素）集的操作。采样示意图如图 2-1-8 所示。不同采样精度获得的图像分辨率也不同。

（2）量化。

图像的量化就是将取样后图像的每个采样点的取值范围分成若干区间，并仅用一个数值代表每个区间中的所有取值。不同量化位数所获得的图像色彩不同。如图 2-1-9 所示是不同量化位数效果图，如表 2-1-2 所示是量化位数与色彩数关系。

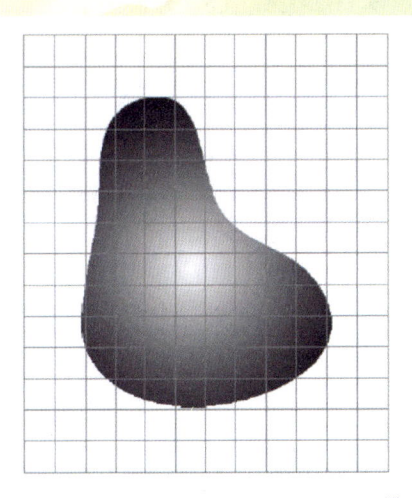

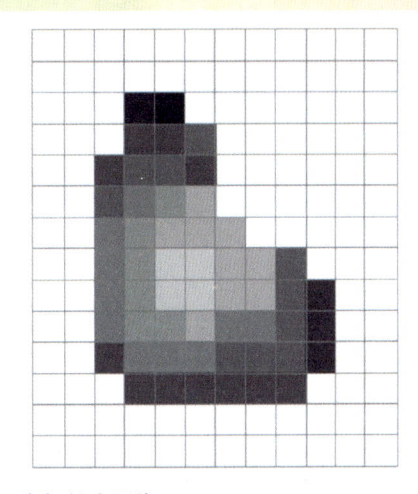

图 2-1-7 模拟图像与数字图像

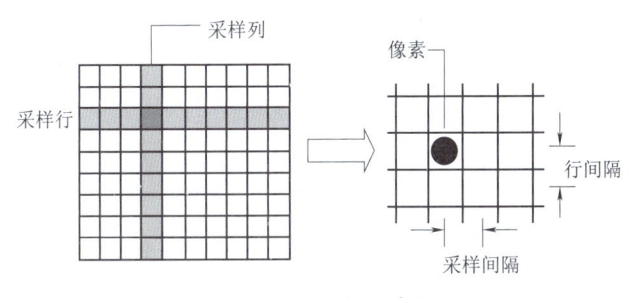

图 2-1-8 采样示意图

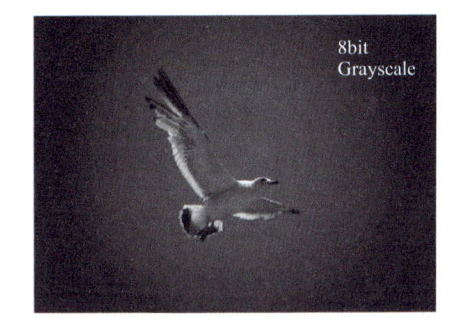

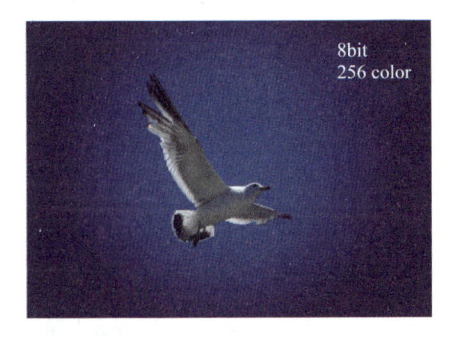

图 2-1-9 不同量化位数效果图

表 2-1-2 量化位数与色彩数关系

量化位数	色彩数
1	2
2	4
4	16
8	256
16	65536
24	16777216

(3) 编码。

数字化后得到的图像数据量十分巨大，必须采用编码技术来压缩其信息量。从一定意义上讲，编码压缩技术是实现图像传输与储存的关键。目前已有许多成熟的编码算法应用于图像压缩。常见的有图像的预测编码、变换编码、分形编码、小波变换图像压缩编码等。

四、视觉传感器的标定

视觉传感器的标定包括内参标定和外参标定两种。其中内参标定主要是像素、焦距、图像原点、畸变等参数的标定，内参通常在传感器生产过程中进行标定。在测距原理中的标定一般指的是外参标定，主要包括物距、角度等外部参数的标定。

无论是在图像测量还是在机器视觉应用中，视觉传感器参数的标定都是非常关键的环节，其标定结果的精度及算法的稳定性直接影响视觉传感器工作结果的准确性。在图像测量环节，视觉传感器的作用主要是将现实世界中的三维物体转换为二维的光学图像，为了得到三维坐标系和相机图像坐标系的映射关系，就需要对图像坐标系、相机坐标系及世界坐标系进行转换。

1. 图像坐标系 (x, y)

视觉传感器采集图像后，以标准电信号的形式输入计算机，在计算机中以矩阵形式保存。在图像上以 O_0 为原点，建立像素直角坐标系 u-v。每一像素的横坐标 u 和纵坐标 v 分别是该像素在数组中的列数和行数。由于 (u, v) 只代表像素的列数与行数，而像素在图像中的位置并没有用物理单位表示出来，所以，我们还要建立以物理单位表示的图像坐标系 x-y，将相机光轴与图像平面的交点定义为该坐标系的原点 O_1，且 x 轴与 u 轴平行，y 轴与 v 轴平行，像素坐标系和图像坐标系的转换如图 2-1-10 所示。

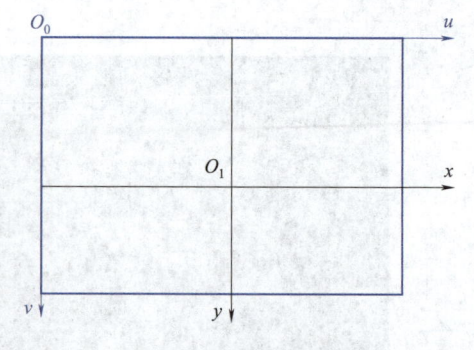

图 2-1-10 像素坐标系和图像坐标系的转换

2. 相机坐标系（X_C，Y_C，Z_C）

相机坐标系是由点 O_C 与 X_C，Y_C，Z_C 轴组成的直角坐标系。O_C 是相机的聚焦中心，X_C，Y_C 与 x 轴，y 轴平行，Z_C 轴为相机的光轴，它与图像平面垂直。如图 2-1-11（a）所示，O_1O_C 为相机的焦距。

3. 世界坐标系（X_W，Y_W，Z_W）

世界坐标系是一个基准坐标系，用于描述视觉传感器放置在拍摄环境中的位置和被拍摄物体的位置。相机坐标系向世界坐标系的变换，包括 X_C，Y_C，Z_C 轴的旋转以及坐标的平移。如图 2-1-11（b）所示为世界坐标系。

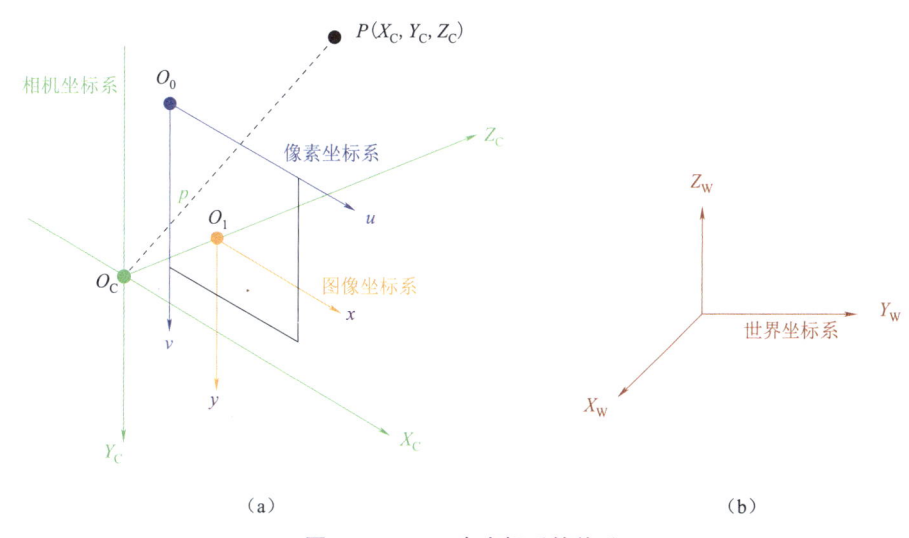

（a）

（b）

图 2-1-11　三个坐标系的关系

五、视觉传感器测距原理

视觉传感器测距时需要被测目标的物像处于该传感器的视场角内。目前广泛使用的视觉传感器主要有两类，一类是单目测距，另一类是双目测距。由于单目测距传感器和双目测距传感器的镜头和布置方式不同，其测距原理也不相同。

视觉传感器测距原理

1. 单目摄像头测距原理

单目摄像头测距依赖于检测算法，其外观如图 2-1-12 所示。单目摄像头在采集前方道路的单帧图像后，先将图像转化为二维数据，然后对采集的图像进行模式识别，通过图像匹配算法进行目标识别。最后，根据目标在图像中的大小估算目标距离。

单目摄像头测距原理

单纯的单目视觉测距，必须已知一个确定的长度。如图 2-1-13 所示是单目视觉测距示意图，其中，f 为摄像头的焦距，c 为镜头光心。物体发出的光经过镜头光心，然后成像于图像传感器上。假设物体所在平面与相机平面的距离为 D，物体实际高度为 W，W 必须是已知量，成像于图像传感器上的高度为 H，那么我们根据相机的焦距公式可推

图 2-1-12　单目摄像头

导出物体所在平面与镜头所在平面的距离公式为：

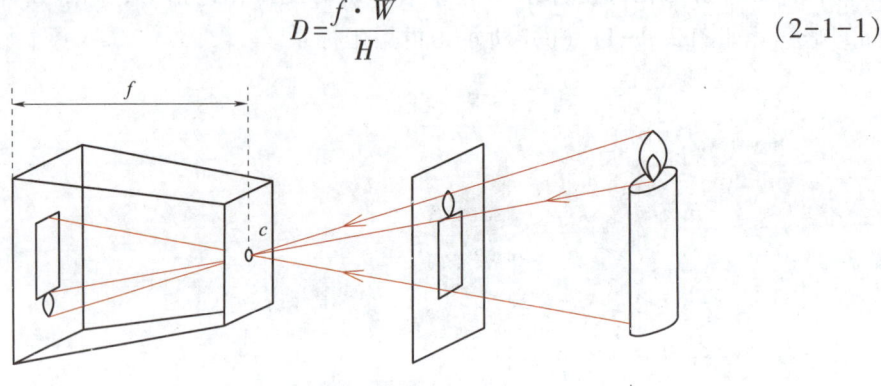

$$D=\frac{f\cdot W}{H} \tag{2-1-1}$$

图 2-1-13　单目视觉测距示意图

单目摄像机传感器安装在前挡风玻璃上，在车辆行驶的过程中，传感器中的图像处理芯片对车辆前方的车道线、各类车辆、行人、会车灯光和交通标志等目标图像进行识别和处理，并计算目标参数信息，实现车辆多种主动安全技术，使车辆驾驶安全等级得以提升。目标图像识别示意图如图 2-1-14 所示。

图 2-1-14　目标图像识别示意图

2. 双目摄像头测距原理

假如我们只有一只眼睛，那么在看事物时会失去双眼视野范围重叠后所产生的立体视觉效果，从而导致判断距离的能力下降。当我们使用双眼同时看某一物体时，所产生的视觉称为双眼视觉，双眼视觉可以更好地弥补单眼视野中的盲区缺损，并扩大视野产生立体视觉。

双目摄像头测距原理

然而，左右眼观察同一个目标会产生方向上的差异，这个差异我们称之为视差。例如当我们将手指放在眼前，然后依次用左右眼进行观察，就可以发现两眼所看到的手指位置是不同的，这是由于两眼之间的视差所导致的。当我们将手指放在离眼睛不同距离的位置时，依次用双眼进行观察，还可以发现手指在不同距离的位置时，视差也是不同的，且离眼睛越近，视差越大。镜头间间距与视差间关系如图 2-1-15 所示。

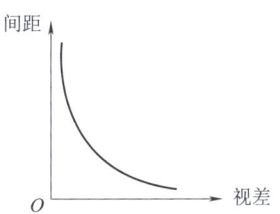

图 2-1-15　镜头间间距与视差间关系

双目摄像头（见图 2-1-16）就是运用两个平行布置的摄像头所产生的视差，通过左、右相机对同一点观察的视差结果进行计算，实现对前方景物（图像所涉及的范围）距离的测量。双目测距的精度依赖两个摄像头的安装距离，对安装精度和设备刚性也有较高的要求。

图 2-1-16　双目摄像头

在双目摄像头中，双目视差是同一个空间点在两个相机成像中对应的 x 坐标的差值，它可以通过编码成灰度图来反映出距离的远近，离镜头越近的灰度越亮。双目摄像头左右相机成像视差图如图 2-1-17 所示。

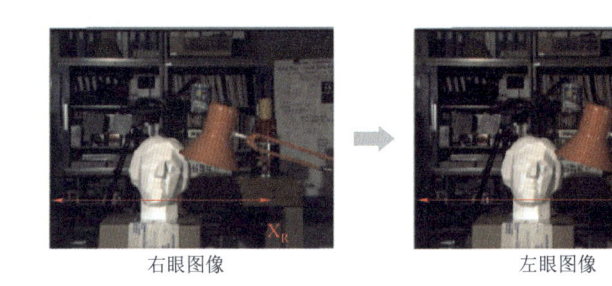

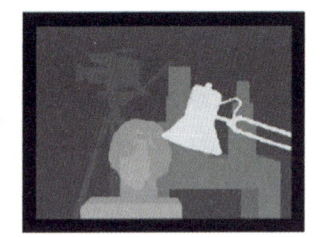

图 2-1-17　双目摄像头左右相机成像视差图

如图 2-1-18 所示的双目测距原理示意图中，P 是待测物体上的某一点，O_L 是双目摄像头的左相机的光心，O_R 是右相机的光心，两相机中心的距离为基线 B，f 为相机焦距，Z 为目标点到成像平面上的距离。

假设两摄像机在同一时刻观看空间物体上的同一特征点，分别在"左眼"和"右眼"上获取到了点 P 的图像，它们的图像坐标分别为 $P_L = (X_L, Y_L)$，$P_R = (X_R, Y_R)$。现两摄像机的图像在同一个平面上，则点 P 的图像坐标 Y 坐标相同。则由三角几何关系可以得到：

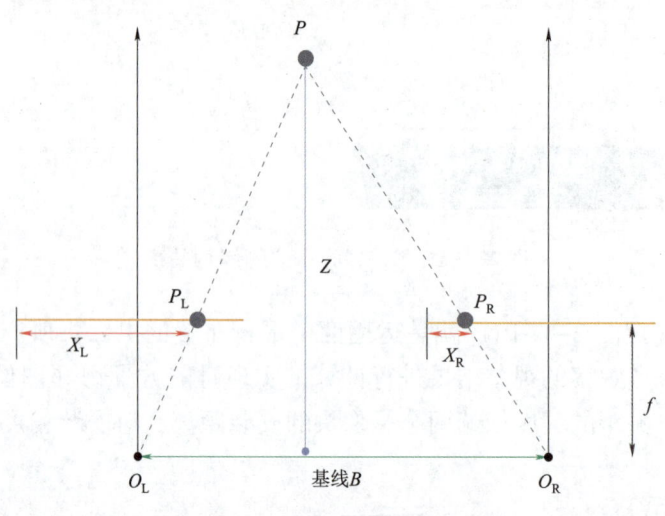

图 2-1-18　双目测距原理示意图

由：$\dfrac{Z}{f}=\dfrac{B}{X_L-X_R}$，可得：$Z=\dfrac{fB}{X_L-X_R}$　　　　　　(2-1-2)

根据计算结果，当知道相机的焦距 f、左右相机基线 B 和视差时，即可求得空间点 P 离相机的距离 Z。

双目摄像头测距时需要对每一个像素点都做立体匹配，虽然算法简单但是运算量极大，因此实现双目测距的关键技术难点在于双目标定及双目定位。

六、视觉传感器的典型应用

视觉传感器主要提供感知和定位两个功能。其中，感知功能是实现高级驾驶辅助系统（Advanced Driving Assistance System，ADAS）的首要环节，主要有障碍物识别、交通标志识别、可通行空间识别及交通信号灯识别；定位功能是基于视觉同步定位与建图技术（Simultaneous Localization And Mapping，SLAM），将提前建好的地图和实时的感知结果做匹配，获取当前汽车的位置。

1. ADAS 功能实现

作为汽车主动安全的手段，ADAS 承载着自动驾驶第一步的重任。实现 ADAS 第一步需要各种传感器来采集车身周边环境信息，包括但不限于 GPS、车身传感器、摄像头及雷达等。而摄像头技术是目前 ADAS 领域发展最快的传感器技术。目前车身上常用的视觉传感器主要有单目摄像头、双目摄像头和环视摄像头。

单目摄像头一般安装在前挡风玻璃上方，用于探测车辆前方环境，识别道路、车辆、行人等；双目摄像头需要安装在车辆前后两个位置；环视摄像头（见图 2-1-19）一般至少包含 4 个摄像头，分别安装在汽车的前后左右侧，实现 360°环境感知，难点在于畸变还原与图像之间的对接。

根据不同自动驾驶功能的需要，摄像头的安装位置也有所不同，主要分为前视、环视、后视、侧视以及内置。

图 2-1-19 环视摄像头

(1) 前视摄像头。

前视摄像头一般安装在后视镜之后，采取 45°~55°的镜头得到比较远的有效距离，有单目和双目两种解决方案，可以实现驾驶辅助的核心功能。

(2) 环视摄像头。

环视摄像头采用视角为 135°的广角摄像头，通常在车辆四周装备 4 个摄像头进行图像拼接形成全景视图，通过辅助算法实现道路感知。目前环视摄像头主要用于实现全景泊车功能。

(3) 后视摄像头。

后视摄像头采用广角或者鱼眼摄像头，安装在车辆后方，主要为倒车后视使用。

(4) 侧视摄像头。

侧视摄像头一般使用 2 个广角摄像头安装在左右后视镜处，可以基本覆盖盲区，完成盲点检测，也可以代替后视镜。侧视功能在某些自动驾驶方案中也可由超声波雷达代替。

(5) 内置摄像头。

内置摄像头也使用广角摄像头，安装在汽车内后视镜处，实现驾驶过程中对驾驶员进行监控，及时对道路状况发出提醒。

不同的 ADAS 功能需要采用不同的摄像头，且安装位置也有差别。ADAS 摄像头功能描述如表 2-1-3 所示。

表 2-1-3 ADAS 摄像头功能描述

功能	安装位置	摄像头类型	功能描述
车道偏离预警 （Lane Departure Warning, LDW）	前视	单目/双目	当前视摄像头检测到车辆即将偏离车道线时，会发出警报

续表

功能	安装位置	摄像头类型	功能描述
前向碰撞预警 （Forward Collision Warning，FCW）	前视	单目/双目	当前视摄像头检测到与前车距离过近，可能发生追尾时，就会发出警报
交通标志识别 （Traffic Sign Recognition，TSR）	前/侧视	单目/双目	识别前方道路两侧的交通标志
车道保持辅助 （Lane Keeping Assist，LKA）	前视	单目/双目	当前视摄像头检测到车辆即将偏离车道线时，就会向控制中心发出信息，然后由控制中心发出指令，及时纠正行驶方向
行人碰撞预警 （Pedestrian Collision Warning，PCW）	前视	单目/双目	前视摄像头会标记前方道路行人，并在可能发生碰撞时及时发出警报
盲点检测 （Blind Spot Detection，BSD）	侧视	广角	利用侧视摄像头，将后视镜盲区内的影像显示在驾驶舱内
全景泊车 （Surround View Parking，SVP）	前/侧/后视	广角	利用车辆前后左右的摄像头获取的影像，通过图像拼接技术，输出车辆周边全景图
泊车辅助 （Parking Assist，PA）	后视	广角	泊车时将车尾的影像显示在驾驶舱内，预测并标记倒车轨迹，辅助驾驶员泊车
驾驶员注意力监测	内置	广角	安装在车内，用于检测驾驶员是否疲劳、闭眼等

2. 视觉 SLAM 功能实现

除了 ADAS 辅助系统中的功能实现，视觉传感器在同步定位与地图构建（Simultaneous Localization And Mapping，SLAM）中也发挥着重要作用。

SLAM 最早在机器人领域应用，指机器人从未知环境的未知地点出发，在运动过程中通过观测到的环境特征定位自身位置和姿态，再根据自身位置构建周围环境的地图，从而达到同时定位和地图构建的目的。

视觉 SLAM 功能的实现

SLAM 的实现形式之一就是以摄像头为主的视觉 SLAM，即通过摄像头采集来的数据进行同步定位与地图构建。其中视觉 SLAM 主要有两种实现途径，一种是基于 RGB-D 的深度摄像机，另一种是基于单目、双目或者鱼眼摄像头。

基于双目摄像头获取场景中的深度信息的视觉里程算法原理如图 2-1-20 所示，具体的计算流程如下。

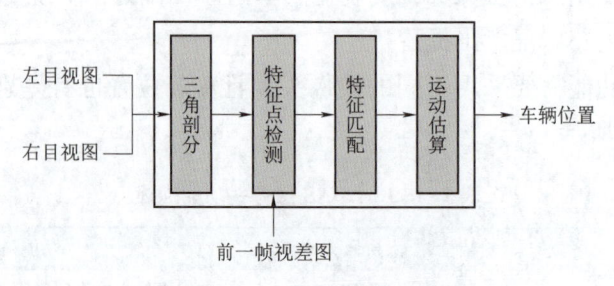

图 2-1-20　视觉里程算法原理

（1）双目摄像头抓取左右两图（即双目图像），双目图像经过三角剖分产生当前帧的视差图。

（2）提取当前帧与之前帧的特征点，如果之前帧的特征点已经提取好了，可以被直接使用。

（3）对比当前帧与之前帧的特征点，找出帧与帧之间的特征点对应关系，根据此对应关系，推算出两帧之间车辆的运动。

（4）根据推算出的两帧之间车辆的运动，以及之前的车辆位置，计算出最新的车辆位置。

课后练习

1. 选择题

（1）CCD 主要集成在_____材料上。

A. 半导体多晶　　　　　　　　B. 半导体单晶

C. 金属氧化物的半导体　　　　D. 金属半导体

（2）在视觉传感器工作过程中，进行光信号传输之前需把_____转换为光信号。

A. 电信号　　　B. 模拟信号　　　C. 数字信号　　　D. 声信号

（3）视场角就是以_____为起点，以被测目标的物像可通过镜头的最大范围的两条边缘构成的夹角。

A. 相机焦点　　　　　　　　　B. 成像平面中心点

C. 相机镜头　　　　　　　　　D. 最远拍摄点

（4）关于在相同尺寸的两幅图像中像素的描述，正确的是_____。

A. 高分辨率的图像包含的像素比低分辨率的图像包含的像素多

B. 低分辨率的图像包含的像素比高分辨率的图像包含的像素多

C. 高分辨率的图像和低分辨率的图像所包含的像素点一样多

D. 以上答案都不对

（5）从有一定距离的两个点上观察同一个目标会产生方向上的差异，这个差异我们称之为视差，这两个点之间的连线称作_____。

A. 准线　　　B. 基线　　　C. 视线　　　D. 基准线

2. 填空题

（1）图像的数字化过程分为_____、_____和_____三个步骤。

（2）静止的图像就是一个矩阵，由一些排成行、列的点组成，这些点称之为_____。

（3）广义上的视觉传感器主要由_____、_____、_____、_____、_____、_____等组成。

（4）前视摄像头一般采取_____的镜头得到比较远的有效距离。

(5) CMOS 传感器的每一个像素都包括_____、_____、_____ 和_____ 组成的电路。

3. 简答题

（1）图像的数字化过程是什么样的？

（2）请简述视觉传感器的工作原理。

任务 2　视觉传感器功能测试

任务导入

视觉传感器的基本功能是"看到"外部环境的图像信息，因此在拿到一款视觉传感器时，可以对其进行功能测试确定该视觉传感器是否有图像显示，从而判断其功能是否正常。

任务目标

（1）能合理完成视觉传感器的功能测试方案、工具设备、所需物料等的准备工作。

（2）能规范地完成视觉传感器功能测试，通过测试结果判断视觉传感器工作是否正常、精度是否符合要求。

（3）能正确使用自动驾驶车辆维修手册和工作页等参考资料独立规范地完成功能验证。

（4）能掌握 7S 管理规范，并按照规范完成实训任务，养成良好的职业习惯。

任务知识

在中德诺浩无人驾驶车中，视觉传感器使用的是单目视觉传感器，安装在车辆的顶部和前端，如图 2-2-1 所示。

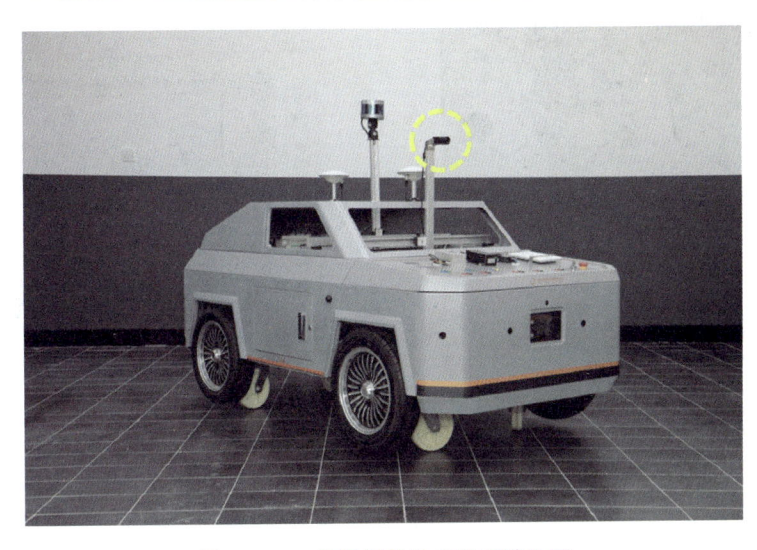

图 2-2-1　单目视觉传感器安装位置

一、单目视觉传感器组成及特点

单目视觉传感器由相机、接圈、变焦镜头组成，如图 2-2-2 所示。相机是机器视觉系统中最为重要、最为核心的组成部分。而对于相机而言，最主要的组件则是它的芯片，芯片是一种图像传感器，一种能感受到光学图像的信息并将其转换成可用输出信号的传感器。接圈，又称为近摄物镜，是可以连接相机和 CCD 镜头的，一般来说是 5 mm，可以获得较近物体的像，但是会受到物体清晰程度的限制。接圈可以改变景深，或者说，可以使视野范围变大，也就是物体成像效果变大，但是真实距离变小。变焦镜头是在一定范围内能够变换焦距，然后得到不同宽窄的视场角，不同大小的镜像和不同景物范围的照相机镜头。

图 2-2-2　单目视觉传感器组成

二、视觉传感器数据读取方法

1. 开机上电

依次打开电源开关、起动开关，起动设备，如图 2-2-3 和图 2-2-4 所示。

图 2-2-3　打开电源开关　　　　　　　图 2-2-4　打开起动开关

2. 选择传感器配置图标

开机后进入 Ubuntu 系统桌面，单击 Sensor 图标，对传感器进行标定。Sensor 图标如图 2-2-5 所示。

图 2-2-5　Sensor 图标

3. 选择摄像头模块

进入后智能网联传感器装调平台，单击启动界面的摄像头按钮，按照提示，单击"Yes"按钮。摄像头模块位置如图 2-2-6 所示。

4. 进入摄像头参数设置界面

可以在右侧调节分辨率、触发模式、曝光设置等。视觉传感器参数调节如图 2-2-7 所示。

图 2-2-6　摄像头模块位置

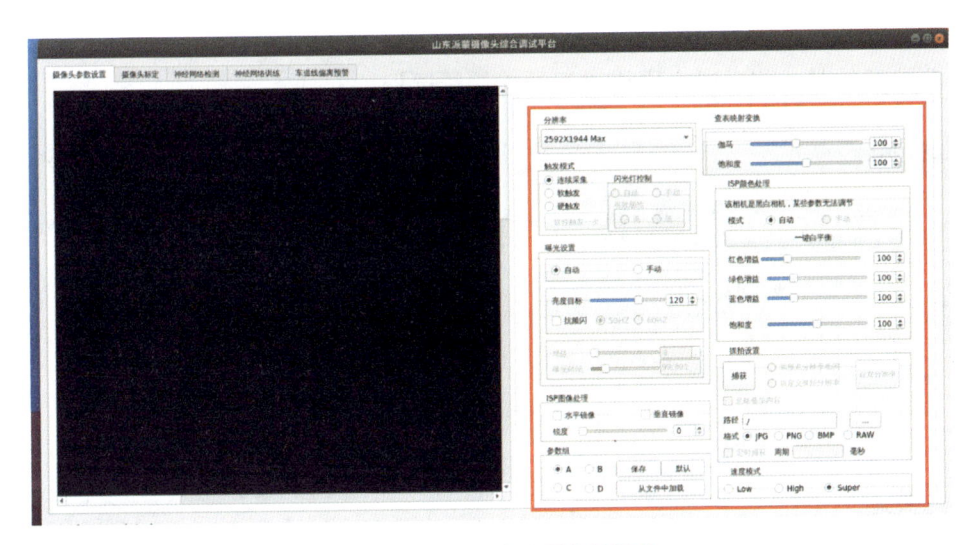

图 2-2-7　视觉传感器参数调节

三、视觉传感器的功能测试使用工具

1. 标定板读取方法

在使用标定板进行标定之前，我们应该能够读取标定板数据，标定板（见图 2-2-8）的长读取方法是内焦点的一行，若有 8 个焦点，即标定板的长就是 8；内焦点的竖列若有 6 个焦点，即标定板的宽就是 6。因此，我们标定板的规格就是 8×6。边长为黑色正方形的边长。

图 2-2-8　标定板

2. 标定板的使用

使用时需要将标定板置于摄像头中间，根据标定人员要求，左右、上下、倾斜移动，需要注意的是，移动时，网格之间的连接线要保持常亮。

任务准备

设备	视觉传感器、环境感知教学实训平台
工具	笔记本电脑、标定板
耗材	静电手套
软件	Sensor

任务实施

视觉传感器功能测试

一、视觉传感器调参

（1）打开电源开关以起动平台，如图 2-2-9 所示。

（2）单击 Sensor 图标，打开智能网联传感器装调平台。

图 2-2-9　打开电源开关以起动平台

（3）打开视觉传感器，进入参数设置界面。
（4）分别率选择 2592×1944 max。
（5）单击"连续采集"触发模式模块。
（6）曝光设置为自动，亮度目标设置为 120。
（7）ISP 颜色处理模块中红色增益、绿色增益、蓝色增益，饱和度设置为 100。

二、视觉传感器标定

（1）选择 8×6，0.025 m 规格标定板，如图 2-2-10 所示。

图 2-2-10　选择标定板

（2）填写标定板参数，规格"8×6"，边长 0.025 m。
（3）单击启动标定程序。
（4）邀一人拿标定板，将标定板朝向摄像头，依次向 X 轴、Y 轴、size（大小）、Skew（倾斜）左右上下移动。标定板放置位置如图 2-2-11 所示。

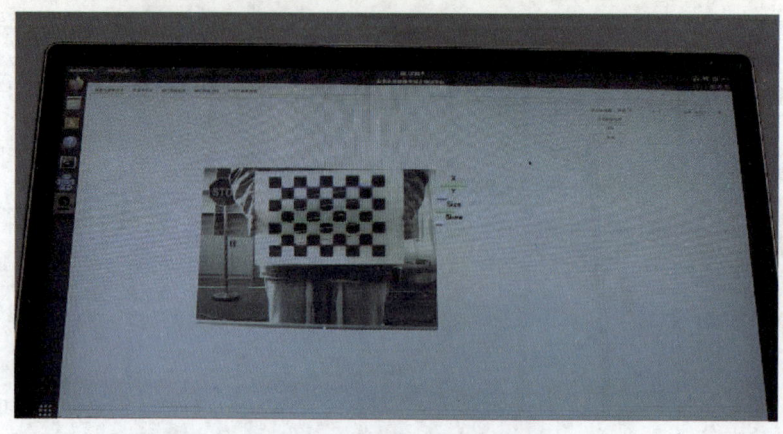

图 2-2-11　标定板放置位置

> **注意事项**
> 网格之间的连接线要保持常亮。

（5）待 Calibrate 变色后，可单击"计算"按钮进行标定参数计算。
（6）查看畸变数值，数值在规定范围内，说明摄像头正常。
（7）单击"关闭"按钮，关闭标定程序。

任务总结

视觉传感器功能测试的具体流程是：

1. 视觉传感器调参

（1）分辨率。
（2）触发模式调节。
（3）曝光设置。
（4）ISP 颜色调整。

2. 视觉传感器标定

（1）选择合适的标定板。
（2）移动标定板，生成 X 轴、Y 轴、size（大小）、Skew（倾斜）数据。
（3）计算畸变数值，确认摄像头是否正常。

任务 3　视觉传感器整车联调测试

任务导入

视觉传感器"看到"的范围有水平视场角、垂直视场角、探测距离等限制，因此在装配到整车上后，需要联调标定确保视觉传感器"看到"正确的位置，同时能将"看到"的信息正确地传递给车辆。

任务目标

（1）能合理完成视觉传感器的功能测试方案、工具设备、所需物料等的准备工作。

（2）能规范地完成视觉传感器整车联调测试，通过测试结果判断视觉传感器工作是否正常、精度是否符合要求。

（3）能正确使用自动驾驶车辆维修手册和工作页等参考资料独立规范地完成整车联调测试。

（4）能掌握7S管理规范，并按照规范完成实训任务，养成良好的职业习惯。

任务知识

一、单目视觉传感器参数调节方法

视觉感知系统由300万像素工业相机1个、6~12 mm百万像素工业镜头1个、5 m USB连接线1根，一般安装在车辆的中轴线上，可调节的旋钮有光圈、变焦、聚焦。调节方法是光圈往0调到最低，然后将相机朝向自己想要观看的距离调整变焦，然后再调整聚焦画面就清晰了，调节完成后需要旋紧紧固。单目视觉传感器调节旋钮如图2-3-1所示。

图2-3-1　单目视觉传感器调节旋钮

任务准备

设备	视觉传感器、无人驾驶车
工具	十字螺丝刀、STOP板
耗材	静电手套
软件	Sensor

> **任务实施**

视觉传感器整车联调

一、视觉传感器拆装

> **注意事项**
> （1）视觉传感器必须安装在整车的中轴线上；
> （2）拆装视觉传感器过程中不能掉落，避免摔坏；
> （3）安装 USB 接口插接到位，拧紧螺栓；
> （4）调节好光圈、焦圈、变焦设置。

1. USB 连接线拆卸

（1）拧松与视觉传感器连接的接口时，要先拧松两颗紧固螺栓，之后拔下，如图 2-3-2 所示。

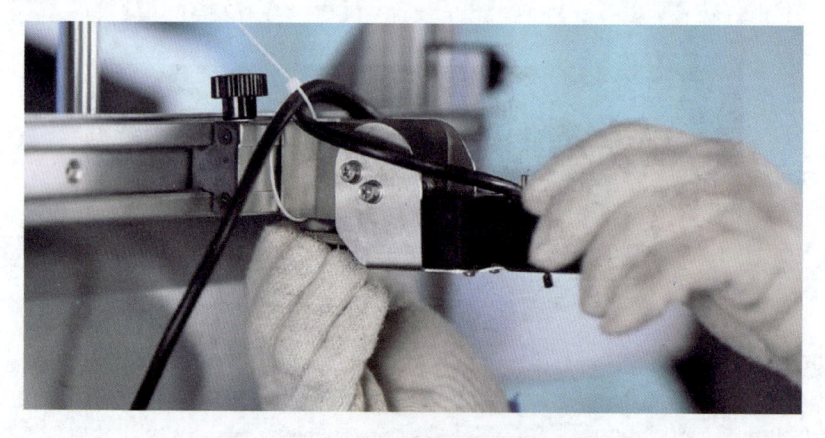

图 2-3-2　拆卸 USB 线视觉传感器端接口

> **注意事项**
> 拧松紧固螺栓时，不可以左右晃动，要直直的拔出。

（2）拔下与工控机连接的 USB 接线口，如图 2-3-3 所示。

2. 视觉传感器拆卸

（1）分两次拧松视觉传感器的安装螺栓，如图 2-3-4 所示。

图 2-3-3 拔下与工控机连接的 USB 线接口

图 2-3-4 拧松视觉传感器的安装螺栓

> **注意事项**
> 拧松螺栓时，另一只手托着视觉传感器，以免坠落。

（2）取下螺栓，拆卸视觉传感器。

3. 视觉传感器安装

（1）将视觉传感器放入视觉传感器连接件。
（2）放入两颗固定螺栓并用手预拧紧。
（3）使用十字螺丝刀拧紧两颗固定螺栓。

4. USB 连接线连接

（1）将与视觉传感器连接的接口连接，并拧紧固定螺栓。
（2）将与工控机连接的 USB 接线口连接。

5. 中轴线选取

（1）找到安装架的正中心。

(2) 让视觉传感器与车辆上的激光雷达在同一水平线上,即中轴线。如图 2-3-5 所示是中轴线的选取。

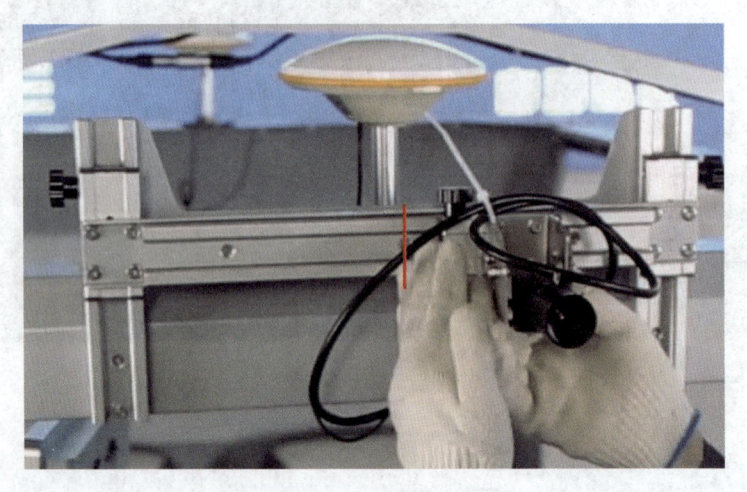

图 2-3-5　中轴线的选取

二、视觉传感器调试

1. 起动车辆

(1) 打开整车上电开关。

(2) 打开工位机供电电源开关。

(3) 打开工位机开关。

2. 参数调节

(1) 单击 Sensor 图标,打开智能网联传感器调配平台。

(2) 打开摄像头,进入参数设置界面。

(3) 打开摄像头综合调试平台。

(4) 将 STOP 标志摆放在摄像机前端。

(5) 打开摄像头的光圈并调节光圈,如图 2-3-6 所示。

图 2-3-6　调节光圈

（6）变焦调节，直至能看清 STOP 标志。
（7）聚焦调节，同样需要看清 STOP 标志，如图 2-3-7 所示。

图 2-3-7　聚焦调节

（8）依次将光圈、变焦、聚焦的旋钮紧固螺栓拧紧。
（9）视觉传感器调试完毕。

任务总结

视觉传感器整车联调的具体流程是：

1. 视觉传感器拆装

（1）USB 连接线束拆卸。
（2）视觉传感器拆卸。
（3）视觉传感器安装。
（4）USB 连接线束安装。
（5）中轴线选取。

2. 视觉传感器调试

（1）起动车辆。
（2）参数调节。

项目三　毫米波雷达传感器测试与装调

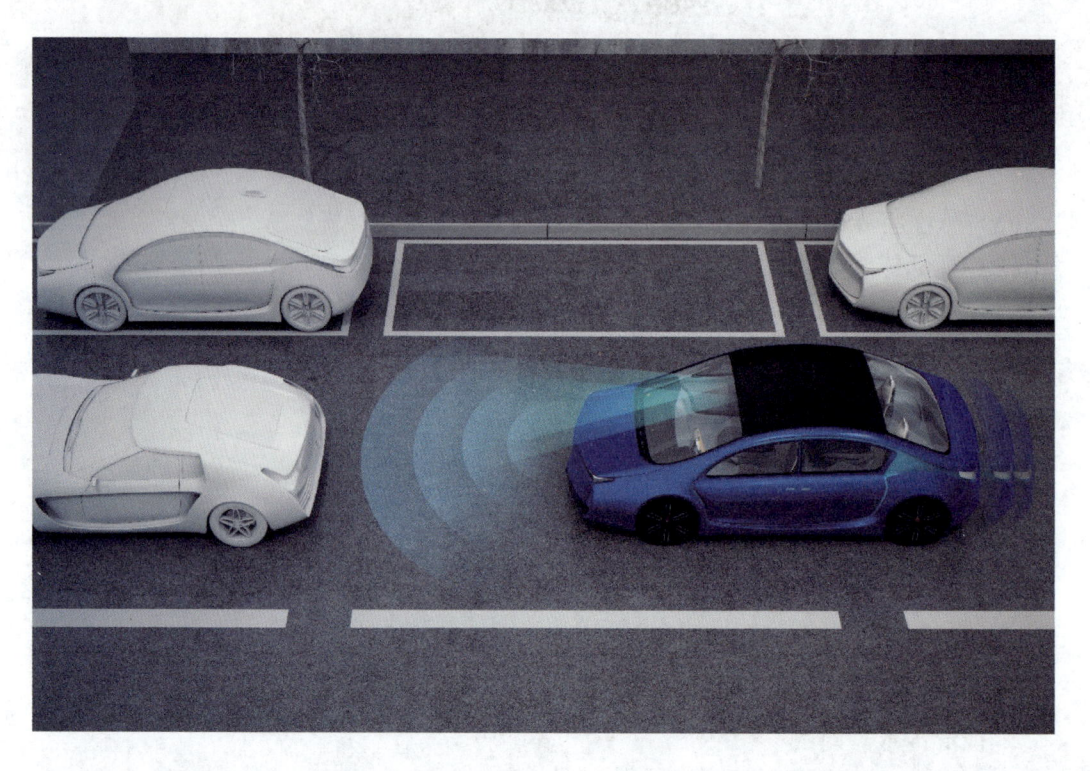

　　毫米波是指波长介于 1~10 mm 的电磁波，具有抗干扰强、波长短、频段宽、比较容易实现窄波束、动态分辨率高等优点。

　　毫米波雷达是测量被测物体相对距离、相对速度、方位的高精度传感器，早期被应用于军事领域，随着雷达技术的发展与进步，毫米波雷达传感器开始应用于汽车电子、无人机、智能交通等多个领域。

任务1　毫米波雷达传感器认知

任务导入

在各类环境感知传感器中毫米波雷达传感器凭借其可穿透尘雾、雨雪、不受恶劣天气影响的绝对优势，及其全天候全天时工作的超强能力，成为汽车主动安全领域应用中不可或缺的核心传感器之一。

任务目标

(1) 能正确阐述毫米波雷达的概念和特点。
(2) 能正确描述毫米波雷达传感器的结构。
(3) 能正确说出毫米波雷达的常见分类。
(4) 能正确解释毫米波雷达主要参数的意义。
(5) 能简单概括毫米波雷达系统的工作原理。
(6) 能正确举例车载毫米波雷达的典型应用。

知识储备

毫米波雷达是指工作在毫米波波段探测的雷达。与普通雷达相似，毫米波雷达发射毫米波信号（波长 1~10 mm，频率 30~300 GHz），并从目标物接收反射信号，对接收到的信号进行处理，进而探测物体之间的距离、方位和相对速度等信息。如图 3-1-1 所示是毫米波雷达。

图 3-1-1　毫米波雷达

车载毫米波雷达是高级驾驶辅助系统（ADAS）核心传感器之一，主要用于实现自适应巡航、碰撞预警和盲区检测等功能，其具有较强的穿透性，能够轻松地穿透保险杠上的塑料，所以常被安装在汽车的保险杠内。

一、毫米波雷达的特点

毫米波雷达具有波长短、频带宽（频率范围大）、穿透能力强的特点，这些特点形成了毫米波雷达的优势。

毫米波雷达特点和结构

1. 对环境适应性强

毫米波具有很强的穿透能力，毫米波雷达的测距精度受雨、雪、雾、阳光等天气因素和噪声、污染等环境影响较小，可以保证车辆在任何环境下正常运行，具有全天候适应性的特点。

2. 探测距离较长

毫米波雷达一般的探测距离为150~200 m，有些毫米波雷达探测距离能达到300 m，能够满足高速行驶环境下对较大距离范围内的环境监测需要。

3. 优异的探测性能

毫米波波长较短，并且汽车在行驶中的前方目标一般都由金属构成，会形成很强的电磁反射，因此毫米波雷达的探测不受颜色与温度的影响。

4. 快速的响应速度

毫米波的传播速度与光速一样，并且其调制简单。毫米波雷达配合高速信号处理系统，可以快速地测量出目标的角度、距离、速度等信息。

5. 抗干扰能力强

毫米波雷达一般工作在高频段，而周围的噪声和干扰处于中低频区，基本上不会影响毫米波雷达的正常运行，因此，毫米波雷达具有抗低频干扰特性。

> **知识拓展**
>
> **1. 电磁波**
>
> 电磁波是由同向且互相垂直的电场与磁场在空间中衍生发射的震荡粒子波，是以波动的形式传播的电磁场，其传播方向垂直于电场与磁场构成的平面。电磁波在真空中以光速直线传播。依照波长的长短、频率以及波源的不同，电磁波谱可大致分为：无线电波、微波、红外线、可见光、紫外线、X射线和伽马射线。电磁波频谱图如图3-1-2所示。
>
> **2. 毫米波**
>
> 毫米波是无线电波中的一段，我们通常将波长为1~10 mm的电磁波（对应的频率范围为30~300 GHz）称为毫米波。无线电波波段划分表如表3-1-1所示。

图 3-1-2 电磁波频谱图

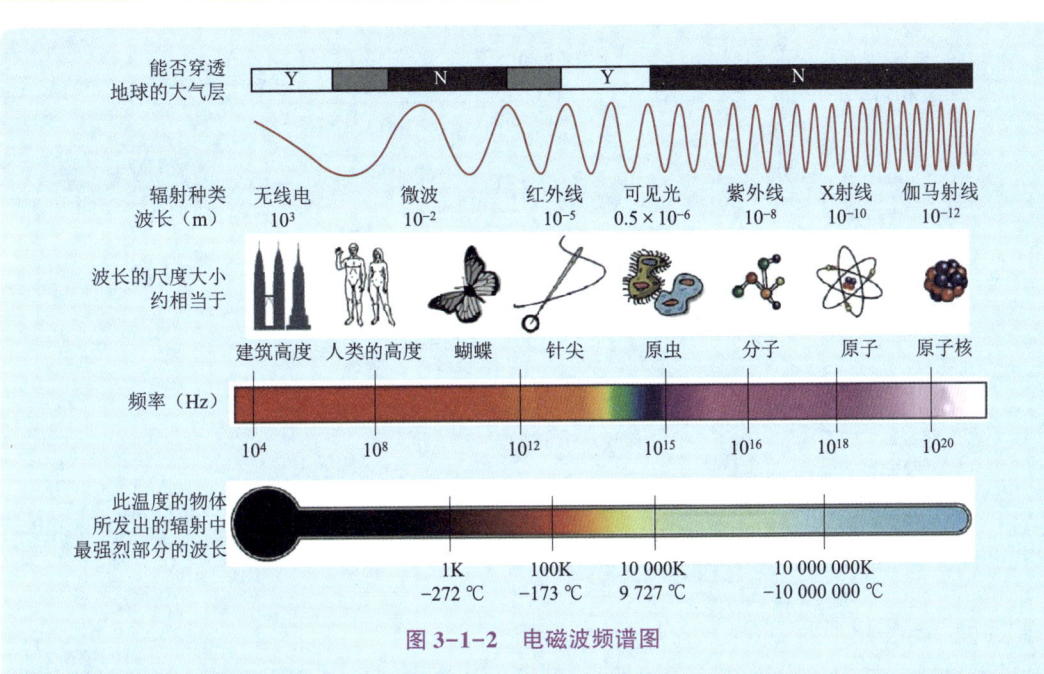

表 3-1-1 无线电波波段划分表

波段名称		波长范围	频率范围
无线电波波段	超长波	10 000~100 000 m	3~30 kHz
	长波	1 000~10 000 m	30~300 kHz
	中波	100~1 000 m	300 kHz~3 MHz
	短波	10~100 m	3~30 MHz
	超短波	1~10 m	30~300 MHz
	微波 分米波	0.1~1 m	300~3 000 MHz
	微波 厘米波	1~10 cm	3~30 GHz
	微波 毫米波	1~10 mm	30~300 GHz

3. 毫米波的频段特性

(1) 频带宽。

通常认为毫米波频率范围为 26.5~300 GHz，带宽高达 273.5 GHz，超过从直流到微波带宽之和的 10 倍。即使考虑大气吸收，在大气中传播时仅使用 4 个主要窗口，这 4 个窗口的总带宽也可达 135 GHz，是微波以下各频段带宽之和的 5 倍，可以容纳大量系统信号在该频段工作而不会产生相互干扰，5G 通信技术也使用了毫米波频段。毫米波的平均大气吸收曲线如图 3-1-3 所示。"大气窗口"是指电磁波通过大气层较少被反射、吸收和散射的那些投射率较高的波段。如图 3-1-3 所示，可以发现毫米波传播受到衰减较小的"大气窗口"主要集中在 35 GHz，45 GHz，94 GHz，140 GHz 和 220 GHz 频段附近。在这些频段附近，毫米波传播时的衰减较小，主要被应用于低空空地导弹、地基雷达和点对点通信中。

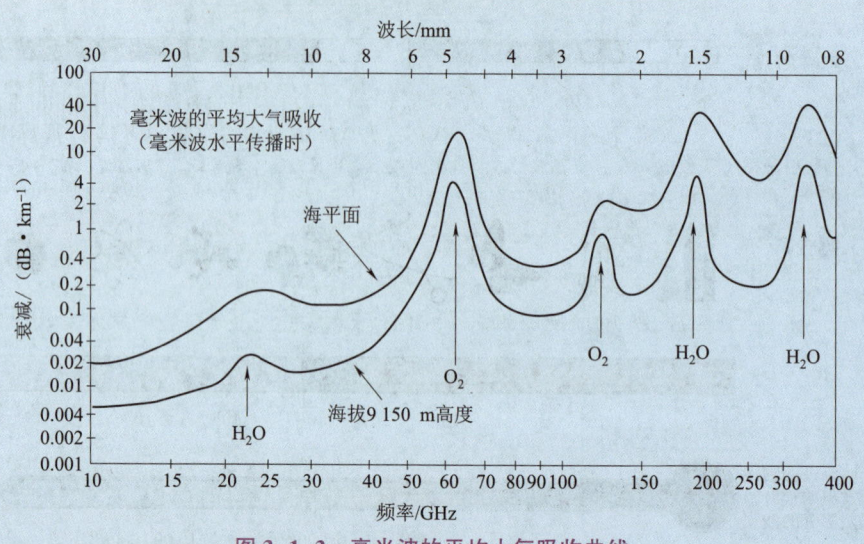

图 3-1-3　毫米波的平均大气吸收曲线

(2) 波长短。

毫米波位于厘米波与远红外波相交叠的波长范围，因而兼有两种波谱的特点。

①能像厘米波一样在全天候环境下使用，抗干扰能力强，不受物体表面形状、颜色的干扰；

②具有红外波一样的高分辨率，可以分辨相距更近的小目标并能更为清晰地观察目标的细节；

③易于利用多普勒效应对动态目标进行识别；

④具有波束窄、天线口径小、更容易小型化的优点。

(3) 大气传播衰减大。

毫米波在非"大气窗口"频率传播时，大气对毫米波具有较强的衰减作用，尤其在 60 GHz、120 GHz、180 GHz 等 3 个频段附近，其衰减出现极大值，即出现"衰减峰"。但是即使如此，毫米波相对于激光和红外线，对水滴、尘埃和烟雾的穿透能力更强，在目前智能汽车上使用的环境感知雷达中，毫米波雷达几乎是唯一可以全天候工作的。

二、车载毫米波雷达传感器的结构

车载毫米波雷达的结构主要包括前盖、前端单片微波集成电路、天线高频 PCB 板、连接器、散热底板等部件，如图 3-1-4 所示。其中前端单片微波集成电路和天线高频 PCB 板是车载毫米波雷达的核心硬件。

1. 前端单片微波集成电路（Monolithic Microwave Integrated Circuit，MMIC）

前端单片微波集成电路由发射机、接收机、信号处理器等组成，它具有电路损耗小、噪声低、频带宽、动态范围大、功率大、附加效率高、抗电磁辐射能力强等特点。其中，发射机用于生成高频射频信号，接收机用于将高频射频信号转化为低频信号，信号处理器用于在信号中抽取距离、速度、角度等信息。

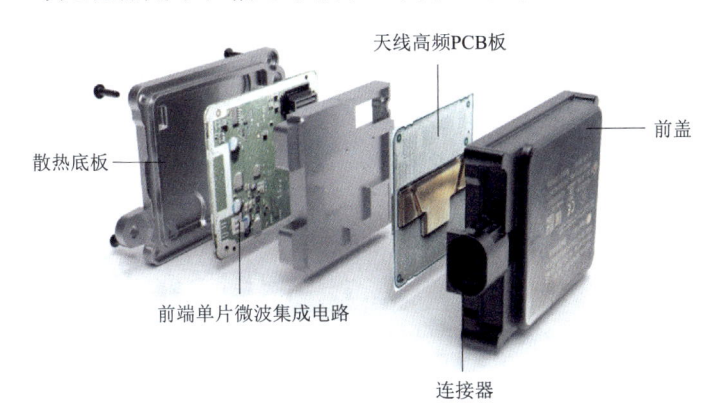

图 3-1-4　车载毫米波雷达的结构

车载毫米波雷达结构展示

2. 天线高频 PCB 板

毫米波雷达天线的作用是将电能与电磁波之间进行转换，包括发射天线和接收天线，分别用于发射和接收毫米波。目前毫米波雷达天线的主流方案是微带阵列，将高频PCB 板集成在普通的 PCB 基板上实现天线的功能，能够实现在较小的集成空间中保持天线足够的信号强度。

> **知识拓展**
>
> **ARS 408-21 毫米波雷达传感器连接器型式及引脚定义**
>
> 不同型号的毫米波雷达连接器型式和引脚定义可能不同，测试线也不通用，与本教材配套实训用的毫米波雷达传感器是德国大陆 ARS 408-21 毫米波雷达，其使用 8 针标准连接器，如图 3-1-5 所示为 ARS 408-21 毫米波雷达车用连接器正视图。 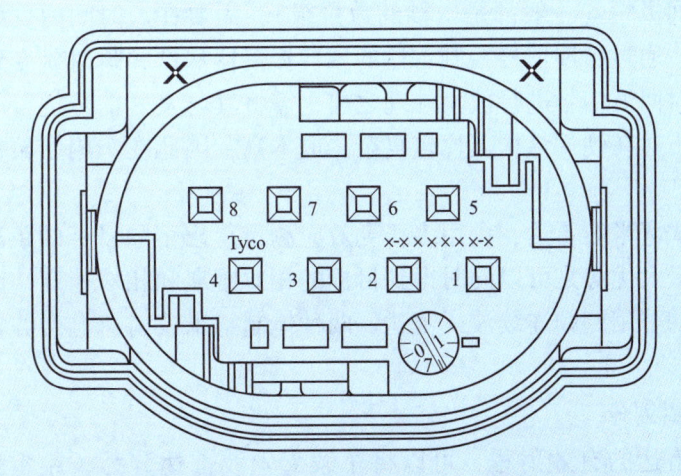
>
> 图 3-1-5　ARS 408-21 毫米波雷达车用连接器正视图

ARS 408-21 毫米波雷达连接器引脚定义如表 3-1-2 所示。

表 3-1-2　ARS 408-21 毫米波雷达连接器引脚定义

类型		C-C
连接器型号		8 Pin Tyco/AMP
连接器引脚定义	1	KL.15（UBATT）
	2	NC
	3	CAN-GND1
	4	CAN-L
	5	NC
	6	CAN-GND2
	7	CAN-H
	8	KL.31（GND）

三、车载毫米波雷达传感器的分类

车载毫米波雷达可以根据工作原理的不同、探测距离的远近和采用毫米波频段的不同进行分类。

1. 按工作原理划分

根据辐射电磁波方式的不同，毫米波雷达一般分为脉冲波式（脉冲多普勒雷达）和调频连续波式（Frequency Modulated Continuous Wave，FMCW）两种。

脉冲波式毫米波雷达，通过发射脉冲信号与接收脉冲信号之间的时间差来计算目标距离，测量原理简单，测量精度较高。但在测量近距离目标时，脉冲收发时间极短（一般都是微秒的数量级），需要在短时间内发射大功率脉冲信号，通过脉冲信号控制雷达的压控振荡器从低频瞬时跳变到高频；同时，在对回波信号进行放大处理之前，需将其与发射信号进行严格的隔离。这种雷达在硬件结构上比较复杂，成本高，因此在车用领域较少采用。

调频连续波式毫米波雷达，利用多普勒效应测量得出不同目标的距离和速度，结构简单、体积小，最大优势是可以同时得到目标的相对距离和相对速度。因此目前大多数车载毫米波雷达均采用调频连续波式雷达。两种体制毫米波雷达电磁波辐射能量简图如图 3-1-6 所示。

2. 按探测距离划分

根据毫米波雷达的有效射程，可以将车载毫米波雷达分为长距雷达（Long Range Radar，LRR）和中距雷达（Mid-Range Radar，MRR）以及短距雷达（Short Range Radar，SRR）。长距、中距、短距毫米波雷达主要参数对比如表 3-1-3 所示。

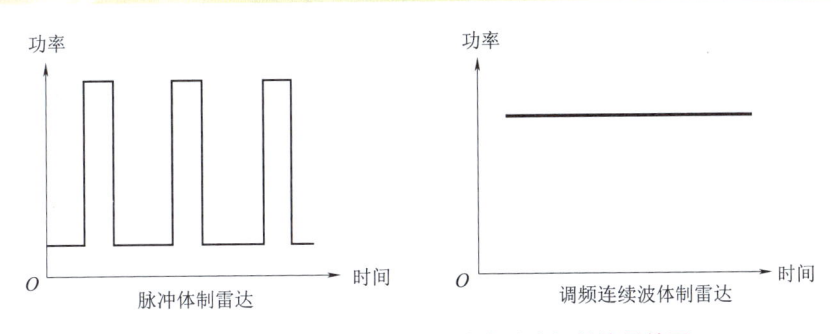

图 3-1-6　两种体制毫米波雷达电磁波辐射能量简图

表 3-1-3　长距、中距、短距毫米波雷达主要参数对比

分类	LRR 长距雷达	MRR 中距雷达	SRR 短距雷达
探测幅度	窄带雷达，探测幅度窄	宽带雷达，探测幅度较宽	
探测距离/m	>200	100 左右	<60
车速上限/(km·h^{-1})	250	150	
精度	0.5m	厘米级	
主要应用范围	ACC 自适应巡航	ACC 自适应巡航/车辆环境监测	车辆环境监测
特点	探测距离较远，可适配行驶速度更快的车辆，但探测精度下降	在绝大部分有限速的国家，使用成本相对更低且适用速度在 160 km/h 内的中距雷达来实现自适应巡航（ACC）功能更划算	探测距离相对较短，但优势在于探测角度较大，成本相对较低，可以配置多颗，以实现车身近距离全方位覆盖
典型应用	Bosch 长距离 77 GHz，探测前向距离 1~250 m	大陆短距离 24 GHz，前向 60 m，后向 20 m	

3. 按毫米波频段划分

根据所采用毫米波频段的不同，毫米波雷达可以划分为 24 GHz，60 GHz，77 GHz，79 GHz 几个频段。目前，在自动驾驶汽车上的主流应用频段为 24 GHz 和 77 GHz 两种。

24 GHz 频段毫米波雷达：主要负责近距离探测，通常用于感知车辆周围的障碍物，为换道决策提供感知信息，其能够实现的 ADAS 功能有盲点监测、后碰撞预警等。

77 GHz 频段毫米波雷达：主要负责中长距离探测，中距毫米波雷达主要可应用于侧向交通辅助系统和变道辅助系统等；长距毫米波雷达能够用于实现紧急制动、自适应巡航、前碰撞预警等 ADAS 功能。毫米波雷达测距示意如图 3-1-7 所示。

根据公式：光速 = 波长 × 频率，我们可以得知频率越高的毫米波雷达，其波长越短。波长越短，意味着分辨率越高。相比于 24 GHz 的毫米波雷达，77 GHz 的毫米波雷达频段带宽更大、功率水平更高、探测距离更远，物体分辨准确度提高 2~4 倍，测速和测距精确度提高 3~5 倍，具备能检测行人和自行车的能力；且设备体积更小，更便于在车辆上安装和部署，因此频段发展趋势是逐渐由 24 GHz 向 77 GHz 过渡。车载毫米波雷达几种频段特性如表 3-1-4 所示。

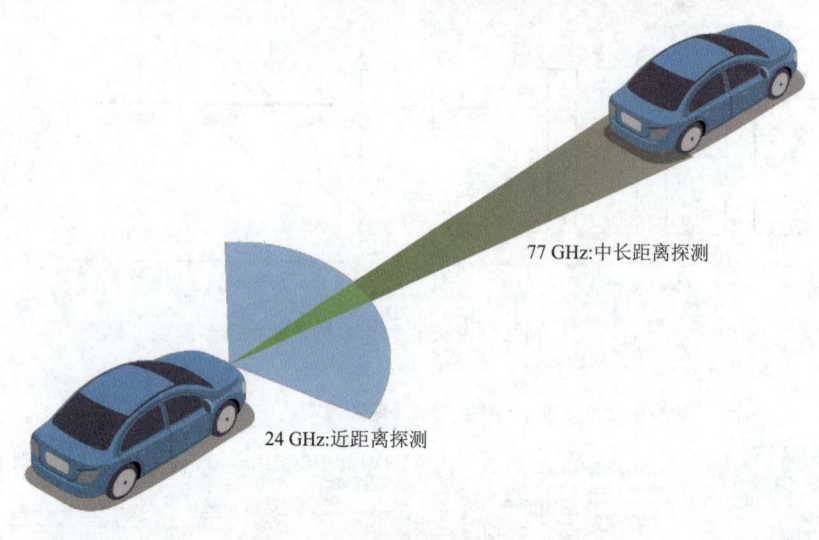

图 3-1-7 毫米波雷达测距示意

表 3-1-4 车载毫米波雷达几种频段特性

频段	24 GHz	77 GHz	79 GHz
带宽	100 MHz	500 MHz	2 GHz
距离	中近距	中长距	中长距
距离分辨率	1.5 m	0.3 m	0.075 m
角度分辨率	较差	7°~14°	7°~14°
电云	不适用	较差	较好
国内频段	已批准	已批准	未开放

> **知识拓展**
>
> **1. 多普勒效应**
>
> 当声音、光和无线电波等振动源与观测者以相对速度 v 运动时，观测者所收到的振动频率与振动源所发出的频率有所不同。因为这一现象是奥地利科学家多普勒最早发现的，所以称之为多普勒效应，如图 3-1-8 所示。
>
> 由多普勒效应所形成的频率变化叫做多普勒频移，它与相对速度 v 成正比，与振动的频率成反比。
>
> **2. 各国车载毫米波雷达频段分配情况**
>
> 1997 年，欧洲电信标准学会确认 76~77 GHz 作为防撞雷达专用频道，2005—2013 年，欧盟将 24 GHz，79 GHz 作为车载毫米波雷达的频段；而美国使用 24 GHz，77 GHz 频段；日本选用了 60~61 GHz 的频段。各国的车载雷达频段主要集中在 23~24 GHz，60~61 GHz 和 76~77 GHz（79 GHz）3 个频段。

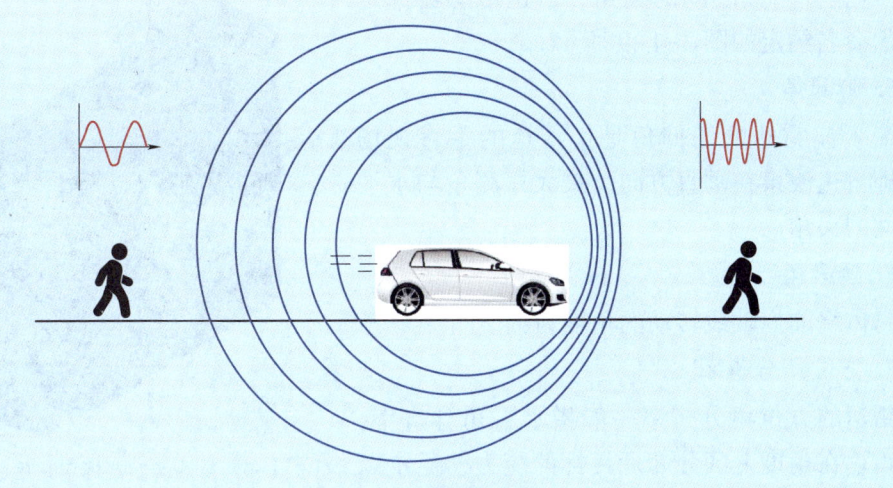

图 3-1-8 多普勒效应

从我国的情况看，无线电主管部门对车载雷达的频率划分一直在积极推进之中：2005 年，原信息产业部发布《微功率（短距离）无线电设备的技术要求》，将 76~77 GHz 频段规划给了车辆测距雷达使用；2012 年，工业和信息化部发布了《工业和信息化部关于发布 24 GHz 频段短距离车载雷达设备使用频率的通知》（工信部无〔2012〕548 号），将 24.25~26.65 GHz 频段规划用于短距离车载雷达业务的频率。2015 年，日内瓦世界无线电通信大会将 77.5~78.0 GHz 频段划分给无线电定位业务，以支持短距高分辨率车载雷达的发展，车载雷达正式获得了全球统一频率划分。

四、车载毫米波雷达传感器的主要参数

车载毫米波雷达传感器的主要参数有探测距离、距离分辨率、距离精确度、方位角、俯仰角、翻滚角、方位角分辨率、方位角精确度、测速范围、速度分辨率、速度精确度。

1. 探测距离

指毫米波雷达能够探测的距离，需兼顾到远距离长度与近距离角度（十字交叉运动目标）。

2. 距离分辨率

在雷达图像中，当两个目标位于同一方位角，但与雷达的距离不同时，二者被雷达区分出来的最小距离就是距离分辨率。

3. 距离精确度

用于描述雷达对单个目标距离参数估计的准确度。

4. 方位角

毫米波雷达的方位角是指雷达的水平视场角，即雷达波束在水平方向上最大探测角

与 X-Z 坐标平面之间的夹角。雷达传感器标定角度的命名约定如图 3-1-9 所示。

5. 俯仰角

毫米波雷达的俯仰角是指雷达的垂直视场角，即雷达波束在垂直方向上最大探测角与水平面之间的夹角。

6. 翻滚角

物体绕前后轴线转动的角度为翻滚角。

7. 方位角分辨率

雷达的方位角分辨率一般指水平角分辨率，是指雷达在角度上区分邻近目标的能力，通常以最小可分辨的角度来度量。

图 3-1-9 雷达传感器标定角度的命名约定

例如，方位角分辨率为 1.6° 的意思就是，当两个物体在空间上需要至少相距 1.6° 时，才能被雷达在水平角度上区分开来。若两个物体相距小于 1.6°，那么在角度方向上，两物体会重合在一起，雷达无法区分。

8. 方位角精确度

雷达对单个目标方位角估计的准确度。

9. 测速范围

在规定的速度范围内，毫米波雷达能够有效测量与目标物之间的相对速度。

10. 速度分辨率

毫米波雷达的速度分辨率是指在速度上区分相邻目标的能力，通常以最小可分辨的速度来度量。

11. 速度精确度

毫米波雷达对单点目标的测速准确能力。

车载毫米波雷达的工作原理

五、车载毫米波雷达传感器的工作原理

1. 车载毫米波雷达的工作过程

车载毫米波雷达通过天线向外发射毫米波，并接收目标反射信号，经后方处理后快速准确地获取汽车车身周围的物理环境信息（如汽车与其他物体之间的相对距离、相对速度、角度、运动方向等），然后根据所探知的物体信息进行目标追踪和识别分类，进而结合车身动态信息进行数据融合，最终通过中央处理单元（Electronic Control Unit，ECU）进行智能处理，经合理决策后，以声、光及触觉等多种方式告知或警告驾驶员，或及时对汽车做出主动干预，从而保证驾驶过程的安全性和舒适性，减少事故发生概率。车载毫米波雷达工作过程如图 3-1-10 所示。

车载毫米波雷达传感器的工作原理

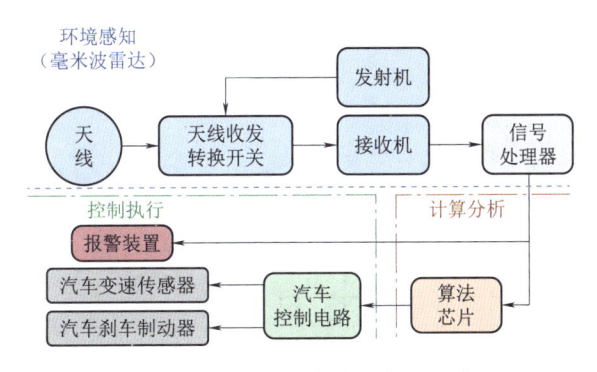

图 3-1-10　车载毫米波雷达工作过程

2. 车载毫米波雷达测距原理

毫米波雷达通过发射天线发出毫米波段的有指向性的电磁波，当电磁波遇到障碍目标后反射回来，通过雷达接收天线接收反射回来的电磁波，根据收发的时间差 Δt 测得目标的位置数据和相对距离。

根据电磁波的传播速度，可以确定目标的距离公式为：

$$S=(\Delta t \times c)/2 \qquad (3\text{-}1\text{-}1)$$

其中 S 表示相对距离，单位为 m；Δt 表示电磁波从雷达发射出去到接收到目标回波的时间间隔，单位为 s；c 是电磁波传播速度（在真空中传播时等于光速），单位为 m/s，毫米波雷达测距原理如图 3-1-11 所示。

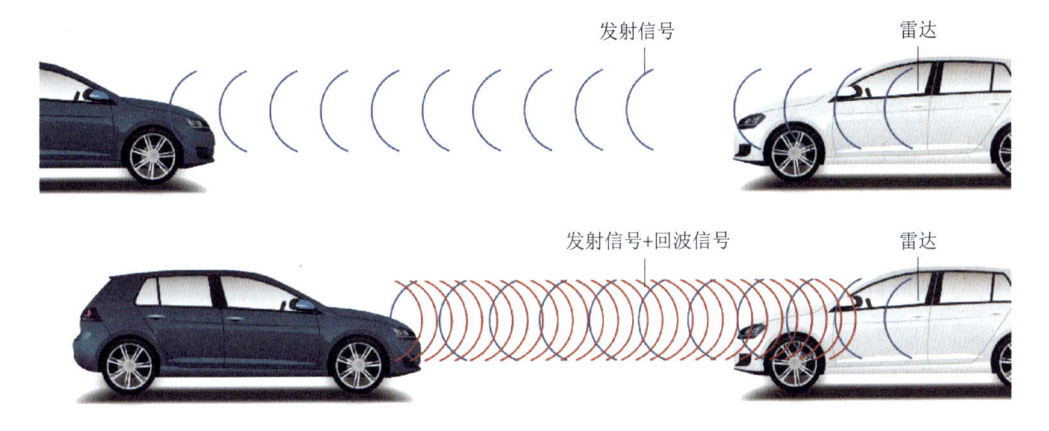

图 3-1-11　毫米波雷达测距原理

3. 车载毫米波雷达测速原理

根据多普勒效应，当发射的电磁波和被探测目标有相对移动时，回波的频率会和发射波的频率不同。当目标向雷达天线靠近时，反射信号频率将高于发射信号频率；反之，当目标远离天线而去时，反射信号频率将低于发射信号频率。

由多普勒效应所形成的频率变化叫做多普勒频移，它与相对速度 v 成正比，与振动的频率成反比。通过检测这个频率差，可以测得目标相对于雷达的移动速度，也就是目标与毫米波雷达的相对速度。多普勒测速原理如图 3-1-12 所示。

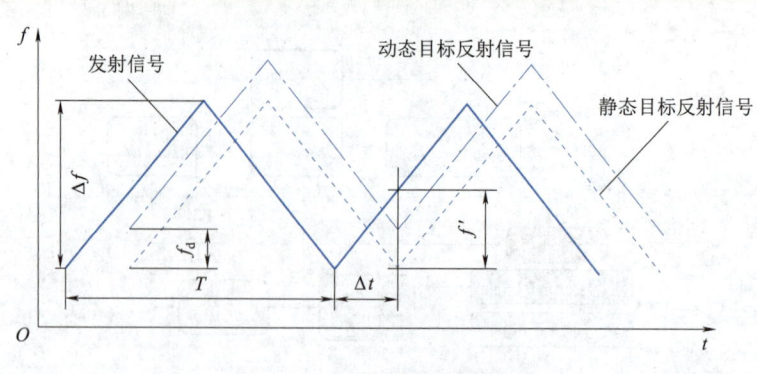

图 3-1-12 多普勒测速原理

在 FMCW 雷达的三角波上升沿和下降沿分别可得到一个差额：

上差额：
$$f_+ = \Delta f - f_d \tag{3-1-2}$$

下差额：
$$f_- = \Delta f + f_d \tag{3-1-3}$$

式中，Δf 为相对静止目标的中频频率，f_d 为相对运动目标的多普勒频移。

根据多普勒效应得：
$$f_d = 2f_0 v/c \tag{3-1-4}$$

式中，f_0 为发射波的中心频率，c 为电磁波的传播速度，即光速，v 为目标和雷达的径向相对速度。

解得：
$$v = f_d \times \frac{c}{2 \times f_0} \tag{3-1-5}$$

4. 车载毫米波雷达测角（方位角）原理

毫米波雷达测量障碍物的角度是通过处理多个接收天线收到的信号时延来实现的。

毫米波雷达的发射天线发射出毫米波后，遇到被监测物体，反射回来，通过毫米波雷达并列的接收天线收到同一监测目标反射回来的毫米波的相位差，计算出被监测目标的方位角。毫米波雷达测角原理如图 3-1-13 所示。

方位角 α_{AZ} 是通过毫米波雷达接收天线 R_{X_1} 和接收天线 R_{X_2} 之间的几何距离 d，以及两根毫米波雷达天线所收到反射回波的相位差 b，然后通过三角函数计算得到方位角 α_{AZ} 的值，这样就可以知道被监测目标的方位角。

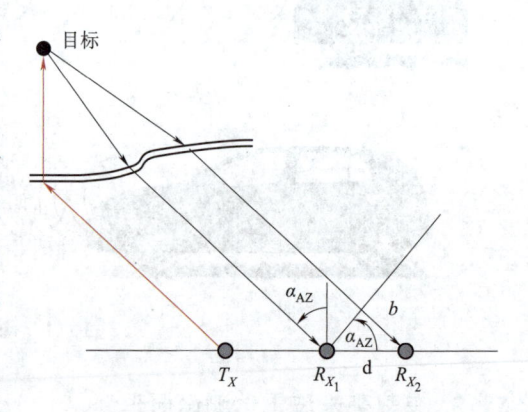

图 3-1-13 毫米波雷达测角原理

$$\sin\alpha_{AZ} = \frac{b}{d} \tag{3-1-6}$$

六、毫米波雷达传感器的典型应用

1. 毫米波雷达在 ADAS 中的应用

毫米波雷达凭借出色的测距和测速能力，被广泛地应用在自适应巡航控制（Adaptive Cruise Control，ACC）、前向防撞报警（FCW）、盲点检测（BSD）、辅助停车（PA）、辅助变道（Lane Change Assist，LCA）等汽车先进驾驶辅助系统（ADAS）中。

车载毫米波雷达的应用

通常，为了满足不同距离范围的探测需要，一辆汽车上会安装多个近距、中距和远距毫米波雷达。不同的毫米波雷达，安装位置也有所不同，长距毫米波雷达一般安装于车辆前方，中、短距毫米波雷达一般可安装在车辆的前方、两侧或后方，它们分别发挥着不同的作用。如表 3-1-5 所示是毫米波雷达在智能网联汽车上的应用。

表 3-1-5　毫米波雷达在智能网联汽车上的应用

毫米波雷达类型		近距雷达（SRR）	中距雷达（MRR）	远距雷达（LRR）
工作频段/GHz		24	77	77
探测距离/m		<60	100 左右	>200
功能	自适应巡航控制系统		★（前方）	★（前方）
	前车防撞预警系统		★（前方）	★（前方）
	自动刹车辅助系统		★（前方）	★（前方）
	盲区检测系统	★（侧方）	★（侧方）	
	自动泊车辅助系统	★（前方）（后方）	★（侧方）	
	变道辅助系统	★（后方）	★（后方）	
	后碰撞预警系统	★（后方）	★（后方）	
	行人检测系统	★（前方）	★（前方）	
	驻车开门辅助系统	★（侧方）		

以自适应巡航 ACC 功能为例，一般需要 3 个毫米波雷达。车正中间安装一个 77 GHz 的长距雷达，探测距离为 150～250 m，角度为 10°左右；车两侧各安装一个 24 GHz 的中距雷达，角度都为 30°，探测距离为 50～70 m。例如，2018 款奔驰 GLC 采用的就是"1 长+4 中"的 5 个毫米波雷达配置，如图 3-1-14 所示。

2. 车载毫米波雷达典型产品

目前，从整个车载毫米波雷达的市场来看，主要由德国、美国、日本等一些国外厂商垄断，其中大陆、博世、电装、奥托立夫、安波福（原德尔福）最为著名，特别是 77 GHz 的毫米波雷达，主要由博世、大陆、安波福（原德尔福）、电装、天合、富士通天、日立等公司掌握。国内厂商也积极地在毫米波雷达领域寻求突破，北京行易道研发

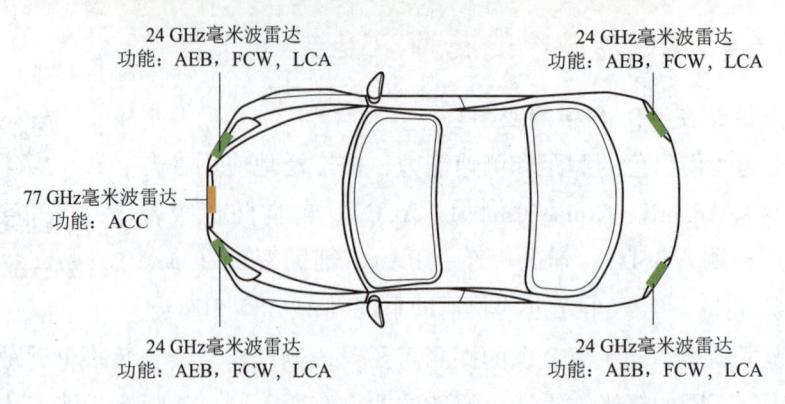

图 3-1-14 2018 款奔驰 GLC 毫米波雷达配置示意图

出的 77 GHz 防撞雷达已经装配在北汽的无人车上，另外，沈阳承泰科技、深圳卓泰达等公司也取得了不小的成就，如表 3-1-6 所示为目前市场上主要的毫米波雷达产品。

表 3-1-6 目前市场上主要的毫米波雷达产品

主要公司	主要产品	雷达频率/GHz	探测距离
瑞典奥托立夫（Autoliv）	短距雷达	24～25	—
美国安波福（Aptiv）（原德尔福 Delphi）	中距雷达 ESR2.5，MRR2/3	76～77	前向：不大于 174 m
	短距雷达 SRR3/4		—
德国博世（Bosch）	中距雷达 MRR	76～77	前向：不大于 160 m，后向：不大于 80 m
	长距雷达 LRR4	76～77	前向：不大于 250 m
德国大陆（Continental）	短距雷达 SRR320	24～25	—
	长距雷达 ARS410	76～77	前向：不大于 170 m
	长距雷达 ARS430	76～77	前向：不大于 250 m
日本富士通天（Fujitsu Ten）		76～77	—
德国天合（ZF-TRW）	中距雷达 AC100	24～25	前向：不大于 150 m
日本电装	长距雷达	76～77	—

3. 毫米波雷达的其他应用

毫米波雷达除了汽车 ADAS 应用，还在无人机、安防、智能交通、工业以及军用领域发挥着非常重要的作用。

（1）无人机：主要应用体现在定高和避障两个方面。

（2）安防：主要应用在一些重要区域的安全警戒。

（3）智能交通：主要应用于车辆检测、交通量调查、交通事件检测、交通诱导、超速监测、电子卡口、电子警察和红绿灯控制等。

（4）工业：主要应用于工业液位计、挖掘机、重型推土机、高压电线塔附近安全施工、生产安全监测等。

（5）军用：主要应用于雷达探测、导弹制导、卫星遥感、电子对抗等。

课后练习

1. 选择题

(1) 毫米波雷达通过发射毫米波信号,并从目标物接收反射信号,对接收到的信号进行处理,可探测物体之间的_____。

　　A. 距离和相对速度　　　　　　　　B. 方位和相对速度
　　C. 距离和方位　　　　　　　　　　D. 距离、方位和相对速度

(2) 我们通常将波长为 1~10 mm 的电磁波称为毫米波,其对应的频率范围为_____。

　　A. 3~300 GHz　　B. 30~300 GHz　　C. 3~30 GHz　　D. 300~3 000 GHz

(3) 以下不属于 24 GHz 频段雷达应用范围的是_____。

　　A. 盲点监测系统　　B. 后碰撞预警系统　　C. 自适应巡航系统　　D. 变道辅助系统

(4) 用于描述毫米波雷达对单个目标距离参数估计的准确度的关键参数是_____。

　　A. 距离分辨率　　B. 探测距离　　C. 距离精确度　　D. 雷达散射截面积

(5) 以下不符合调频连续波雷达特点的是_____。

　　A. 成本高　　　　　　　　　　　　B. 结构简单
　　C. 体积小　　　　　　　　　　　　D. 能同时测得目标相对距离和相对速度

2. 填空题

(1) 毫米波雷达,通过发射毫米波信号(波长_____,频率 30~300 GHz),并从目标物接收反射信号,对接收到的信号进行处理,进而探测物体之间的_____、_____和_____等。

(2) 毫米波雷达根据辐射电磁波方式的不同,一般可分为_____毫米波雷达和_____毫米波雷达两种。

(3) LRR 长距雷达的主要应用范围是:_____。

(4) 由公式:光速 = 波长×频率,频率越高的毫米波雷达,其波长越_____,分辨率越_____。

(5) 由多普勒效应所形成的频率变化叫做多普勒频移,它与_____成正比,与_____成反比。

3. 简答题

(1) 毫米波雷达具有哪些特点和优势?

(2) 简单描述车载毫米波雷达的工作过程。

任务 2　毫米波雷达传感器功能测试

任务导入

通过上位机对毫米波雷达进行功能测试可以更直观地了解毫米波雷达的工作原理，毫米波雷达是通过发射波及反射波的对比分析目标物信息的，因此在功能测试中看到的是目标物的探测点，而非具体的物体成像。

任务目标

（1）能合理完成毫米波雷达传感器的检测方案、工具设备、所需物料等的准备工作。
（2）能规范地完成毫米波雷达传感器外观检查及安装作业。
（3）能规范地完成毫米波雷达传感器功能测试，通过测试结果判断毫米波雷达传感器工作是否正常、精度是否符合要求。
（4）能正确使用自动驾驶车辆维修手册、毫米波雷达传感器使用手册和工作页等参考资料独立规范地完成功能验证。
（5）能掌握7S管理规范，并按照规范完成实训任务，养成良好的职业习惯。

任务知识

毫米波雷达传感器由 1 个 ARS404-21 毫米波雷达和 1 根连接线组成。

一、毫米波雷达传感器探头安装注意事项

雷达传感器的选型、位置选择、安装和标定，要视场景、功能需求、是否融合了其他传感器、配套条件限制等而定。

汽车应用不同雷达示例如图 3-2-1 所示。

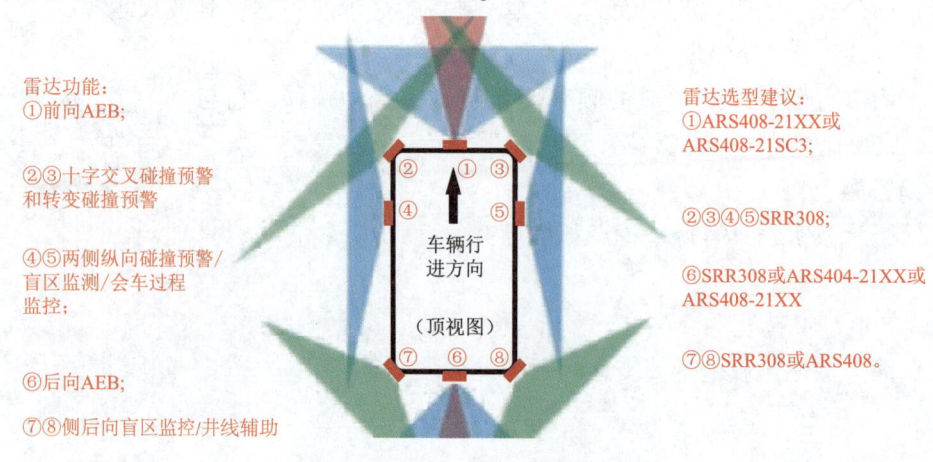

雷达功能：
①前向AEB；

②③十字交叉碰撞预警和转变碰撞预警

④⑤两侧纵向碰撞预警/盲区监测/会车过程监控；

⑥后向AEB；

⑦⑧侧后向盲区监控/并线辅助

雷达选型建议：
①ARS408-21XX或ARS408-21SC3；

②③④⑤SRR308；

⑥SRR308或ARS404-21XX或ARS408-21XX

⑦⑧SRR308或ARS408。

图 3-2-1　汽车应用不同雷达示例

1. 毫米波雷达传感器安装方向

从毫米波雷达传感器后面看，插头应指向左侧（朝向正 Y 轴）。还未做跟踪处理的 Cluster 目标和做了聚类、跟踪处理的 Object 目标的位置，雷达传感器都是以笛卡尔坐标系的 X 轴和 Y 轴给出。

2. 毫米波雷达传感器安装位置

用于汽车 ACC/FCW/AEB 的雷达传感器一般安装在车头、车尾中央，例如车标位置或上下。

ARS404-21 毫米波雷达坐标系及传感器安装位置如图 3-2-2 所示。

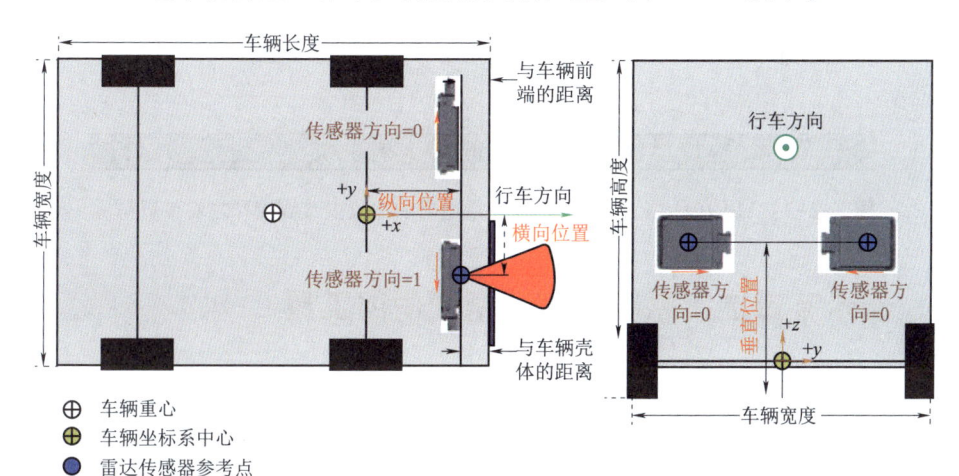

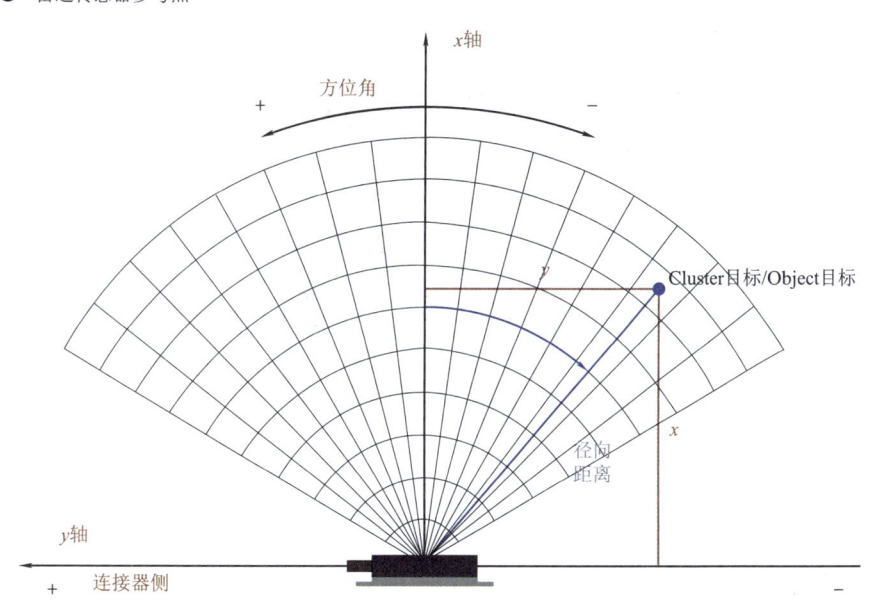

图 3-2-2　ARS404-21 毫米波雷达坐标系及传感器安装位置

3. 毫米波雷达传感器安装高度

距离地面 295~800 mm，建议 500~800 mm，因为过低的话更容易受到地面起伏、凸起的影响而产生不需要的目标。

ARS404-21 作为汽车 AEB 雷达时的建议安装高度和左右位置范围如图 3-2-3 所示。

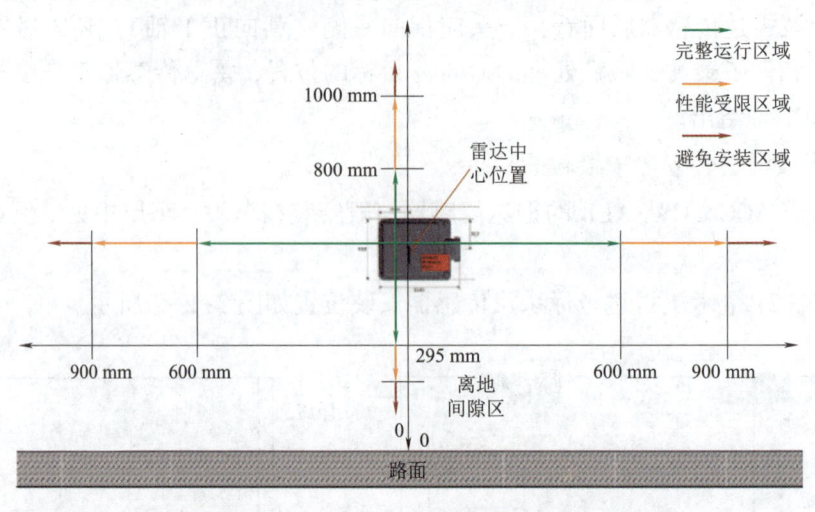

图 3-2-3　ARS404-21 作为汽车 AEB 雷达时的建议安装高度和左右位置范围

二、毫米波雷达传感器的功能测试使用工具

1. CAN 总线驱动认知

在检测过程中会使用到 CAN 总线分析仪（见图 3-2-4），CAN 总线分析仪也称为 USBCAN-Ⅱ，用于对汽车数据进行采集分析、OBD 协议解析、CAN 接口设备故障鉴定等。最主要的是对汽车的报文数据进行解析。

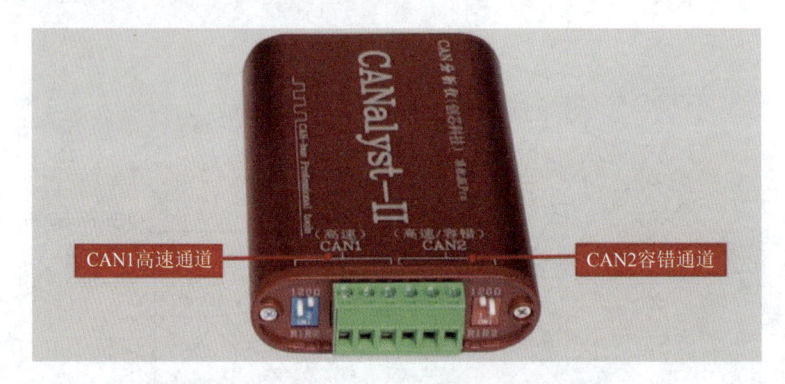

图 3-2-4　CAN 总线分析仪

2. CAN 总线分析仪的驱动安装

毫米波雷达传感器上位机软件 CANTest 主要用于 CAN 报文的收发与监测，同时支持显示帧及滤波的自定义设置、支持加载车载 DBC 协议与通信协议解析、支持总线利用率实时显示以及通信报文的实时记录等功能。

（1）用 USB 线连接 CAN 总线分析仪和笔记本电脑。

（2）右击"此电脑"，单击"属性"选项，打开"设备管理器"。

（3）在"Custom USB Devices"栏下，右击"WinUSB Device"，选择"更新驱动

程序"。

（4）单击"浏览我的计算机以查找驱动程序软件"按钮后，单击"让我从计算机上的可用驱动程序列表中选取"按钮。

（5）单击"从磁盘安装"按钮。

（6）通过单击"浏览"按钮，从提供的软件安装包中选择"USBCAN"驱动文件，单击"打开"按钮，并单击"确定"按钮。

（7）单击"下一步"按钮开始加载安装驱动文件。

（8）完成驱动的安装，单击"关闭"按钮。

任务准备

设备	无人驾驶车、前向毫米波雷达 ARS404-21
工具	笔记本电脑、CAN 总线分析仪、数字万用表、汽车维修工具
量具	角度尺、电子水平仪
耗材	静电手套
软件	CANTest、Sensor

任务实施

毫米波雷达传感器功能测试

一、毫米雷达传感器拆装

1. 毫米波雷达传感器拆装前检查

（1）确保车辆处于下电状态。

（2）检查毫米波雷达传感器外壳是否有破损、进水痕迹、敲击痕迹。

（3）检查毫米波雷达传感器安装位置是否准确、紧固，固定底座是否变形，如图 3-2-5 所示是毫米波雷达传感器安装位置。

（4）检查毫米波雷达线束接口是否存在虚接、破损、进水以及异物等情况。

（5）检查毫米波雷达传感器线束是否存在破损、折断、烧蚀等情况，如图 3-2-6 所示是毫米波雷达传感器线束位置。

2. 毫米波雷达传感器拆卸

（1）使用记号笔标记出毫米波雷达传感器安装位置。

图 3-2-5　毫米波雷达传感器安装位置

图 3-2-6　毫米波雷达传感器线束位置

（2）断开毫米波雷达传感器相关线束。

（3）使用 4 mm 内六角套筒、棘轮扳手、接杆组合工具拆卸毫米波雷达传感器固定螺栓，如图 3-2-7 所示。

图 3-2-7　拆卸毫米波雷达传感器固定螺栓

（4）取下毫米波雷达传感器，放置工作台。

3. 毫米波雷达传感器线束接插口检查

> **注意事项**
> 在使用万用表检测之前，需对万用表进行校准。校准方法：将万用表调至蜂鸣挡，红黑表笔短接测试，当万用表发出蜂鸣声时，说明万用表正常。

（1）将车辆上电。

（2）毫米波雷达传感器插接器 4 根线分别是供电、接地、CAN-H、CAN-L，如图 3-2-8 所示是供电、接地、CAN-H、CAN-L 线束位置。

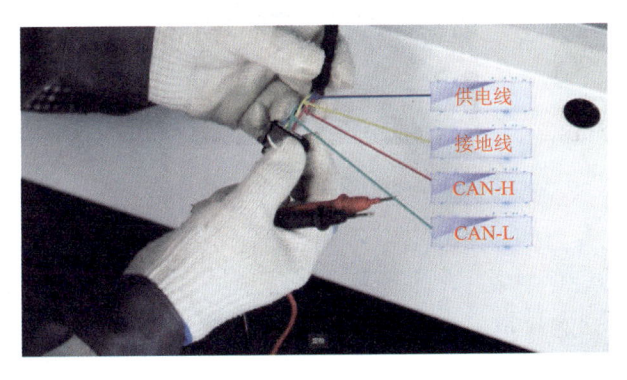

图 3-2-8　供电、接地、CAN-H、CAN-L 线束位置

（3）使用万用表测量供电线路电压，电压标准值≥12 V，将红表笔连接供电线，黑表笔搭铁，实际测量值为 13.65V，与标准值对比，毫米波雷达传感器供电线路电压正常。

（4）使用万用表测量接地线，将万用表调至欧姆挡，红表笔搭接地线，黑表笔搭铁，有电阻接地正常。

（5）使用万用表测量 CAN-H，CAN-H 标准值是 2.5 V 左右，将红表笔连接 CAN-H，黑表笔搭铁，实际测量值为 2.55 V，与标准值对比，毫米波雷达传感器 CAN-H 正常，如图 3-2-9 所示是测量 CAN-H 电压值。

图 3-2-9　测量 CAN-H 电压值

（5）使用万用表测量 CAN-L，CAN-L 标准值是 2.5 V 左右，将红表笔连接 CAN-L，黑表笔搭铁，实际测量值为 2.55 V，与标准值对比，毫米波雷达传感器 CAN-L 正常，如图 3-2-10 所示是测量 CAN-L 电压值。

图 3-2-10　测量 CAN-L 电压值

> **注意事项**
>
> 　　拆卸后，需进一步使用专业检测工具检测毫米波雷达传感器，若发现毫米波雷达传感器本体损坏，需更换新的毫米波雷达。

4. 毫米波雷达传感器安装

（1）将毫米波雷达传感器放置到标记好的位置。

（2）用手预紧前向毫米波雷达传感器的 3 颗固定螺栓。

（3）使用 4 mm 内六角套筒、棘轮扳手、接杆组合工具紧固螺栓，确保毫米波雷达传感器安装牢靠。

（4）校准水平仪。

（5）用水平仪测量毫米波雷达传感器的俯仰角，俯仰角误差为 2°，实际测量为 2°，说明俯仰角符合要求，如图 3-2-11 所示是测量毫米波雷达传感器的俯仰角。

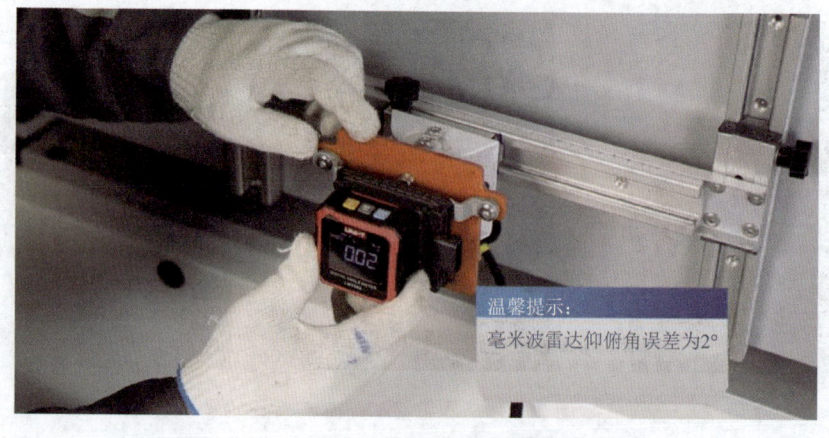

图 3-2-11　测量毫米波雷达传感器的俯仰角

（6）使用棘轮扳手预紧螺栓，固定底座螺栓。

（7）再次使用水平仪确定俯仰角。

（8）水平校准毫米波雷达传感器，左右移动毫米波雷达传感器至记号笔标记处，紧固旋钮。

（9）连接毫米波雷达传感器插接件，检查牢固性。

二、毫米波雷达传感器功能测试

1. 验证 CAN-H、CAN-L 线束

（1）将数字万用表调整到电压 20 V DC 挡位，之后将数字万用表红表笔与雷达线束 CAN-H 端对接，黑表笔与电源负极对接，观察电压表读数，若电压值为 2.5~3.5 V，则说明此端为 CAN-H。

（2）将数字万用表红表笔与雷达线束 CAN-L 端对接，黑表笔与电源负极对接，观察电压表读数，若电压值为 1.5~2.5 V，则说明此端为 CAN-L。

2. 毫米波雷达传感器功能测试

（1）单击 Sensor 图标，打开智能网联传感器调配平台，进入毫米波雷达传感器界面，如果此时毫米波雷达传感器界面未报错且能显示探测到的目标物信息，说明毫米波雷达传感器工作正常。

（2）使用 CAN 总线分析仪的配套 USB 线束将 CAN 总线分析仪和笔记本电脑连接。

（3）将毫米波雷达传感器线束插件与雷达本体连接。

（4）毫米波雷达传感器 CAN-H 线束端与 CAN 总线分析仪 CAN-H 线束相连，毫米波雷达传感器 CAN-L 线束端与 CAN 总线分析仪 CAN-L 线束相连。

（5）打开 CANTest 软件，单击"确定并启动 CAN"按钮，单击"DBC"按钮，进入 FrameAnalyzer 界面，单击"加载协议"按钮，选择文件名为"ARS408_can_database_ch0-new"的 dbc 文件并打开，此时可以看到解析后的 CAN 报文。

（6）单击名为"RadarState"的报文，查看毫米波雷达传感器的状态信息，如果没有错误状态显示，说明毫米波雷达传感器功能正常。

任务总结

毫米波雷达传感器功能测试的具体流程是：

1. 毫米波雷达传感器拆装前检查

（1）毫米波雷达传感器本体检查。

（2）毫米波雷达传感器连接线束检查。

2. 毫米波雷达传感器拆卸

（1）毫米波雷达传感器连接器拆卸。

（2）做好拆卸前标记。

（3）使用工具正确拆卸毫米波雷达传感器。

3. 毫米波雷达传感器线束接插口检查

（1）检测供电电压。

（2）检测接地电阻。

（3）检测 CAN-H 电压。

（4）检测 CAN-L 电压。

4. 毫米波雷达传感器安装

（1）毫米波雷达传感器安装牢靠。

（2）用水平仪测量毫米波雷达传感器的俯仰角。

（3）固定安装。

5. 毫米波雷达传感器功能测试

（1）上电后查看毫米波雷达传感器是否正常工作。

（2）通过报文查看毫米波雷达传感器的状态信息。

任务3　毫米波雷达传感器整车联调测试

任务导入

毫米波雷达传感器对金属的探测尤为灵敏，在车辆上路过程中，地面的井盖、路边横栏、远处的设施等都会是毫米波雷达传感器探测的干扰点，因此毫米波雷达传感器装车后必须严格联调标定，确保功能正常的同时减少不必要环境造成的干扰。

任务目标

（1）能合理完成毫米波雷达传感器的检测方案、工具设备、所需物料等的准备工作。

（2）能规范地完成毫米波雷达传感器整车联调测试，通过测试结果判断毫米波雷达传感器工作是否正常、精度是否符合要求。

（3）能正确使用自动驾驶车辆维修手册、毫米波雷达传感器使用手册和工作页等参考资料独立规范地完成功能验证。

（4）能掌握 7S 管理规范，并按照规范完成实训任务，养成良好的职业习惯。

任务知识

一、毫米波雷达传感器标定

对雷达进行标定，目的就是使雷达的位置和角度是预期的，这样上位机软件才能准确将雷达输出的目标位置转换到车辆坐标系中，从而准确感知目标的威胁程度来采取不同的决策和控制动作。

雷达标定的具体方法就是要使雷达的偏航角/方位角（Yaw Angle）、俯仰角（Pitch Angle）和滚转角（Roll Angle）满足预期。在车辆所停地面为水平且车况正常前提下，雷达俯仰角和滚转角一般要求垂直和水平，用小尺寸的水平尺校准垂直和水平；而偏航角标定是要依据雷达安装位置和需求来决定雷达面法线是否平行于车辆中轴线，或与车辆中轴线是否呈现一定角度，方法是通过角度尺等工装夹具测量。

雷达传感器标定角度的命名约定如图 3-3-1 所示，汽车雷达俯仰角校准如图 3-3-2 所示，汽车雷达滚转角校准如图 3-3-3 所示。

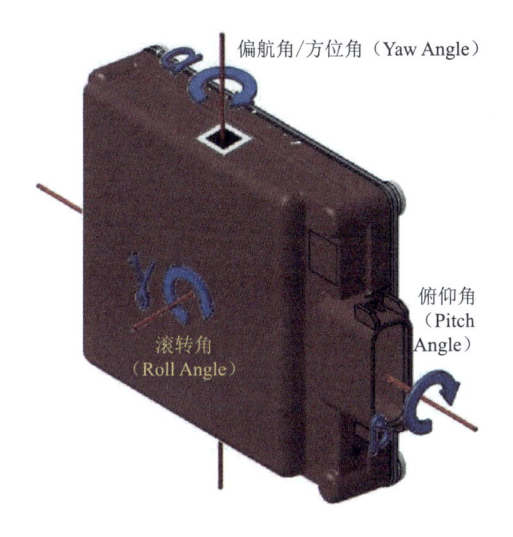

图 3-3-1　雷达传感器标定角度的命名约定

图 3-3-2　汽车雷达俯仰角校准 　　　　图 3-3-3　汽车雷达滚转角校准

偏航角的校准通过测量毫米波雷达传感器与后面板的距离进行校准。

二、毫米波雷达传感器数据读取方法

（1）单击启动界面的"毫米波"按钮，读取毫米波数据，如图 3-3-4 所示。

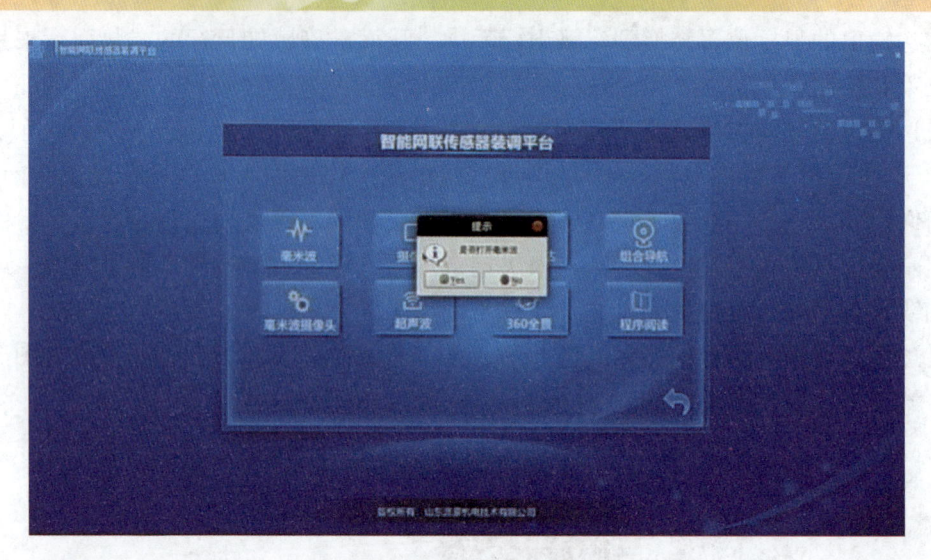

图 3-3-4 启动界面

（2）进入毫米波雷达传感器界面（见图 3-3-5）之后，可以看到 3 个模块，分别是"File"（文件）、"Panels"（面板）、"Help"（帮助文档）。

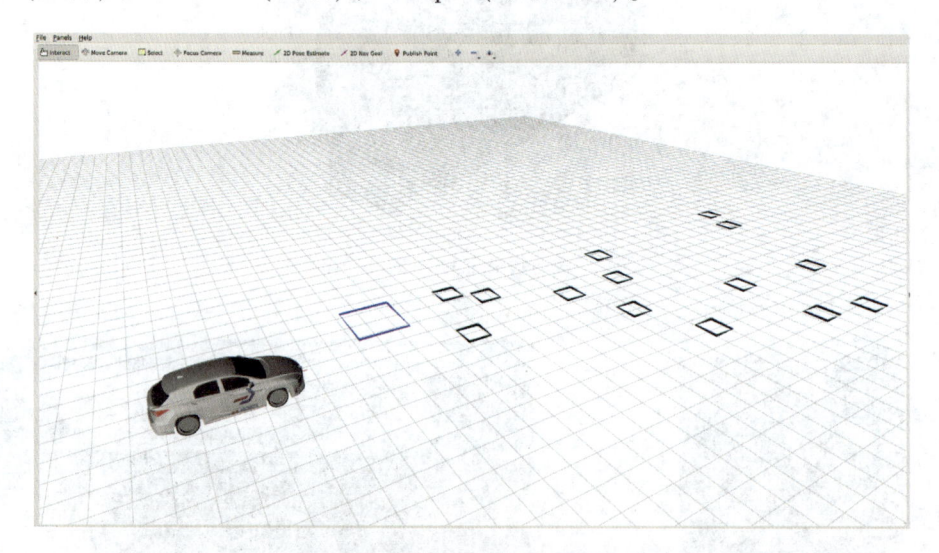

图 3-3-5 毫米波雷达传感器界面

（3）毫米波雷达传感器界面包含下列功能。

① Interact：在 Ubuntu 系统中，Interact 是指桌面环境中的一个交互式帮助系统。它允许用户通过图形化界面来搜索、查看和打开帮助文档。您可以使用 Interact 命令来打开帮助文档，也可以使用鼠标单击或触摸板手势来浏览帮助文档。

② Move Camera：在 Ubuntu 系统中，Move Camera 是指移动摄像头。您可以使用 Move Camera 命令来控制摄像头的移动。

③ Select：在 Ubuntu 系统中，Select 是指选择。可以使用 Select 命令来选择文本或文

件。例如，可以使用 Select 命令来打开一个文本文件并查看其内容。要使用 Select 命令，请按下 Shift + ↑箭头键，然后使用方向键选择所需的文本或文件。

④Focus Camera：在 Ubuntu 系统中，Focus Camera 是指聚焦摄像头。可以使用 Focus Camera 命令来控制摄像头的聚焦。

⑤Measure：在 Ubuntu 系统中，Measure 是指测量。可以使用 Measure 命令来测量屏幕上的文本、图像或其他元素的大小。要使用 Measure 命令，请按下 Ctrl + Alt + T 组合键，然后单击要测量的元素。

⑥2D Pose Estimate：在 Ubuntu 系统中，2D Pose Estimate 是指二维人体姿势估计。它是一种计算机视觉技术，可以用于检测和跟踪人体关键点，从而计算出人体的姿势。

⑦2D Nav Goal：在 Ubuntu 系统中，2D Nav Goal 是指二维导航目标。它是一种计算机视觉技术，可以用于机器人的自主定位和路径规划。

⑧Publish Point：在 Ubuntu 系统中，Publish Point 是指发布点。在 ROS 中，Publish Point 是指一个节点发布数据的地址。

任务准备

设备	无人驾驶车、前向毫米波雷达 ARS404-21
耗材	静电手套
软件	Sensor

任务实施

毫米波雷达传感器整车联调测试

一、毫米波雷达传感器测试前检查

（1）按下电池独立开关，再按下整车开关，将车辆上电。

（2）按下 72 V 供电开关，打开工位机电源。

（3）环视检查智能网联小车，确认外观是否有异常，确认工位机是否能正常开机。

（4）检查毫米波雷达传感器外观是否有异常。

（5）检查毫米波雷达传感器的安装支架。

（6）检查毫米波雷达传感器连接线束是否正常。

二、毫米波雷达传感器测试

(1) 单击 Sensor 图标，进入 Sensor 主界面。
(2) 单击进入毫米波雷达传感器模块，确认单击"yes"按钮。
(3) 请一位同学在毫米波雷达传感前走动，识别物体位置变化，如图3-3-6所示。

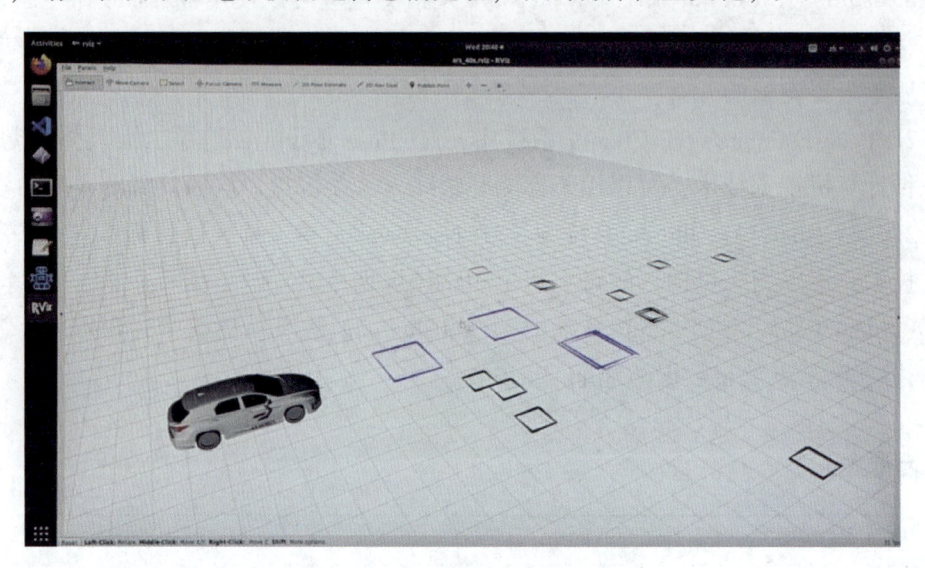

图 3-3-6 识别物体位置变化

(4) 网格界面显示的方框是毫米波雷达传感器的采集数据，根据多普勒原理可知，当车辆与障碍物有相对移动时，毫米波雷达传感器接收到的反射波相较发射波发生了频率变化。频移变化与相对速度成正比，与振动频率成反比，利用这个频率差可以计算两物体间的相对速度。

任务总结

毫米波雷达传感器整车联调测试的具体流程是：

1. 毫米波雷达传感器测试前检查

(1) 实训车辆检查。
(2) 毫米波雷达传感器本体检查。
(3) 毫米波雷达传感器连接线束检查。

2. 毫米波雷达传感器测试

打开平台后，观察人员走动位置。

项目四　激光雷达传感器测试与标定

激光雷达（Light Detection And Ranging，LiDAR），是一种先进的光学遥感技术，是以发射激光束探测目标的位置、速度等特征量的雷达系统。早在20世纪60年代，人们就开始进行激光测距试验；20世纪70年代美国的阿波罗登月计划中就应用了激光测高技术；20世纪80年代，激光雷达技术得到了迅速发展，研制出了精度可靠的激光雷达测量传感器，利用它可获取星球表面高分辨率的地理信息。

激光雷达技术的发展为获取高时空分辨率的地球空间信息提供了全新的技术手段，使人们从传统的单点数据获取变为连续自动数据获取，并能够快速地获取精确的高分辨率的数字地面模型以及地面物体的三维坐标，增强自动驾驶汽车对周边目标物的认识和识别能力。

任务1　激光雷达传感器认知

任务导入

随着科技水平的快速提升,激光雷达的技术得到了不断的发展和升级。激光雷达被称之为自动驾驶车的"眼睛",这是很多人对激光雷达的形象说法,在无人驾驶领域,发挥着极其重要的作用。随着人工智能时代的到来,激光雷达也已被广泛应用于自动驾驶等高新科技领域。

任务目标

(1) 能概述激光雷达传感器的特点。
(2) 能区别不同类型的激光雷达传感器。
(3) 能说出激光雷达传感器的基本结构。
(4) 能概括激光雷达传感器的测距原理。
(5) 能列举激光雷达传感器的主要性能指标。
(6) 能举例说明激光雷达传感器的典型应用。

知识储备

激光雷达(LiDAR),是通过激光测距技术探测环境信息的主动传感器的统称。激光雷达可以精确获得环境目标的三维位置信息,确定物体的位置、大小、外部形貌甚至材质。它首先向目标发射一束激光,然后根据接收反射激光的时间间隔确定目标物体的实际距离。同时结合这束激光发射角度,利用三角函数原理推导出目标位置信息。激光雷达在无人驾驶系统中,常被安装在汽车的顶部,是导航、定位、避障必不可少的核心部件。如图4-1-1所示是激光雷达。

图 4-1-1　激光雷达

一、激光雷达传感器分类

激光雷达传感器按照有无机械旋转部件，可分为机械旋转激光雷达、固态激光雷达和多线混合固态激光雷达。

1. 机械旋转激光雷达

机械旋转激光雷达，通过不断旋转发射头，将速度更快、发射更准的激光从"线"变成"面"，并在竖直方向上排布多束激光，形成多个面，达到动态扫描并动态接收信息的目的。

因为带有机械旋转机构，所以机械旋转激光雷达结构上最大的特点就是自己会转，设备的体积较大。

如今机械旋转激光雷达技术相对成熟，但价格昂贵。同时存在光路调试、装配复杂，机械旋转部件在行车环境下的可靠性不高等弊端。如图 4-1-2 所示是机械旋转激光雷达。

图 4-1-2　机械旋转激光雷达

2. 固态激光雷达

相比于机械旋转激光雷达，固态激光雷达结构上最大的特点就是没有了旋转部件，体积相对较小。

固态激光雷达数据采集速度快，分辨率高，对于温度和振动的适应性强，通过波束控制，探测点可以任意分布。例如在高速公路上行驶时，主要扫描前方远处，对车辆侧面进行稀疏扫描但不能完全忽略，到达十字路口区域加强侧面扫描，而只能匀速旋转的机械旋转激光雷达是无法执行这种精细操作的。

从使用的技术上，固态激光雷达分为光学相控阵技术（Optical Phased Array，OPA）固态激光雷达和快闪（Flash）固态激光雷达。

（1）OPA 固态激光雷达。

OPA 主要运用相干原理，采用多个光源组成阵列，通过控制各光源发光时间差，合成具有特定方向的主光束。然后再加以控制，主光束便可以实现对不同方向的扫描。

OPA 固态激光雷达的内部完全取消了机械结构，通过调节发射阵列中每个发射单元的相位差来改变激光的出射角度。如图 4-1-3 所示是 OPA 固态激光雷达。

图 4-1-3　OPA 固态激光雷达

OPA 固态激光雷达的设计是基于传统的机械旋转激光雷达，将原本体积较大的机械结构通过微电子工艺集成在硅基芯片上，进行大规模生产。在硅基芯片上集成微振镜，由可以旋转的微振镜来反射激光器的光线，从而实现扫描。因为没有任何机械结构，自然也没有旋转。所以相比传统机械式雷达，OPA 固态激光雷达有扫描速度快、精度高、可控性好、体积小等优点。

（2）Flash 固态激光雷达。

Flash 原本的意思为快闪。而 Flash 固态激光雷达的原理也是快闪，不像 OPA 固态激光雷达会进行扫描，而是在短时间直接发射出一大片覆盖探测区域的激光，再以高度灵敏的接收器，来完成对周围环境图像的绘制。因此，Flash 固态激光雷达属于非扫描式激光雷达，发射面阵光，是以 2 维或 3 维图像为重点输出内容的激光雷达。

Flash 固态激光雷达的一大优势是它能快速记录整个场景，避免了扫描过程中目标或激光雷达移动带来的各种麻烦。不过，这种方式也有自己的缺陷，比如探测距离较近。这意味着 Flash 固态激光雷达没有"远视眼"，在实际使用中不适合远程探测。如图 4-1-4 所示是 Flash 固态激光雷达。

图 4-1-4　Flash 固态激光雷达

3. 多线混合固态激光雷达

机械旋转激光雷达在工作时，发射系统和接收系统会以360°一直旋转。而多线混合固态激光雷达工作时，单从外观上是看不到旋转部件的，巧妙之处是将机械旋转部件隐藏在外壳之中。

在多线混合固态激光雷达的外壳内，安装有16对、32对或64对等不同的固定在轴承上的激光发射与激光接收装置，通过内部的电机旋转以5 Hz（或者10 Hz，20 Hz）的转速进行360°的全景扫描。多线混合固态激光雷达的激光器发射出的脉冲激光打到树木、道路、桥梁、房子等周边环境上时会引起散射，一部分光波会经过反射返回到激光雷达的接收器中。接收器通常是一个光电倍增管或一个光电二极管，它将光信号转变为电信号，记录下来。

多线混合固态激光雷达的旋转体置于外壳内部，结合了机械旋转式激光雷达和纯固态激光雷达的优势。凭借着测距精度高，能准确获取物体的三维信息，探测距离远，信号具有高稳定性、可信度高、响应快，可应用于高速移动的情况下，且不受光线影响，全天候监测等优势，而被市场普遍认可。如图4-1-5所示是多线混合固态激光雷达。

图4-1-5 多线混合固态激光雷达

4. 其他类型激光雷达

与此同时，激光雷达传感器还可以按激光波波段、激光介质、激光发射波和根据线束数量的多少等方式进行分类，具体分类内容，如图4-1-6所示。

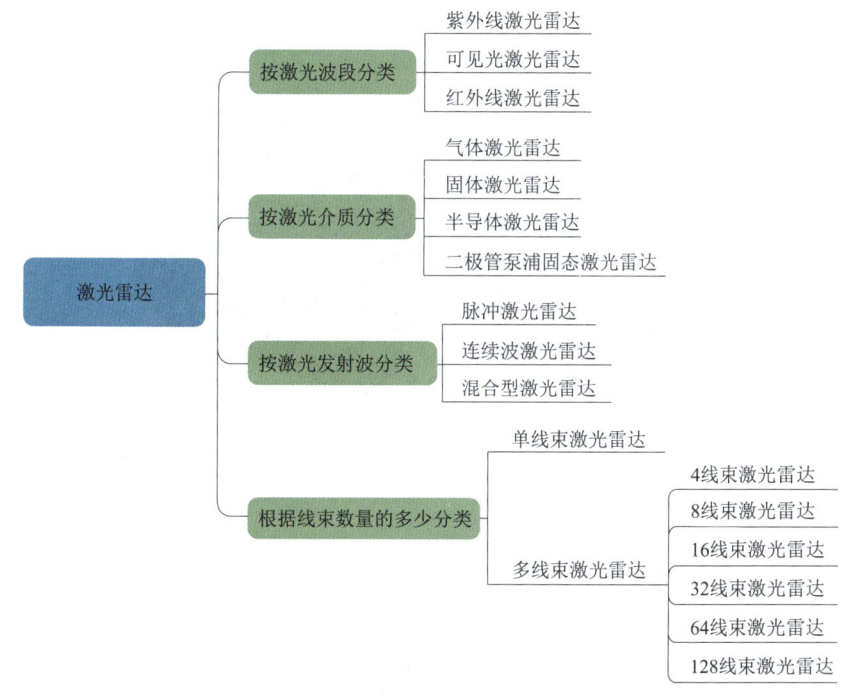

图4-1-6 激光雷达传感器的分类

二、激光雷达传感器结构

1. 机械旋转激光雷达结构

机械旋转激光雷达主要采用机械旋转部件作为光束扫描的实现方式。其结构主要包括：激光源、伺服电机、光学旋转编码器、反射镜、接收器、发射镜片和接收镜片等部件，如图4-1-7所示。

机械旋转式激光雷达

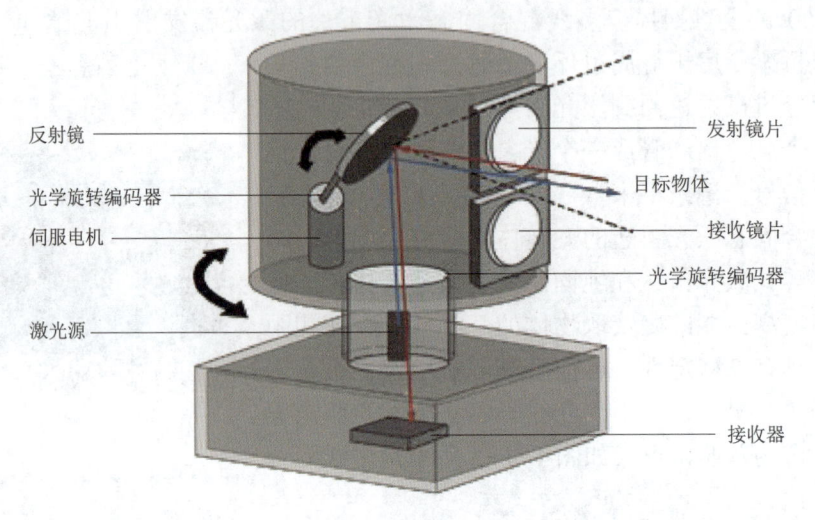

图 4-1-7　机械旋转激光雷达结构示意图

2. 固态激光雷达结构

固态激光雷达是内部完全没有运动部件的雷达，其结构主要包括：激光二极管、MEMS扫描微镜、微处理器、光电二极管、接收透镜和扩散透镜等部件，如图4-1-8所示。

图 4-1-8　固态激光雷达结构示意图

3. 多线混合固态激光雷达

多线混合固态激光雷达的内部装有可动的微型镜面来替代机械旋转扫描器，其结构主要包括：顶盖、信息处理单元、面罩、发射镜片、接收镜片、激光发射器、光电探测器、旋转体、旋转电机、驱动控制及信号预处理单元、8芯航空插头和基座，如图4-1-9所示。

多线混合固态激光雷达结构

图 4-1-9　多线混合固态激光雷达结构示意图

三、激光雷达系统工作原理

激光雷达传感器测距的基本原理是通过测算激光发射信号与激光回波信号的往返时间，从而计算出目标物的距离，如图 4-1-10 所示。首先，激光雷达向目标发射一束激光，激光束碰到障碍物后被反射回来，被激光接收系统进行接收和处理，从而得知激光从发射到被反射回来的时间，即激光的飞行时间，根据飞行时间，可以计算出障碍物的距离。

激光雷达传感器结构与工作原理

根据所发射激光信号的不同形式，激光测距方式可分为脉冲激光测距和连续波相位激光测距两大类。而基于两种激光测距方式，主要用到的测量方法有脉冲测距法、干涉测距法和相位测距法。

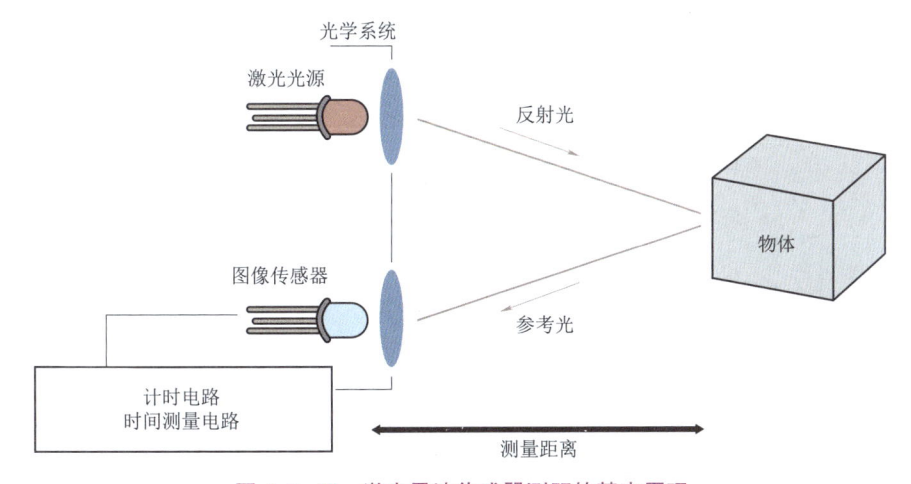

图 4-1-10　激光雷达传感器测距的基本原理

1. 脉冲测距法原理

用脉冲测距法来测量距离时，首先激光器发出一个光脉冲，同时设定的计数器开始计数，当接收系统接收到经过障碍物反射回来的光脉冲时停止计数。计数器所记录的时间就是光脉冲从发射到接收所用的时间。光速是一个固定值，只要得到激光从发射到接收所用的时间就可以算出激光源到目标障碍物所要测量的距离，如图 4-1-11 所示。

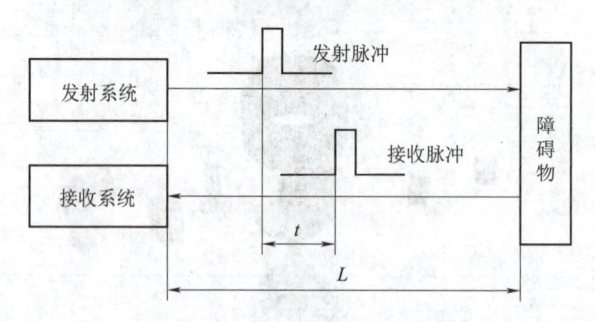

图 4-1-11 脉冲激光测距原理

设 c 为光在空气中传播的速度，$c=3\times10^8$ m/s，光脉冲从发射到接收所用的时间为 t，则待测距离为：$L=ct/2$。

脉冲测距法所测得距离比较远，发射功率较高，一般从几瓦到几十瓦不等，最大射程可达几十千米。脉冲测距法的关键之一是对激光飞行时间的精确测量。激光脉冲测量的精度和分辨率与发射信号带宽或处理后的脉冲宽度有关，脉冲越窄，性能越好。

激光雷达脉冲测距法

2. 干涉测距法原理

干涉测距法是利用光波的干涉特性实现距离的测量。根据光的干涉原理，两列具有固定相位差，而且有相同频率、相同的振动方向或振动方向之间夹角很小的光相互交叠，将会产生干涉现象。

激光雷达干涉测距法

干涉测距法原理如图 4-1-12 所示。

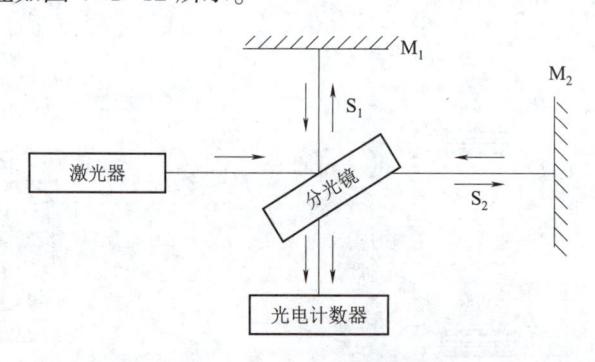

图 4-1-12 干涉测距法原理

干涉测距法的基本原理是激光器发射出一束激光，通过分光镜分为两束相干光波，即反射光 S_1 和透射光 S_2，两束光波分别由固定反射镜 M_1 和可动反射镜 M_2 反射回来，两者在分光镜处又汇合成相干光束，则合成的光束强度 I 为：

$$I=I_1+I_2+2\sqrt{I_1I_2}\cos\left(2\pi\frac{D}{\lambda}\right) \quad (4-1-1)$$

当激光源距障碍物之间的被测距离为 $D=m\lambda$（m 为整数）时，合成的光束振幅最大，光强最大，形成亮条纹；当 $D=(2m+1)\lambda/2$ 时，两束光的相位相反，二者振幅相抵消，光强最小，形成暗条纹。干涉测距法就是根据这一原理，把明暗相间的干涉条纹由光电探测器转化成电信号，经过光电计数器计数，从而实现对距离和位移的测量。

其中，D 为被测距离，m 为被测距离内包含的干涉条纹整数级次，λ 为激光的波长。

干涉测距法技术虽然已经很成熟，并且测量精度也很好，但是它一般是用在测量距离的变化中，不能直接用它测量距离。

3. 相位测距法原理

相位测距法的原理是利用发射波和返回波之间所形成的相位差来测量距离的。首先，经过调制的频率通过发射系统发出一个正弦波的光束，其次，通过接收系统接收经过障碍物之后反射回来的激光。只要求出这两束光波之间的相位差，便可通过此相位差计算出待测距离，如图 4-1-13 所示。

激光雷达相位测距法

激光从发射到接收的时间为：

$$t = \Delta\varphi/\omega = \Delta\varphi/(2\pi f) \qquad (4-1-2)$$

式中，t 为激光从发射到接收的时间，$\Delta\varphi$ 为发射波和返回波之间的相位差，ω 为正弦波角频率，f 为正弦波频率。

待测距离为：

$$L = 1/2 ct = c\Delta\varphi/(4\pi f) \qquad (4-1-3)$$

采用相位式激光测距的激光雷达，由于其精度高、体积小、结构简单、昼夜可用的优点，其测距方式被公认为是最有发展潜力的距离测量技术。相比于其他类型的测距方法，相位式激光测距的激光雷达正朝着小型化、高稳定性、方便与其他仪器集成的方向发展。

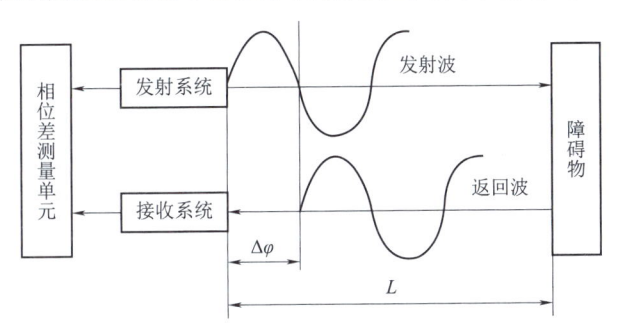

图 4-1-13 激光雷达相位测距法原理

四、激光雷达传感器主要性能指标

激光雷达是智能网联汽车技术实现的必要传感器。它能够对周边 360°的环境进行实时监测，并将环境进行三维重构。激光雷达的性能指标中主要的性能参数有激光的波长、安全等级、探测距离、FOV 视场角（垂直+水平）、角分辨率、出点数、线束、输出参数和使用寿命等。

1. 激光的波长

目前市场上三维成像激光雷达最常用的波长是 905 nm 和 1550 nm。1550 nm 波长的激光雷达传感器可以以更高的功率运行，以提高探测范围，同时对于雨雾的穿透力更强。905 nm 的主要优点是硅在该波长处吸收光子，而硅基光电探测器通常比探测 1550 nm 光所需的铟镓砷近红外探测器便宜。

2. 安全等级

激光雷达的安全等级是否满足 Class 1，需要考虑特定波长的激光产品在完全工作时间内的激光输出功率，即激光辐射的安全性是波长、输出功率和激光辐射时间综合作用的结果。

3. 探测距离

激光雷达的测距与目标的反射率相关。目标的反射率越高则测量的距离越远，目标的反射率越低则测量的距离越近。因此在查看激光雷达的探测距离时要知道该测量距离是目标反射率为多少时的探测距离。

4. FOV 视场角

激光雷达的视场角有水平视场角和垂直视场角。如果是机械旋转激光雷达，则其水平视场角为 360°。

5. 角分辨率

一个是垂直分辨率，另一个是水平分辨率。水平方向上做到高分辨率其实不难，因为水平方向上是由电机带动的，所以水平分辨率可以做得很高，一般可以做到 0.01° 级别。垂直分辨率与发射器几何大小相关，也与其排布有关系，就是相邻两个发射器间隔做得越小，垂直分辨率也就会越小，垂直分辨率为 0.1°～1° 的级别。

6. 出点数

每秒激光雷达发射的激光点数。激光雷达的点数一般从每秒几万点至几十万点。

7. 线束

多线激光雷达，就是在垂直方向上分布多个激光发射器，通过电机的旋转形成多条线束的扫描。多少线的激光雷达合适，主要是说多少线的激光雷达扫出来的物体能够适合算法的需求。理论上讲，当然是线束越多、越密，对环境描述就更加充分，这样还可以降低算法的要求。常见的激光雷达的线束有：16 线、32 线、64 线等。

8. 输出参数

障碍物的位置（三维）、速度（三维）、方向、时间戳（某些激光雷达有）、反射率等。

9. 使用寿命

机械旋转的激光雷达的使用寿命一般在几千小时，固态激光雷达的使用寿命可高达数十万小时。

五、激光雷达传感器特点

激光雷达以激光作为载波，激光是光波波段的电磁辐射。激光雷达具有分辨率及精度高、抗有源干扰能力强、获取信息量丰富的特点。这些特点形成了激光雷达的优势，主要包含：

1. 分辨率高

激光雷达可获得极高的角度、距离和速度分辨率。通常获得的高角度分辨率可以使激光雷达分辨 3 km 的距离上存在的两个相距 0.3 m 左右的目标，并可同时跟踪多个目标，距离分辨率可达 0.1 m，速度分辨率能达到 10 m/s 以内。距离和速度分辨率高，是激光雷达的最显著的优点。

2. 隐蔽性好、抗有源干扰能力强

激光直线传播、方向性好、光束窄，只有在其传播路径上才能接收到激光信号，因此激光的信息截获非常困难，隐蔽性好。且激光雷达的发射系统口径小，可接收区域窄，有意发射的激光干扰信号进入接收机的概率极低。另外，与毫米波雷达等易受自然界广泛存在的电磁波影响的情况不同，自然界中能对激光雷达起干扰作用的信号源并不多，激光雷达的抗有源干扰能力强。

3. 获取的信息量丰富

激光雷达通过向周围目标发射激光束，然后根据接收的反射激光束，可直接获得目标的距离、角度、反射强度、速度等信息，生成目标的多维图像。

但是激光雷达也有明显的缺点，主要包含：

①工作时易受天气和大气的影响。激光一般在晴朗的天气衰减较小，传播距离较远，而在大雨、浓烟、浓雾等恶劣天气，衰减急剧加大，传播距离大受影响。而且，大气环流还会使激光光束发生畸变、抖动，直接影响激光雷达的测量精度。

②激光雷达难以分辨交通标志的含义和红绿灯颜色。在自动驾驶系统中，必需使用其他的传感器（如可见光相机等）辅助进行车辆与交通设施的交互过程。

③激光雷达接收的是光信号，容易受太阳光、其他车辆的激光雷达等光线影响。

④现阶段生产成本较高。目前，市场未形成大规模的量产。再加上激光雷达属于高精密仪器，其内部的光学结构、机械结构、芯片的成本占总生产成本的 70% 以上。这些是导致激光雷达生产成本较高的主要原因。

六、激光雷达传感器在无人驾驶车上的应用

无人驾驶汽车通过激光雷达对周边环境进行扫描识别，从而引导车辆行进。激光雷达在无人驾驶汽车中起着类似于"眼睛"的功能，能够根据扫描到的点云数据快速绘制 3D 全景地图。主要应用场景有：障碍物分类、障碍物跟踪、路沿可行驶区域检测、车道标志线检测和高精度定位等。

1. 障碍物分类

激光雷达对周围障碍物进行扫描，对障碍物的形状特征进行提取，对比数据库原有特征数据，进行障碍物分类。激光雷达能将周围的小轿车、大货车和自行车等障碍物进行识别分类。如图 4-1-14 所示是障碍物分类。

2. 障碍物跟踪

激光雷达采用相关算法对比前后帧变化的障碍物，利用同一障碍物的坐标变化，实

图 4-1-14 障碍物分类

现对障碍物的速度和航向检测跟踪,为后续避障提供可靠的数据信息。如图 4-1-15 所示是障碍物跟踪。

图 4-1-15 障碍物跟踪

3. 高精度定位

首先 GPS 给定初始位置,通过惯性测量元件(Inertial Measurement Unit,IMU)和车辆的编码器(Encoder)可以得到车辆的初始位置;其次对激光雷达的局部点云信息,包括点、线、面的几何信息和语义信息进行特征提取,并结合车辆初始位置进行空间变换,获取基于全局坐标系下的矢量特征;最后将这些特征与高精度地图的特征信息进行匹配,获取一个准确的定位。如图 4-1-16 所示是高精度定位。

图 4-1-16 高精度定位

知识拓展

高精度地图的构建

1. 高精度地图

高精度地图也称为高分辨率地图或高度自动驾驶地图。高精度地图与普通导航地图不同，主要面向自动驾驶汽车，通过一套特有的定位导航体系，协助自动驾驶系统解决性能限制问题，拓展传感器检测范围。如图 4-1-17 所示是普通导航地图，如图 4-1-18 所示是高精度地图。

图 4-1-17　普通导航地图　　　　图 4-1-18　高精度地图

高精度地图主要由静态数据和动态数据构成，其中静态数据包括道路层、车道层、交通设施层等图层信息；动态数据包括实时路况层、交通事件层等图层信息。高精度地图的分层架构如图 4-1-19 所示。

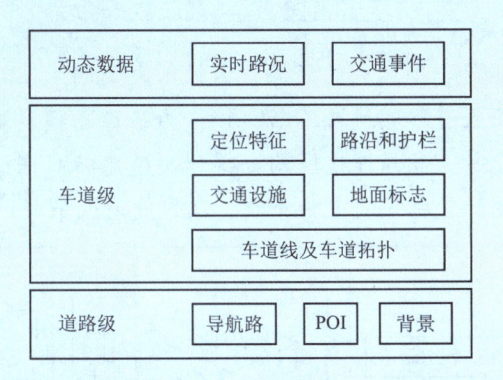

图 4-1-19　高精度地图的分层架构

高精度地图作为普通导航地图的延伸，在精度、数据维度、时效性及使用对象等方面与普通导航地图有着以下不同：

(1) 精度：普通导航地图一般为米级，高精度地图可达厘米级。

(2) 使用对象：普通导航地图面向人类驾驶员，高精度地图面向机器。

(3) 时效性：普通导航地图要求静态数据的更新为月度或季度级别，动态数据不做要求；高精度地图要求静态数据为周级或者天级更新，动态数据则要求实时更新。

（4）数据维度：普通导航记录道路级别数据，高精度地图则更为详细，需达到车道级，比如记录车道及车道线类型、宽度等属性，更有诸如护栏、路沿、交通标志牌、信号灯和路灯等详细信息。

2. 激光点云数据

激光点云由于其精度高，数据特征描述准确等特点，其处理技术广泛地应用于自动驾驶中。在高精度地图制作中，通常使用激光雷达扫描获取点云数据，进而重建三维道路环境，并利用重建好的三维环境进行道路要素特征的提取与识别，准确地反映道路环境并描述其道路环境特征，得到高精度点云地图。同时，其处理后的激光点云数据能够与图像数据进行映射或融合处理，得到信息更加丰富的彩色激光点云地图，为人工检测与修订提供充分的数据基础。

如图4-1-20所示是目标识别，如图4-1-21所示是高精度测距。

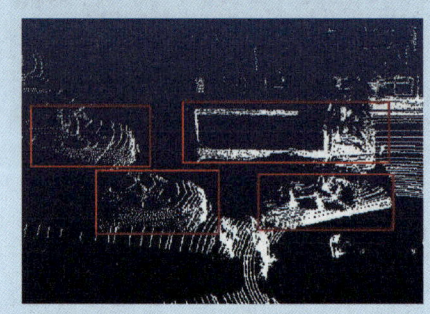

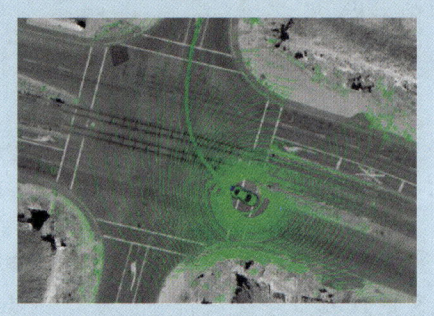

图 4-1-20　目标识别　　　　　图 4-1-21　高精度测距

3. 高精度地图采集

高精度地图的采集是一项庞大的任务，需投入大量的采集车负责收集用于高精度地图制作的源数据，而且道路环境在不断变化，为了让高精度地图始终保持鲜度，需确保每次道路发生改变时，高精度地图均会得到快速更新以保证自动驾驶汽车的安全性，因此，高精度地图的数据采集尤为重要，高精度地图采集流程如图4-1-22所示。

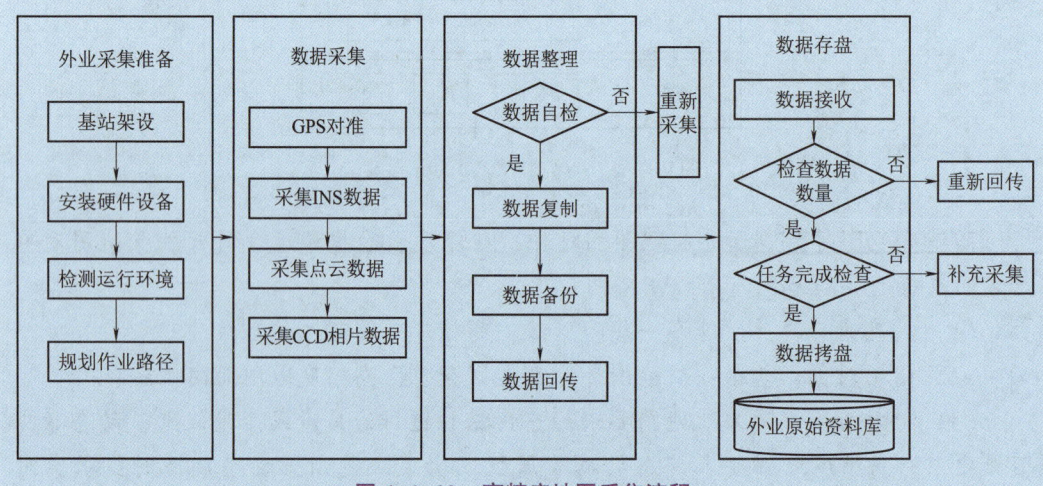

图 4-1-22　高精度地图采集流程

采集车是数据采集的核心载体，其搭载全球导航卫星系统、惯性导航系统、激光雷达、摄像头等系统及传感器设备。外业采集的数据包括行车轨迹、图像、激光点云等数据，拥有车道线、路沿、护栏、路灯、交通标志牌等信息。采集的数据经过数据自检复制、备份后，进行回传，待数据入库检查无误后，保存至外业原始资料库。若数据自检和入库检查过程中发现数据问题，需进行补充采集。高精地图采集所需要的设备主要有激光雷达（LiDAR）、摄像头（Camera）、惯性测量单元（IMU）、全球导航卫星系统（GNSS）和轮测距仪的组合。其中，激光雷达和摄像头用于获取采集车周围环境数据，激光雷达首先通过向目标物体发射一束激光，根据发射到接收的时间间隔来确定目标物体的实际距离，车载摄像头是高精地图信息采集的关键设备，以图像的形式捕捉车辆周围环境信息。IMU、GNSS和轮测距仪用于获取采集车的绝对位置。如图4-1-23所示是百度地图采集车。

图 4-1-23　百度地图采集车

课后练习

1. 选择题

（1）激光雷达以激光作为载波，具有分辨率及精度高、_____、获取信息量丰富的特点。

　　A. 恶劣天气探测精度高　　　　　　B. 分辨交通标志和红绿灯清晰
　　C. 抗有源干扰能力强　　　　　　　D. 不受任何条件限制，全天候工作

（2）激光雷达按激光波段分类，可分为紫外线激光雷达、可见光激光雷达和红外线激光雷达。按有无机械旋转部件分类，可分为机械旋转式激光雷达和_____。

　　A. 气体激光雷达　　　　　　　　　B. 固态激光雷达
　　C. 脉冲激光雷达　　　　　　　　　D. 连续波激光雷达

（3）激光雷达按线束数量分类可分为单线束和多线束激光雷达。目前市场上多线束

激光雷达产品主要有4线束、8线束、_____、32线束、64线束、128线束等。

  A. 6线束　　　　B. 12线束　　　　C. 16线束　　　　D. 48线束

（4）激光雷达传感器的测距原理是通过测算激光发射信号与激光回波信号的往返时间，从而计算出目标的距离。其主要测距法包括：激光雷达脉冲测距法、激光雷达干涉测距法和_____。

  A. 激光雷达霍尔测距法　　　　B. 激光雷达跨电压测距法
  C. 激光雷达点云测距法　　　　D. 激光雷达相位测距法

（5）脉冲激光测距的关键之一是对激光飞行时间的精确测量。激光脉冲测量的精度和分辨率与发射信号带宽或处理后的_____有关，脉冲越窄，性能越好。

  A. 脉冲幅度　　　　B. 脉冲频率　　　　C. 脉冲长度　　　　D. 脉冲宽度

2. 填空题

（1）激光雷达以激光作为载波，激光是光波波段_____。

（2）激光雷达按有无机械旋转部件分类，可分为_____和_____。

（3）激光雷达传感器测距的基本原理是通过测算_____与_____的往返时间，从而计算出目标的距离。

（4）根据所发射激光信号的不同形式，激光测距主要用到的测量方法有_____、_____和_____等。

（5）光雷达传感器的上位机能实现激光雷达基本参数的配置，读取各激光雷达通道不同点云的坐标、_____、_____，并实现数据的记录与回放功能。

3. 简答题

（1）激光雷达传感器以激光作为载波，激光是光波波段电磁辐射。激光雷达传感器的特点主要有哪些?

（2）通过对激光雷达传感器认知的学习，根据自己的了解，请用简短的一段话描述激光雷达传感器脉冲测距法的基本原理。

任务 2　激光雷达传感器功能测试

任务导入

通过激光雷达上位机对激光雷达传感器进行功能测试，可以直观地看到激光雷达传感器探测的点云图。激光雷达传感器的点云图是激光雷达传感器与其他传感器最大的区别，构建三维环境模型，有着非常高的测距精度。

任务目标

（1）能合理完成激光雷达传感器的功能测试方案、工具设备、所需物料等的准备工作。

（2）能规范地完成激光雷达传感器功能测试，通过测试结果判断激光雷达传感器工作是否正常、精度是否符合要求。

（3）能正确使用自动驾驶车辆维修手册和工作页等参考资料独立规范地完成功能验证。

（4）能掌握 7S 管理规范，并按照规范完成实训任务，养成良好的职业习惯。

任务知识

在中德诺浩无人驾驶车中，激光雷达传感器由 1 个雷达、1 个 Interface Box、1 个电源适配器、1 根网线组成，安装在车辆的中轴线上，如图 4-2-1 所示。

图 4-2-1　激光雷达传感器安装位置

一、16 线激光雷达工作原理

固态激光雷达，16 个激光收发组件，测量距离高达 150 m，测量精度为±2 cm 以内，出点数高达 300 000 点/s，水平测角 360°，垂直测角-15°~15°。RS-LiDAR-16 通过 16 个激光发射组件快速旋转的同时发射高频率激光束对外界环境进行持续性的扫描，经过测距算法提供三维空间点云数据及物体反射率，可以让机器看到周围的世界，为定位、导航、避障等提供有力的保障。

二、在 Windows 系统下测试激光雷达点云

在调试时需使用 RSView 软件，同时电脑的 IP 需改为固定 IP。

1. IP 地址修改

（1）进入 Win10 系统的桌面，单击桌面右下角的网络图标，在弹出的小窗口中选择打开网络和 Internet 设置选项，如图 4-2-2 所示。

图 4-2-2　网络和 Internet 设置

（2）进入设置界面，在右侧的区域选择"更改适配器选项"。

（3）进入网络连接界面，选择以太网，如图 4-2-3 所示。右击图标，在弹出的右键菜单中选择"属性"选项。

（4）进入以太网的设置界面，选择列表中"Internet 协议版本 4"，然后选择右下角的"属性"选项。

（5）进入设置 IP 地址的界面，选择使用下面的 IP 地址选项，然后在 IP 地址中输入 192.168.1.102，子网掩码输入 255.255.255.0，如图 4-2-4 所示，输入好后单击界面的"确定"按钮，保存设置。完成以上步骤后，IP 地址就设置好了。

项目四 激光雷达传感器测试与标定

图 4-2-3 选择以太网

图 4-2-4 填写 IP 地址和子网掩码

2. 调试配置

（1）RS-LIDAR-16 接通电源，并用网线和电脑连接。

（2）右键使用管理员权限运行打开 RSView 软件。

（3）单击 File>Open 并且选择"Sensor Stream"选项，以打开 RSView 实时数据显示，如图 4-2-5 所示。接着会弹出如图 4-2-6 所示的参数配置窗口。

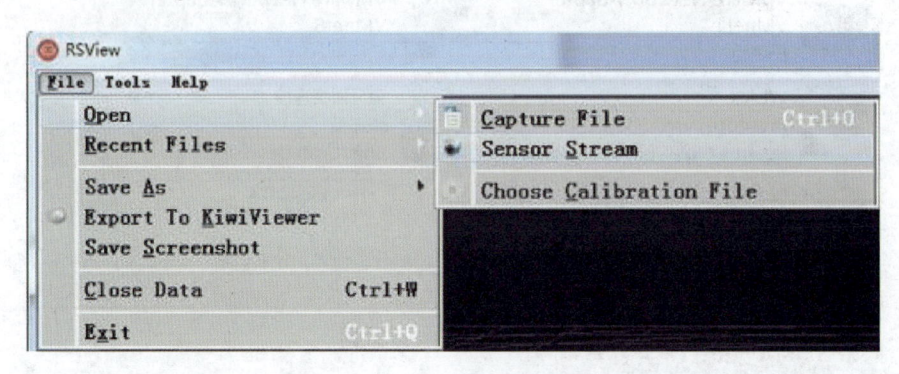

图 4-2-5　打开 RSView 实时数据显示

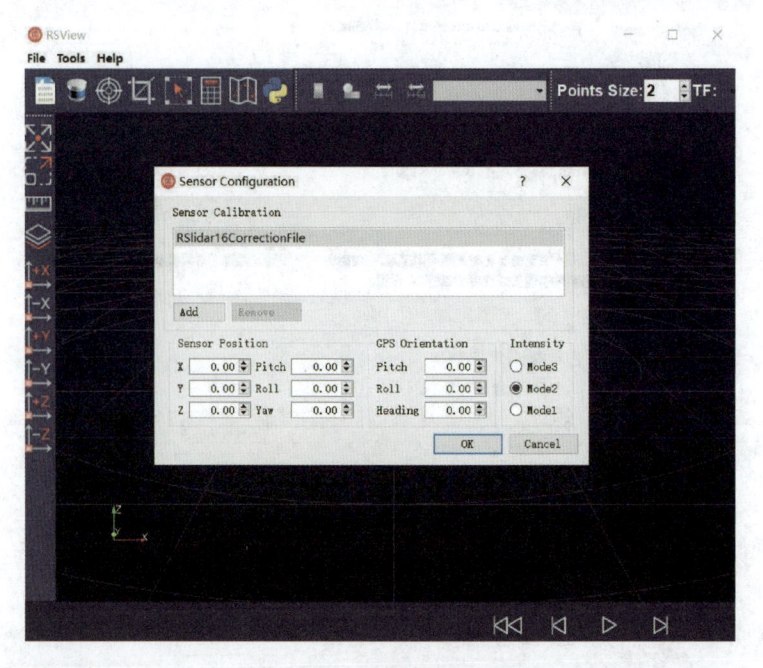

图 4-2-6　参数配置窗口

（4）RSView 开始显示实时采集的数据，如图 4-2-7 所示。

> **注意事项**
> 　　配置 RS-LiDAR-16 工厂固件参数的时候，需要首先保证 RS-LiDAR-16 设备已经正常连接并且可以实时显示数据。

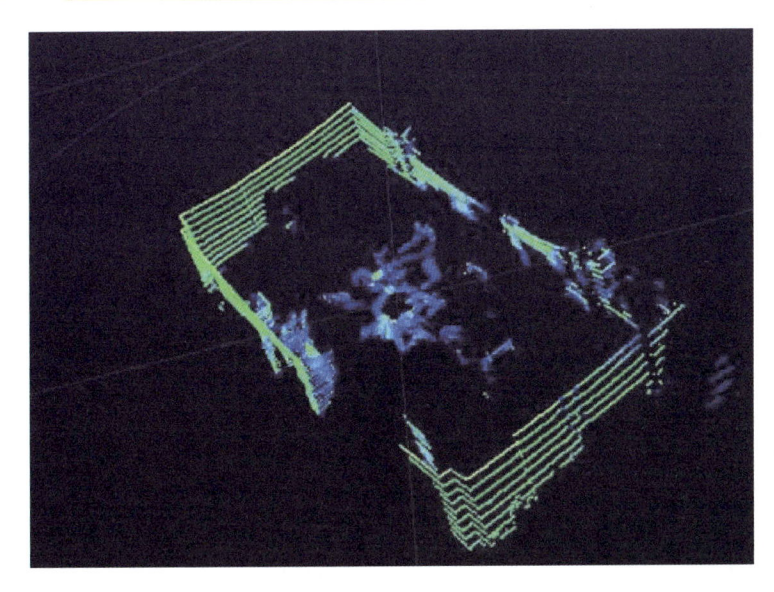

图 4-2-7　显示实时采集的数据

（5）单击 Tools>RS-LiDAR Information，会弹出配置窗口。单击窗口中"Get"按钮，会显示当前 RS-LiDAR-16 内部固件设定的参数，如图 4-2-8 所示。

图 4-2-8　配置窗口显示当前 RS-LiDAR-16 内部固件设定的参数

我们可以在窗口中修改要设定的参数（方框中的只是举例，使用过程中以实际情况为准），然后单击"Set LiDAR"按钮。等待 10 s 后，重新上电启动 RS-LiDAR-16，等待设备连接后，再次打开 RSView 查看 RS-LiDAR Information 确认参数是否被修改成功，如图 4-2-9 所示。

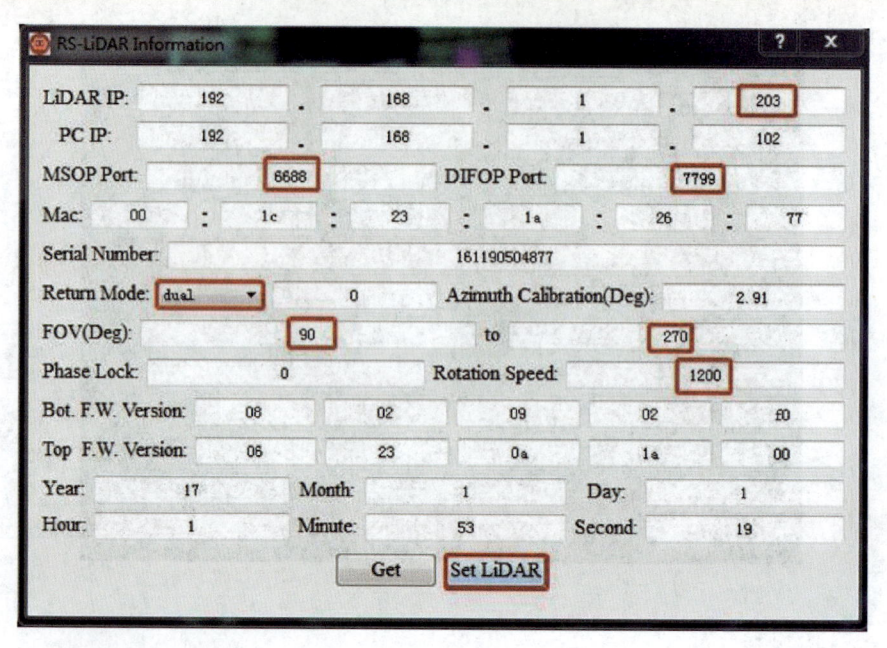

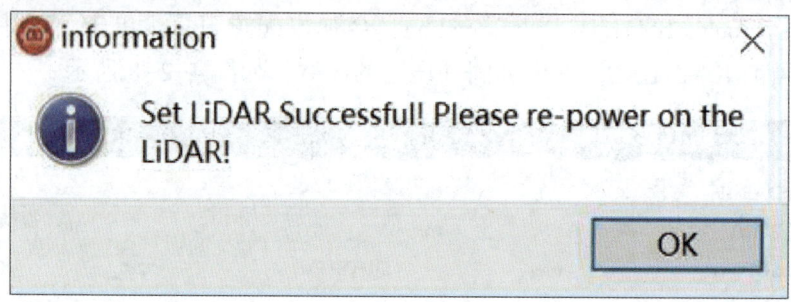

图 4-2-9　调整相关参数及修改成功提示信息

> **注意事项**
> （1）在进行参数设定过程中，一定不要断电 LiDAR，否则会造成 LiDAR 内部参数保存错误。
> （2）如果修改了 RS-LiDAR-16 工厂固件的 MSOP Port 或 DIFOP Port 参数，重新连接设备的时候需要先根据技术手册配置 RSView 的 Data Port。

三、激光雷达传感器的功能测试使用工具

激光雷达传感器的功能测试时，不只需要软件，还需要使用工具卷尺和量角器（见图 4-2-10）。

激光雷达传感器与车后轴中心标定时，需要使用卷尺和量角器测量"后轴中心点"和雷达的位置距离和姿态关系。测量角度时，量角器与坐标轴平面（例如 XZ 平面）平行，气泡位于中间，测量下（Y 轴）旋转角度，还有辅助坐标尺，帮助进行测量。使用软件测量完数据后，还需要使用卷尺进行测量。

项目四 激光雷达传感器测试与标定

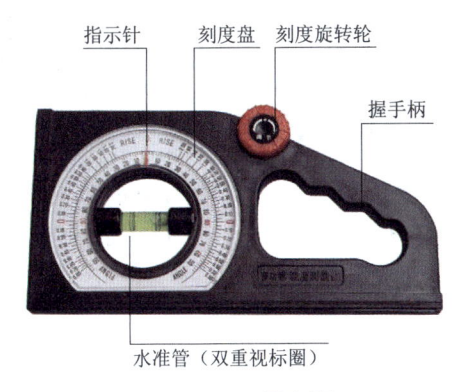

图 4-2-10 量角器

任务准备

设备	激光雷达传感器、环境感知教学实训平台
工具	笔记本电脑
耗材	静电手套
软件	Sensor

任务实施

激光雷达传感器功能测试

一、激光雷达传感器外观检查

> **注意事项**
> 外观检查车辆必须处于下电状态。

（1）检查激光雷达传感器外观。
（2）使用抹布清洁激光雷达传感器外观，如图 4-2-11 所示。
（3）检查激光雷达传感器的连接线是否松动，如图 4-2-12 所示。
（4）检查激光雷达传感器的连接线是否有破损。

图 4-2-11 清洁激光雷达传感器外观 　　　　图 4-2-12 检查激光雷达传感器的连接线

二、激光雷达传感器线路检测

> **注意事项**
> 检测前需要对万用表进行校表。
> 电源开关处于关闭的状态。

（1）电源线通断检查（见图 4-2-13）。

将万用表调至 Ω 挡，红黑表笔分别连接电源线的两端，测得的数值为 0.4 Ω，与标准值<1 Ω 做对比，电源线导通。

图 4-2-13 电源线通断检查

（2）接地线通断检查（见图 4-2-14）。

将万用表调至 Ω 挡，红黑表笔分别连接接地线的两端，测得的数值为 0.5 Ω，与标准值<1 Ω 做对比，接地线导通。

（3）激光雷达传感器通电测试。

①打开电源开关，激光雷达控制器的上电源指示灯点亮，如图 4-2-15 所示。

②将万用表调至直流电压挡，红表笔连电源线上端端口，黑表笔连接地上端端口，测得值为 11.62 V，与标准值 12 V 左右做对比，上端电源供电正常，如图 4-2-16 所示。

③将万用表调至直流电压挡，红表笔连电源线下端端口，黑表笔连接地下端端口，测得值为 11.95 V，与标准值 12 V 左右做对比，上端电源供电正常，如图 4-2-17 所示。

图 4-2-14　接地线通断检查

图 4-2-15　电源指示灯点亮

图 4-2-16　电源线上端端口检测

图 4-2-17　电源线下端端口检测

三、激光雷达传感器标定

（1）打开环境感知实训平台的工位机开关，电源点亮（见图 4-2-18），风扇运转。

图 4-2-18　电源点亮

（2）进入工控机界面，打开环境感知教学平台的操作软件 Sensor。
（3）选择激光雷达，在是否打开激光雷达选项中，选择"是"。
（4）参数配置：
网口名称：enp2s0；
本机 IP：192.168.1.102；
雷达转速：600；
雷达 IP：192.168.1.200。
单击"确认"按钮，当询问是否更改雷达转速时，选择"是"，当"Terminal"中显示"ok"时关闭该界面。
（5）进入 Lidar 标定界面勾选"Point Cloud2"选项，查看周围环境地图，明确位置；勾选"BoundingBOX"选项，对点云数据进行识别；在标定界面，调整 X 轴、Y 轴、

Z 轴的偏移量和旋转量。

（6）进入 Lidar 聚类界面，勾选"Point Cloud2"选项；在 topic 模块中选择"/rslidar_points"选项，查看环境信息，勾选"欧几里得聚类"选项查看感知到的立体物体。

任务总结

激光雷达传感器功能测试的具体流程是：

1. 激光雷达传感器外观检查

（1）激光雷达传感器外观检查。

（2）激光雷达传感器外观清洁。

（3）激光雷达传感器连接线检查。

2. 激光雷达传感器线束检测

（1）电源线通断检测。

（2）电源线通电检测。

3. 激光雷达传感器标定

（1）参数配置。

（2）Lidar 标定。

（3）Lidar 聚类。

任务 3　激光雷达传感器整车联调测试

任务导入

在智能汽车中，激光雷达传感器作为感知部分，通过以太网通信将探测的点云信息发送给车辆，因此在整车安装后，需要对激光雷达传感器进行整车联调，确保以太网通信正常，目标物探测及三维环境信息被车辆有效感知，助力车辆的感知及定位。

任务目标

（1）能合理完成激光雷达传感器的整车联调测试方案、工具设备、所需物料等的准备工作。

（2）能规范地完成激光雷达传感器整车联调测试，通过测试结果判断视觉传感器工作是否正常、精度是否符合要求。

（3）能正确使用自动驾驶车辆维修手册和工作页等参考资料独立规范地完成整车联调测试。

（4）能掌握 7S 管理规范，并按照规范完成实训任务，养成良好的职业习惯。

> **任务知识**

激光雷达传感器和其他传感器融合,可以进行三维重建,对被测物体进行识别判断,完成无人驾驶中的环境感知。其优点是激光雷达传感器可以获得极高的角度、距离和速度分辨率,隐蔽性好,抗有源干扰能力强,低空探测性能好,体积小,质量轻。其缺点是工作时受天气和大气影响大。首先,激光一般在晴朗的天气里衰减较小,传播距离较远,而在大雨、浓烟、浓雾等坏天气里,衰减急剧加大,传播距离大受影响。其次,由于激光雷达传感器的波束极窄,在空间搜索目标非常困难,直接影响对非合作目标的截获概率和探测效率,只能在较小的范围内搜索、捕获目标。同时激光雷达传感器的价格太高,使其应用到自动驾驶车上比较困难。

一、激光雷达传感器安装方式

> **注意事项**
>
> 激光雷达传感器底部数据接口位置为激光雷达传感器水平角180°,雷达沿顺时针方向旋转。

1. 安装位置
激光雷达传感器需安装在车辆中轴线。

2. 安装方向
激光雷达传感器底部数据接口沿车辆中轴线朝向车尾。

3. 遮挡
激光雷达的感光区域,不可遮挡。
如图 4-3-1 所示是激光雷达的感光区域位置。

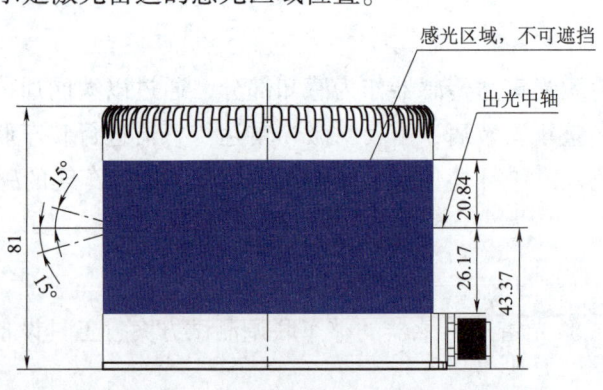

图 4-3-1 激光雷达的感光区域位置

二、激光雷达传感器的功能测试使用工具

激光雷达传感器倾斜角调节,需要使用倾角测试仪。倾角测试仪外部结构如图 4-3-2 所示。

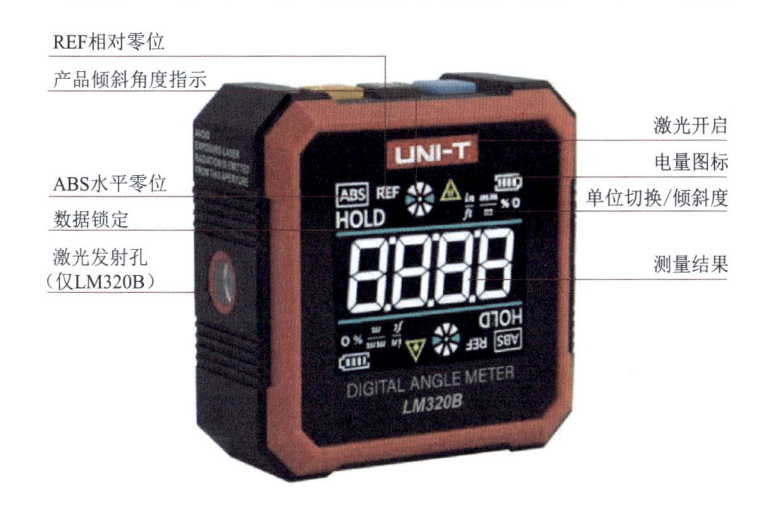

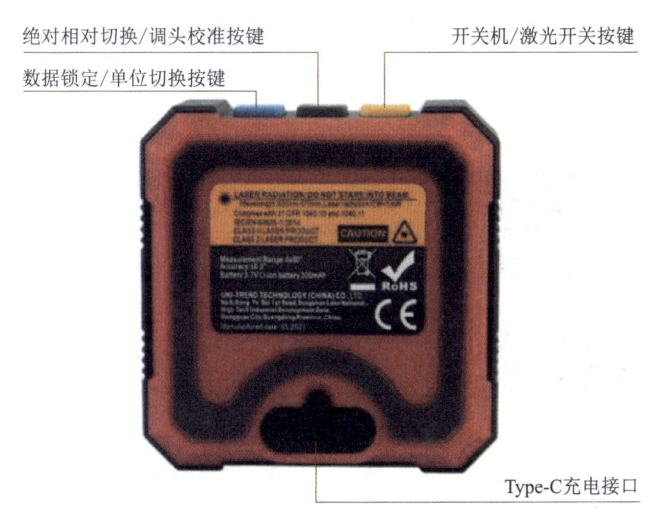

图 4-3-2　倾角测试仪外部结构

使用倾角测试仪方法是：首先，单击开关机按键；其次，将其放置在激光雷达传感器测量面并固定好；最后左右移动调节水平，当数据显示为 0.00°时，说明测量面处于水平状态。

任务准备

设备	激光雷达传感器、环境感知教学实训平台
工具	笔记本电脑、倾角测试仪
耗材	静电手套
软件	Sensor

> **任务实施**

激光雷达传感器整车联调测试

一、激光雷达传感器调节

> **注意事项**
> 激光雷达传感器调节之前车辆必须处于下电状态。

1. 激光雷达传感器 Y 轴（前后）调节

（1）拧松固定支架两侧的固定螺栓，如图4-3-3所示。

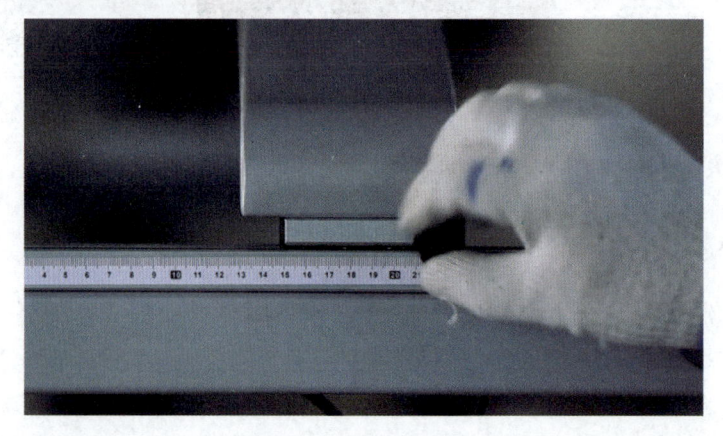

图4-3-3 拧松螺栓

（2）前后移动激光雷达传感器固定支架，调节至合适位置。
（3）左手固定好激光雷达传感器固定支架，右手拧紧固定螺栓，如图4-3-4所示。

图4-3-4 右手拧紧固定螺栓

（4）用同样的方式拧紧另一侧固定螺栓。

2. 激光雷达传感器 X 轴（左右）调节

（1）拧松激光雷达传感器下方的固定支架的固定螺栓，如图 4-3-5 所示是固定支架的固定螺栓位置。

图 4-3-5　固定支架的固定螺栓位置

（2）左右移动激光雷达传感器固定支架，调节至合适位置。
（3）左手固定好激光雷达传感器固定支架，右手拧紧固定螺栓。

3. 激光雷达传感器倾斜角度的调节

（1）打开倾角测试仪开关。
（2）将倾角测试仪放置到激光雷达传感器上方，并固定。
（3）用十字螺丝刀拧松激光雷达传感器下方的固定支架的前后螺栓，如图 4-3-6 所示是固定支架的前后螺栓位置。

图 4-3-6　固定支架的前后螺栓位置

（4）两手扶住激光雷达传感器，左右调节激光雷达倾角，观察角度数据，当倾角测试仪数据为 0.00°时，说明激光雷达传感器在水平状态，如图 4-3-7 所示。
（5）使用十字螺丝刀紧固激光雷达传感器下方的固定支架的前后螺栓。

图 4-3-7　激光雷达传感器在水平状态

4. 激光雷达传感器旋转角度的调节

（1）在激光雷达传感器旋转角度调节之前，使用马克笔在激光雷达传感器初始的位置进行一个标记，如图 4-3-8 所示。

图 4-3-8　标记激光雷达传感器位置

（2）双手扶住旋转激光雷达传感器。
（3）将激光雷达传感器旋转回标记位置。

二、激光雷达传感器标定

1. 启动激光雷达传感器

（1）打开电池独立开关。
（2）打开整车上电开关。
（3）打开 72 V 供电开关。
（4）打开工控机电源。

2. 激光雷达传感器标定

（1）进入系统界面，打开整车调试软件 Sensor。

（2）打开激光雷达。

（3）进入参数配置界面：

网口名称：enp2s0；

本机 IP：192.168.1.102；

雷达转速：600；

雷达 IP：192.168.1.200。

单击"确认"按钮，当询问是否更改雷达转速时，选择"是"，当"Terminal"中显示"ok"时关闭该界面。

（4）进入 Lidar 标定界面勾选"Point Cloud2"选项，查看周围环境地图，明确位置。

（5）在测试界面，进行 X 轴、Y 轴、Z 轴的偏移量和旋转量的调节。

任务总结

激光雷达传感器整车联调的具体流程是：

1. 激光雷达传感器调节

（1）激光雷达传感器 Y 轴（前后）调节。

（2）激光雷达传感器 X 轴（左右）调节。

（3）激光雷达传感器倾斜角度的调节。

（4）激光雷达传感器旋转角度的调节。

2. 激光雷达传感器标定

（1）启动激光雷达传感器。

（2）激光雷达传感器标定。

项目五　超声波传感器测试与装调

　　超声波传感器是利用超声波特性研制而成的传感器。它像蝙蝠或海豚的回声定位一样，发出人类听不到的声波，检测到障碍物后返回。因超声波穿透性强、测距方法简单、制作成本低等特点，超声波传感器广泛应用于工业、国防、生物医学、汽车等领域。

任务1　超声波传感器认知

任务导入

超声波传感器在汽车中的应用最常见的就是常说的倒车雷达，与毫米波雷达传感器的区别在于发射的超声波波段不同，常见的有 40 kHz、48 kHz、58 kHz 三种，用于探测 3 m 范围内的障碍物。现如今，随着智能汽车的发展，超声波传感器新增了探测范围在 5 m 以上的侧向超声波雷达，主要用于自动泊车等功能。

什么是超声波传感器

任务目标

（1）能描述超声波传感器的安装位置。
（2）能正确列举超声波传感器的特点。
（3）能描述超声波传感器的基本结构。
（4）能正确解释超声波传感器脉冲回波检测法的测距原理。
（5）能列举超声波传感器的主要参数。
（6）能描述超声波传感器的典型应用。

知识储备

超声波是指频率高于人类听觉上限频率 20 kHz 的机械波。超声波传感器就是以超声波作为检测手段，发射并接收 40 kHz 的超声波，据时间差计算出障碍物距离，其测量精度是 1~3 cm。

超声波传感器特点与安装位置

一、超声波传感器的安装位置

超声波传感器是在超声频率范围内将交变的电信号转换为声信号或者将外界声场中的声信号转换为电信号的能量转换器件。根据使用场景的不同，超声波传感器的安装位置也不相同。

第一种超声波传感器是超声波驻车辅助传感器（Ultrasonic Parking Assistant，UPA），它安装在汽车前、后保险杠上，如图 5-1-1 所示，用于测量汽车前、后方的障碍物，探测距离一般在 15~250 cm。

超声波传感器的数学模型

第二种超声波传感器是自动泊车辅助传感器（Automatic Parking Assistant，APA），它安装在汽车侧面，如图 5-1-2 所示，用于测量侧方障碍物的距离，探测距离一般在 30~500 cm。

如图 5-1-3 和图 5-1-4 所示为单个 UPA 和单个 APA 的探测范围示意图。比较两图

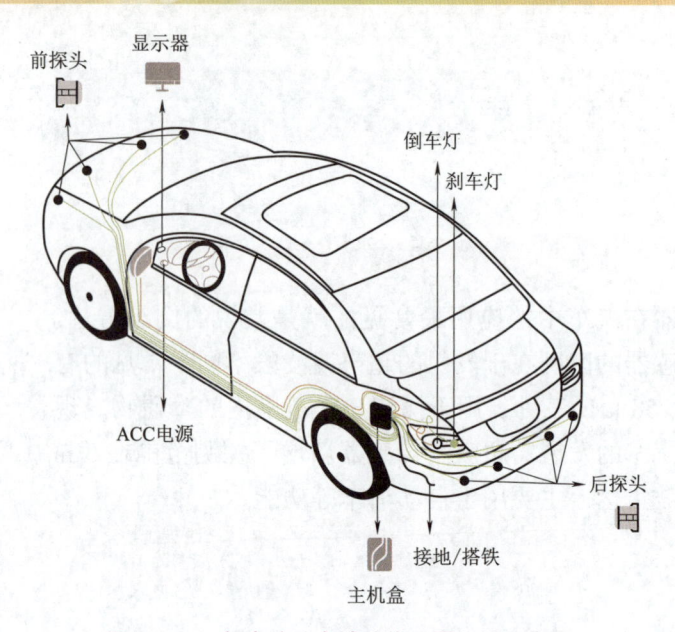

图 5-1-1　超声波驻车辅助传感器位置示意图

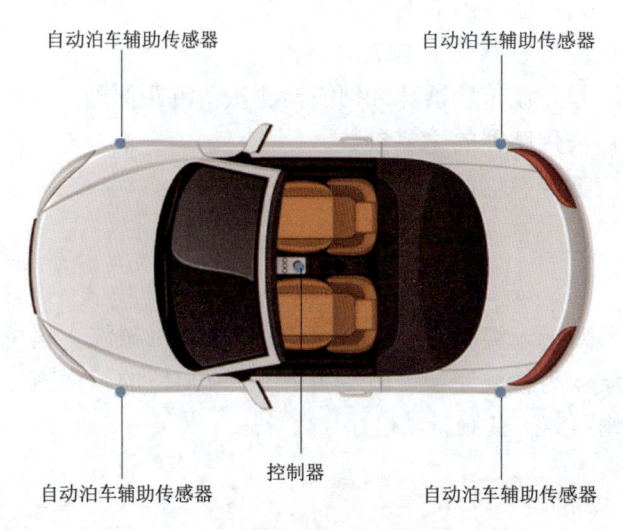

图 5-1-2　自动泊车辅助传感器位置示意图

可发现，APA 的探测范围更远，因此相比于 UPA 成本更高，功率也更大。APA 的探测距离优势让它不仅能够检测左右侧的障碍物，在停车场区，还能根据超声波传感器返回的数据判断停车空位是否存在。

虽然 UPA 和 APA 无论在探测距离还是探测形状都不相同，但是它们依然可以用同样的超声波传感器数学模型来描述。超声波传感器数学模型如图 5-1-5 所示。

α、β、R 和 D 为超声波传感器数学模型中的四个参数。α 为超声波传感器的探测角，一般 UPA 的探测角为 120°左右，APA 的探测角较小，为 80°左右。

β 为超声波传感器监测宽度范围的影响元素之一，该角度一般较小。UPA 的 β 角为 20°左右，APA 的 β 角比较特殊，为 0°。

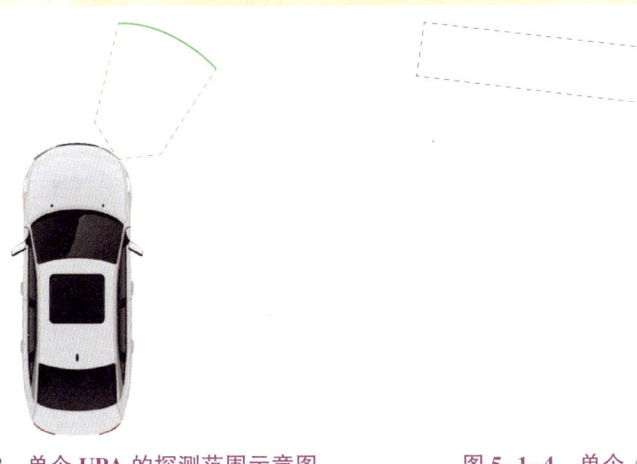

图 5-1-3　单个 UPA 的探测范围示意图　　　　图 5-1-4　单个 APA 的探测范围示意图

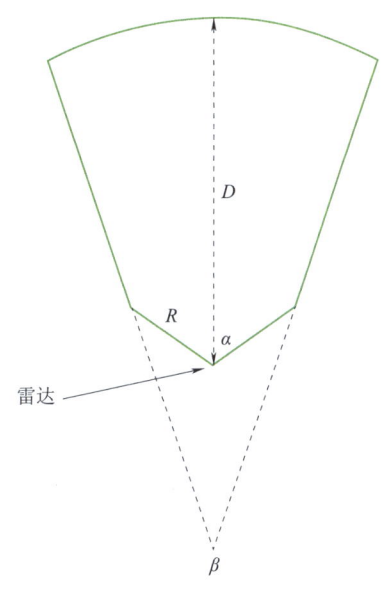

图 5-1-5　超声波传感器数学模型

R 也是超声波传感器检测宽度范围的影响因素之一，UPA 和 APA 的 R 值差别不大，都在 0.6 m 左右。

D 是超声波传感器的最大量程。UPA 的最大量程为 2~2.5 m，APA 的最大量程至少是 5 m。目前已有超过 7 m 的 APA 在业内使用。

> **知识拓展**
>
> **数学模型**
>
> 数学模型是针对参照某种事物系统的特征或数量依存关系，采用数学语言，概括地或近似地表述出的一种数学结构，这种数学结构是借助于数学符号刻划出来的某种系统的纯关系结构。从广义理解，数学模型包括数学中的各种概念，各种公式和各种理论。从狭义理解，数学模型只指那些反映了特定问题或特定的具体事物的数学关系结构。

二、超声波传感器的特点

在实际应用中,超声波传感器有着众多优点,尤其是在短距离测量中有着非常大的优势。但作为一种机械波,超声波传感器也存在着局限性。

1. 优点

(1) 能量损耗慢。

超声波的传播速度仅为光波的百万分之一,因此能量消耗缓慢。

(2) 指向性强。

超声波因为频率较高,波长较短,不容易发生衍射,指向角较小,拥有较好的指向性,因此很适合测量距离较近的目标。

(3) 抗干扰性强。

①超声波对色彩、光照度不敏感。可用于识别透明、半透明及漫反射差的物体。

②超声波对外界光线和电磁场不敏感。可用于黑暗、有灰尘或烟雾、电磁干扰强等恶劣环境中。

(4) 结构简单、体积小。

超声波传感器结构简单,体积小,成本低,信息处理简单可靠,易于小型化和集成化,并且可以进行实时控制。

2. 局限性

(1) 对温度敏感。

超声波传感器的波速受温度影响,近似关系为:

$$C = C_0 + 0.607 \times T \tag{5-1-1}$$

式中,C_0 为零度时的波速,为 332 m/s;T 为温度。

当超声波测距精度要求达到 1 mm 时,就必须把超声波传播的环境温度考虑进去。例如当温度是 0 ℃时,波速为 332 m/s;30 ℃时,波速为 350 m/s。温度引起的超声波速度变化为 18 m/s。

(2) 无法精确描述障碍物位置。

当超声波与障碍物距离较远时,声波的角度变大,回波信号弱,方向性差,因此无法精确描述障碍物位置。

知识拓展

1. 声波的波形

由于声源在介质中施力方向与波在介质中传播方向的不同,声波的波形也不同。通常有纵波、横波和表面波三种。

(1) 纵波。

纵波是指介质内质点振动方向与超声波的传播方向一致的波形。它能在固体、液体和气体中传播。

(2) 横波。

横波是指介质中质点的振动方向与超声波的传播方向垂直的波形。它只能在固体中传播。

(3) 表面波。

表面波是指沿着固体表面传播的具有纵波和横波双重性质的波形。

2. 声波的反射与折射

声波从一种介质传播到另一种介质，在两个介质分界面上一部分声波被反射；另一部分穿过分界面，在另一种介质内部继续传播。这两种情况被称为声波的反射和折射。

3. 声波的衰减

声波在介质中传播时，随着传播距离的增加，能量逐渐衰减，其衰减程度与声波的扩散、散射及吸收衰减等因素有关。

(1) 声波的扩散。

在理想介质中，声波的衰减仅来自声波的扩散，即随声波传播距离增加而引起声能的减弱。

(2) 声波的散射。

散射衰减是指超声波在介质中传播时，固体介质中的颗粒界面或流体介质中的悬浮粒子使声波散射，其中一部分声能不再沿着原来传播方向运动而形成散射。散射衰减与散射粒子的形状、尺寸、数量、介质的性质和散射粒子的性质有关。

(3) 吸收衰减。

吸收衰减是由于介质黏滞性，使超声波在介质中传播时造成质点间的内摩擦，从而使一部分声能转化为热能，通过热传导进行热交换，导致声能的损耗。

三、超声波传感器类型

按照安装方式分，超声波传感器可以分为直射式和反射式，反射式又可分为发射头与接收头分体和接收一体两种形式。

按照传感器探头结构分，超声波传感器可分为直探头、斜探头、表面波探头、双探头、聚焦探头、水浸探头及其他专用探头。

按照工作原理分，超声波传感器可分为压电式、磁致伸缩式、电磁式。较为常用的是压电式超声波传感器。

按照工作频率分，超声波传感器有 40 kHz、48 kHz 和 58 kHz 三种。一般情况下，频率越高，灵敏度越高，但水平与垂直方向的探测角也越小。汽车测距中使用的主要是 40 kHz 的超声波传感器。

四、超声波传感器典型结构

超声波传感器由超声波喇叭、消音器、用于处理影像和计时的芯片等零部件组成，如图 5-1-6 所示。

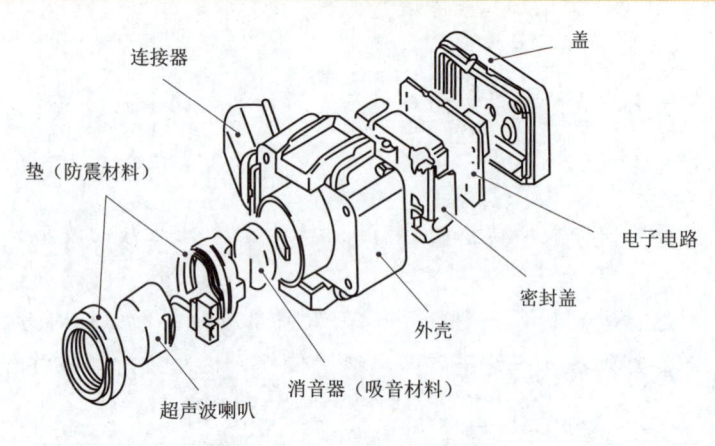

图 5-1-6 超声波传感器结构

为避免直探头与被测件直接接触而磨损超声波喇叭，外部装有防震材料；消音器的作用是降低超声波喇叭的机械品质，吸收声能量，若没有消音器，当激励的电脉冲信号停止时，超声波喇叭将继续振荡，加长超声波的脉冲宽度，降低其分辨率；电子电路（芯片）用来处理影像和数据。

根据作用不同，安装位置不同，安装在右前侧（FRS）、左前侧（FLS）、尾灯侧（RRS）、左后侧（RLS）用于智能雷达（ICS）；若安装在右前（FR）、右前中心（FRC）、左前中心（FLC）、左前（FL）、尾灯（RR）、右后中心（RRC）、左后中心（RLC）和左后（RL），用于智能泊车辅助系统（IPS），安装位置如图 5-1-7 所示。

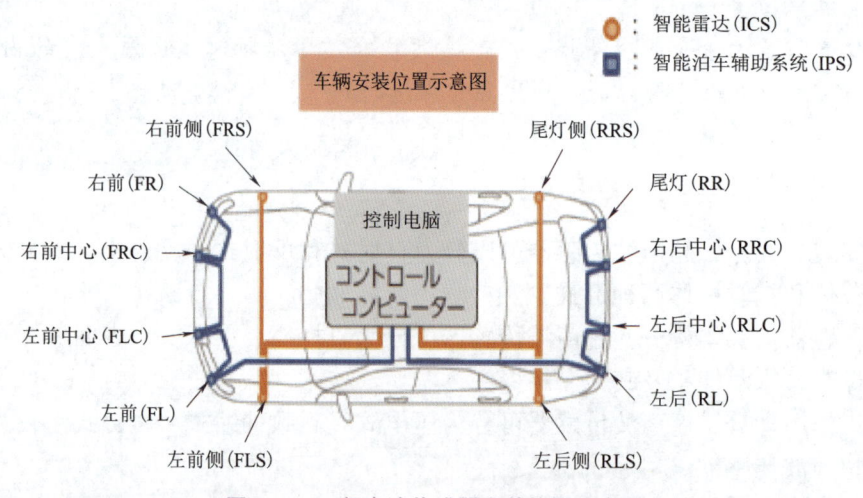

图 5-1-7 超声波传感器安装位置示意图

五、超声波传感器测距原理

根据算法的不同，超声波测距有相位检测、幅值检测和脉冲回波检测三种测距方法。

1. 相位检测法

相位检测法是首先检测出超声波和机械回波之间的相位差，然后根据相位差计算出障碍物与超声波传感器之间的距离。相位检测法测距精度较高，但是为了确定机械回波信号的相位，需要设置结构较复杂的鉴别相位的电路来进行回波信号处理，成本较高。此外，该方法在实际应用中测量距离较小，为 15～70 cm。相位检测法示意图如图 5-1-8 所示。

2. 幅值检测法

幅值检测法是将回收到的机械回波信号进行处理，并将其转化为包络曲线，利用该曲线的峰值分析来确定机械回波前沿最远所能到达的距离。幅值检测法仅通过回波幅值判断距离，易受反射波的影响。幅值检测法示意图如图 5-1-9 所示。

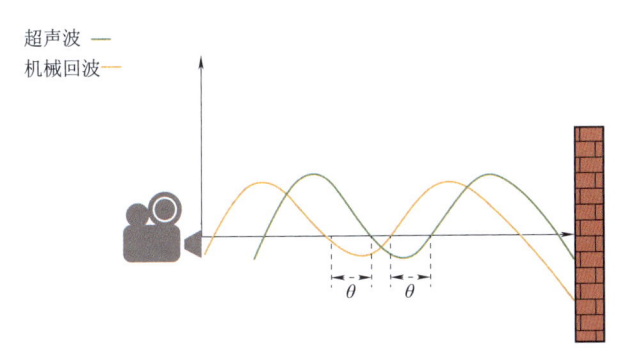

图 5-1-8　相位检测法示意图

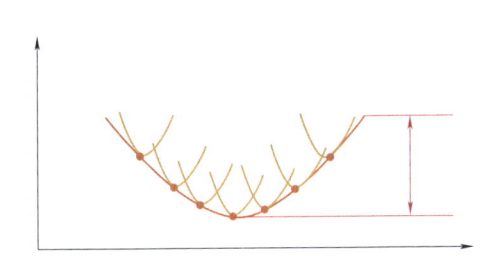

图 5-1-9　幅值检测法示意图

3. 脉冲回波检测法

脉冲回波检测法是超声波发射头发出具有一定频率的、短促的超声波信号，同时启动时钟计数器，直到接收头收到障碍物反射的机械回波信号，并转换为相应的电信号。此时放大接收电路会将电信号放大，控制器会识别该信号，同时时钟计数器停止计数，读出计数器数值即可得到回波时间，从而计算出障碍物到传感器的距离。脉冲回波检测法示意图如图 5-1-10 所示。

超声波脉冲回波检测原理

接收时间与发射时间之差即超声波在空气中的回波时间，因此障碍物与传感器之间的距离为：

$$L = \frac{CT}{2} \quad (5\text{-}1\text{-}2)$$

式中，C 为超声波在空气中的传播速度，常温下约为 340 m/s；T 为发射端与接收端的回波时间差。脉冲回波检测法较简单，非高精度的测距场景使用较多。

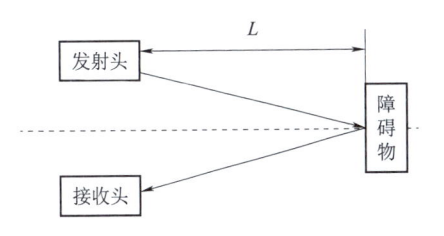

图 5-1-10　脉冲回波检测法示意图

六、超声波传感器的主要参数

1. 测量范围

超声波传感器的测量范围取决于其使用的波长和频率。波长越长,频率越小,检测距离越大,如具有毫米级波长的紧凑型传感器的测量范围为 300~500 mm,波长大于 5 mm 的传感器测量范围可达 10 m。

2. 测量精度

测量精度是指传感器测量值与真实值的偏差。测量精度越高,感知信息越可靠。超声波传感器测量精度主要受被测物体体积、表面形状、表面材料等影响。被测物体体积过小,表面形状凹凸不平、物体材料吸收声波等情况都会降低超声传感器的测量精度。

3. 波束角

传感器产生的声波以一定角度向外发出,声波沿传感器中轴线方向上的超声射线能量最大,能量向其他方向逐渐减弱。以传感器中轴线的延长线为轴线,到一侧能量强度减小一半处的角度为波束角。波束角越小,指向性越好。一些传感器具有较窄的 6° 波束角,更适合精确测量相对较小的物体;一些波束角为 12°~15° 的传感器能够检测具有较大倾角的物体。波束角示意图如图 5-1-11 所示。

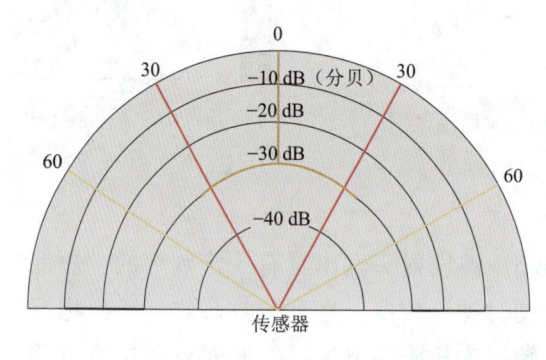

图 5-1-11 波束角示意图

4. 工作频率

工作频率直接影响超声波的扩散和吸收损失、障碍物反射损失、背景噪声,并直接决定传感器的尺寸。一般选择 40 kHz 左右的工作频率,这样传感器方向性尖锐,且避开了噪声,提高了信噪比;虽然传播损失相对低频有所增加,但不会给发射和接收带来困难。

5. 抗干扰性能

超声波为机械波,使用环境中的噪声会干扰超声波传感器接收物体反射回来的超声波,因此要求超声波传感器具有一定的抗干扰能力。

七、超声波传感器的应用

1. 典型应用

依据超声波传感器的测距原理,其在自动驾驶汽车上主要应用于倒车报警、自动泊车和辅助刹车。

(1) 倒车报警。

倒车报警是超声波传感器最基础的应用。一般在车身后方安装 2~4 个传感器，满足后方探测角度要求。在这个过程中，超声波传感器通常需要和控制器及显示器结合使用。倒车报警如图 5-1-12 所示。

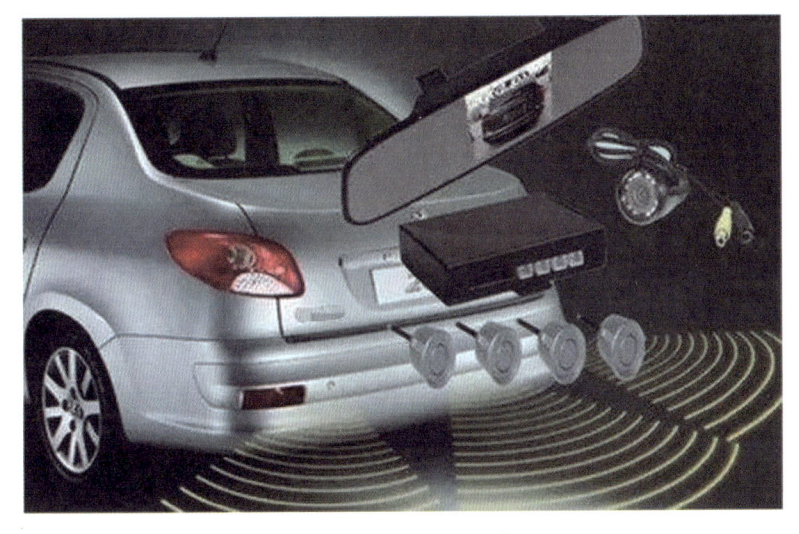

图 5-1-12　倒车报警

驾驶员在倒车时，启动倒车传感器，在控制器的控制下，由装置于车尾保险杠上的探头发送超声波，遇到障碍物后产生回波信号，传感器接收到回波信号后经控制器进行数据处理，判断出障碍物的位置。显示器显示距离并发出警示信号告知驾驶员周围障碍物的情况，帮助驾驶员扫除视野死角，避免视线模糊的缺陷，提高驾驶安全性。

(2) 自动泊车。

辅助驾驶阶段，超声波传感器可用于自动泊车。一般在车身前后安装 8~12 个传感器，以探测车辆周围环境中的近距离目标，实现自动泊车。自动泊车如图 5-1-13 所示。

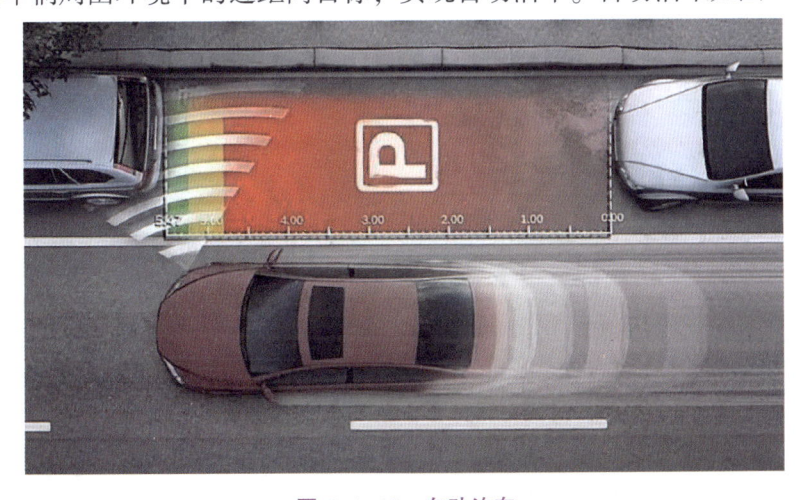

图 5-1-13　自动泊车

自动泊车需要经历识别库位和倒车入库两个阶段。泊车库位检测主要依赖安装在车辆侧方的 APA。在汽车缓缓驶过车库时，利用汽车侧方的 APA 会得到一个探测距离与时间的关系，如图 5-1-14 所示。

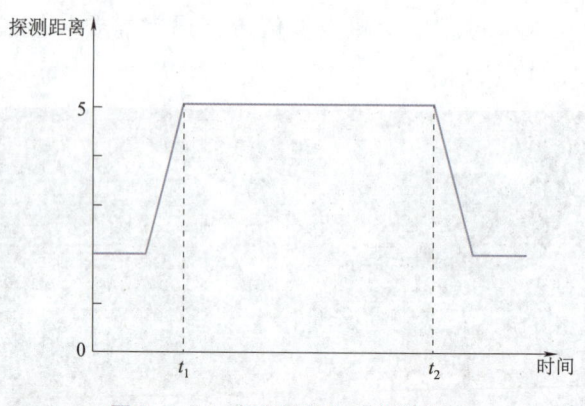

图 5-1-14　探测距离与时间的关系

将 t_1 时刻到 t_2 时刻的车速使用一定的计算公式即可得到库位的近似长度。当检测的库位长度大于汽车泊入所需的最短长度，与旁边车辆的横向距离保持在 0.5~1.5 m 则认为当前空间有车位，选择好车位就可以泊车。

将车挂入倒挡后，倒车影像屏幕会自动显示出车辆所在的位置和周围环境，此时驾驶员在触摸屏式导航仪上，通过移动光标来设定泊车的目标位置，同时启动智能泊车系统。系统一旦启动会自行旋转方向盘规划倒车路径，然后缓慢倒车，最后将车辆停在泊车位置附近。驾驶员可以在注意周围有无障碍物的同时，通过控制油门或制动调整泊车过程，如图 5-1-15 所示。

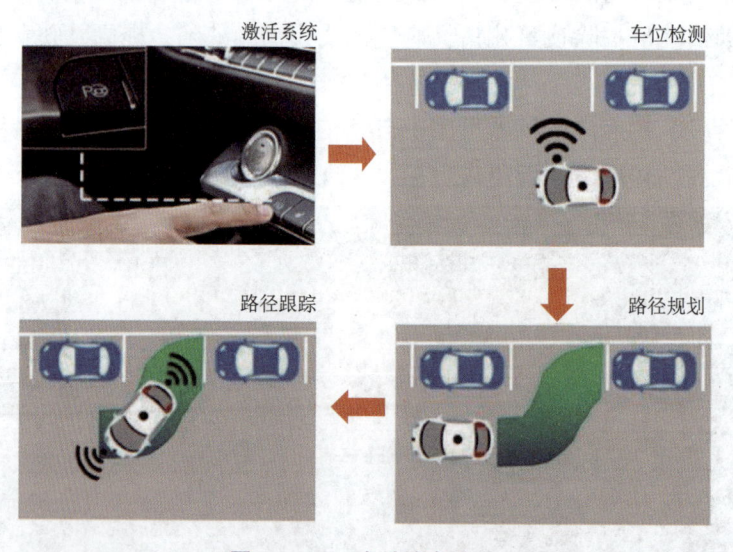

图 5-1-15　自动泊车过程

目前，自动泊车系统还存在一些局限，随着技术不断改进，将对泊车起始点的要求减弱，车位检测速度和精度得到提高，泊车过程运行更加平稳快捷。

(3) 辅助刹车。

辅助刹车常配合自动车距控制系统使用。利用超声波传感器提供前方车辆或障碍物的距离信息并发出碰撞警告，通过车辆的自动控制系统使汽车自动减速或完全停止，避免发生交通事故。

2. 典型产品

从产业角度而言，博世、法雷奥是产业巨头，国际厂商如日本村田、尼塞拉、三菱、松下等也很有影响力，国内厂商则有同致电子、航盛电子等。

博世公司的产品主要有超声波传感器、倒车雷达、半自动泊车、全自动泊车，其超声波传感器可增加探测范围，提高刷新时间，每个超声波传感器有一个代码，避免超声波传感器有噪声。其车用超声波传感器检测范围为 20~450 cm。

法雷奥超声波传感器已有十年的量产经验。短距离超声波传感器覆盖范围为 2~4 m，其最新一代的自动泊车系统 Park4U，就是基于超声波传感器，它有平行与转角两种泊车模式。车身前后只需留出 40 cm 的空间，该系统就能自动完成泊车过程。

同致电子主要生产的产品有倒车雷达、遥控中控、后视摄像头、智能车内后视镜等，是国内各大汽车厂（如上海通用、上海大众、东风日产、吉利汽车、福特汽车等）的供应商。

课后练习

1. 选择题

（1）超声波传感器能够发送和接收_____的超声波。

A. 20 Hz　　　　B. 20 kHz　　　　C. 40 Hz　　　　D. 40 kHz

（2）超声波的传播速度仅为光波的百万分之一，因此_____。

A. 能量消耗慢　　B. 指向性强　　C. 抗干扰性强　　D. 体积小

（3）超声波测距方法中，_____测量精度较高，但成本较高。

A. 相位检测法　　　　　　　　B. 脉冲回波检测法

C. 幅值检测　　　　　　　　　D. 往返时间检测法

（4）_____不是影响超声波传感器测量精度的因素。

A. 物体颜色　　B. 物体体积　　C. 表面形状　　D. 表面材料

（5）_____公司生产的新一代的自动泊车系统 Park4U，有平行与转角两种泊车模式。

A. 三菱　　　　B. 法雷奥　　　　C. 同致　　　　D. 博世

2. 填空题

（1）超声波驻车辅助传感器主要用于测量汽车前后方的障碍物_____。

（2）超声波传感器是在超声频率范围内将交变的_____转换为_____或者将外界声场中的_____转换为_____的能量转换器件。

（3）超声波驻车辅助传感器（UPA）的探测距离是_____，自动泊车辅助传感器

（APA）的探测距离是_____。

（4）超声波散射角_____，与障碍物距离较远时，回波信号_____，方向性_____，因此无法精确描述障碍物位置。

（5）超声波传感器抗干扰性强主要体现在对色彩、光照度不敏感，对外界光线和电磁场不敏感_____。

3. 简答题

（1）请简述脉冲回波检测法的测距原理。

（2）请简述超声波传感器在车辆倒车时发出报警的原理。

任务 2　超声波传感器功能测试

任务导入

为了验证一款超声波传感器的好坏，可以通过上位机观察超声波传感器的反馈信号是否随着障碍物距离变动而实时变动。

任务目标

（1）能合理完成超声波传感器的检测方案、工具设备、所需物料等的准备工作。

（2）能规范地完成超声波传感器外观检查及安装作业。

（3）能规范地完成超声波传感器功能测试，通过测试结果判断超声波传感器工作是否正常，精度是否符合要求。

（4）能正确使用自动驾驶车辆维修手册、超声波传感器使用手册和工作页等参考资料独立规范地完成功能验证。

（5）能掌握7S管理规范，并按照规范完成实训任务，养成良好的职业习惯。

任务知识

在中德诺浩无人驾驶车中，超声波传感器由1个超声波处理盒、8个超声波探头、8根连接线组成。

一、超声波传感器探头安装注意事项

（1）探头开孔尺寸要结合探头实际尺寸，在中德诺浩无人驾驶车中，开孔尺寸为22.5 mm，需要注意的是不能太小，否则挤压震动腔体，影响探头工作。

（2）在中德诺浩无人驾驶车中，探头安装的位置建议为离地高度 30~50 cm，探头背面朝上。

（3）在中德诺浩无人驾驶车中，两探头间距 30 cm 左右进行安装。

二、超声波传感器数据读取方法

1. 开机上电

按下操作台左下角圆形按钮，一键起动设备。开机按钮如图 5-2-1 所示。

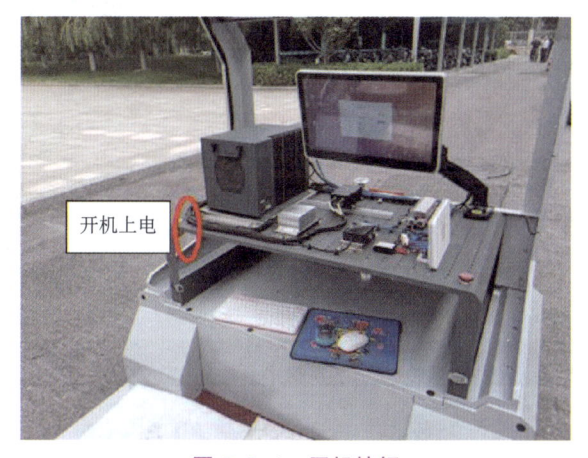

图 5-2-1　开机按钮

2. 选择传感器配置图标

开机后进入 Ubuntu 系统桌面，单击 Sensor 配置图标，对传感器进行标定。Sensor 配置图标如图 5-2-2 所示。

图 5-2-2　Sensor 配置图标

3. 选择超声波传感器模块

进入智能网联传感器装调平台后，单击启动界面"超声波"按钮，然后按照提示，单击"Yes"按钮。智能网联传感器模块位置及提示如图 5-2-3 所示。

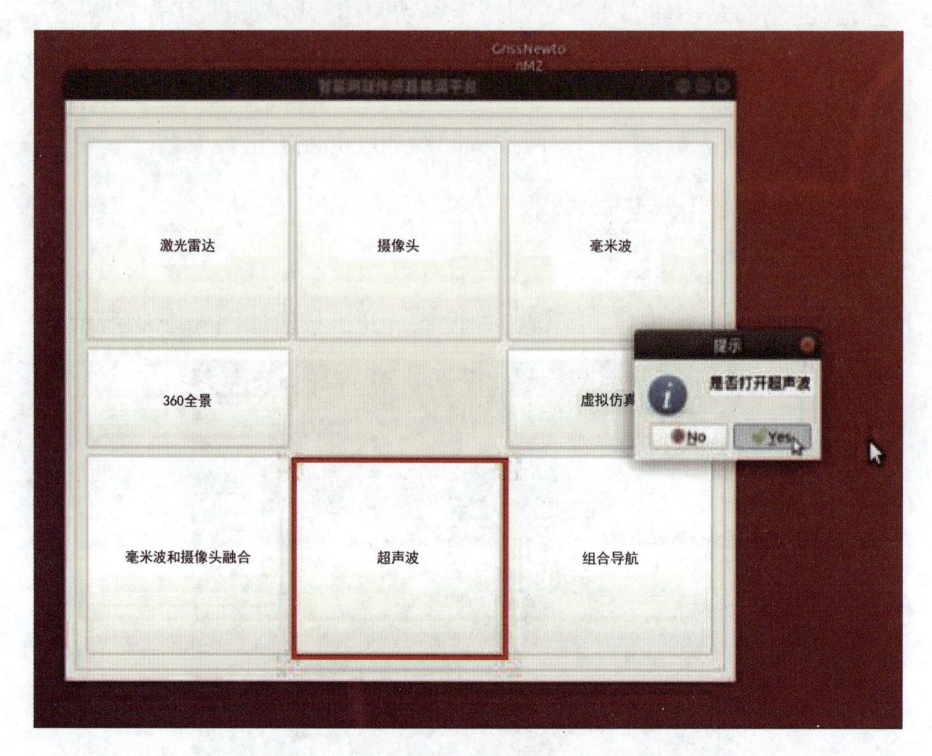

图 5-2-3 智能网联传感器模块位置及提示

4. 查看车前车后数据

如图 5-2-4 所示是超声波感知实验数据展示页，在该页面中，查看右下角是否为 can0，若不是则切换 can 网络为 can0，单击"连接"按钮连接到 can 网络，之后查看编号 1~8 后面是否有数据输出。

三、超声波传感器的功能测试使用工具

1. CAN 总线分析仪认知与使用方法

在检测过程中会使用到 CAN 总线分析仪（见图 5-2-5），CAN 总线分析仪也称为 USBCAN-Ⅱ，用于对汽车数据进行采集分析、OBD 协议解析、CAN 接口设备故障鉴定等。其最主要的用途是对汽车的报文数据进行解析。

CAN1 高速通道：CAN1 高速通道顾名思义也是传输速度比较快的通道，有点类似高速路，车辆的行驶速度比较快。一般应用在转向、制动等比较重要的场合。

CAN2 容错通道：CAN2 容错通道也是低速通道，传输速度比较慢，有点类似市中心限速的车道，车辆行驶速度比较慢，一般应用在车上的娱乐区域。

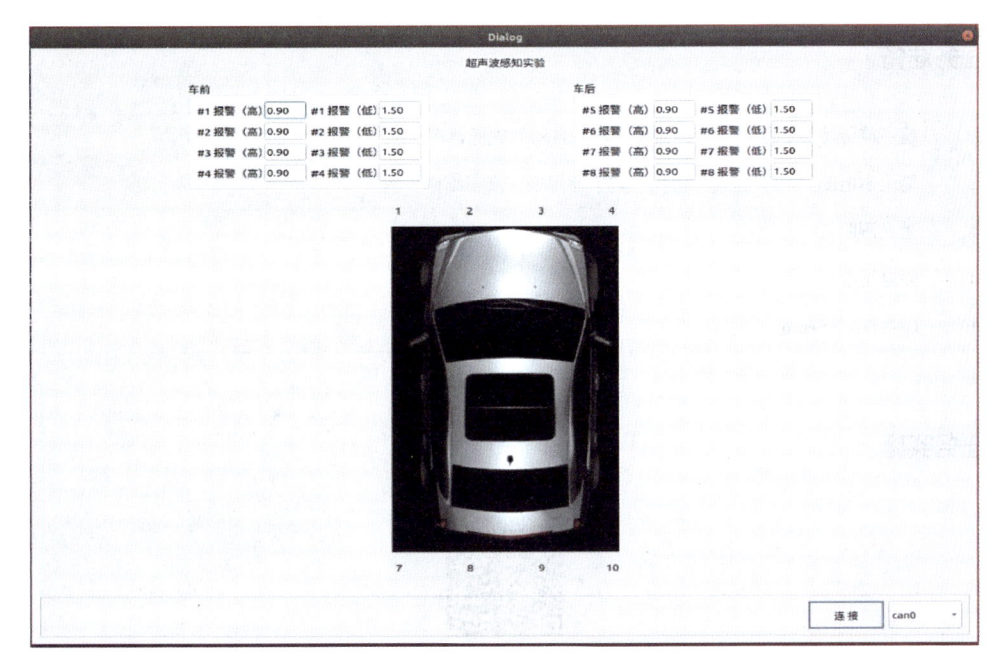

图 5-2-4　超声波感知实验数据展示页

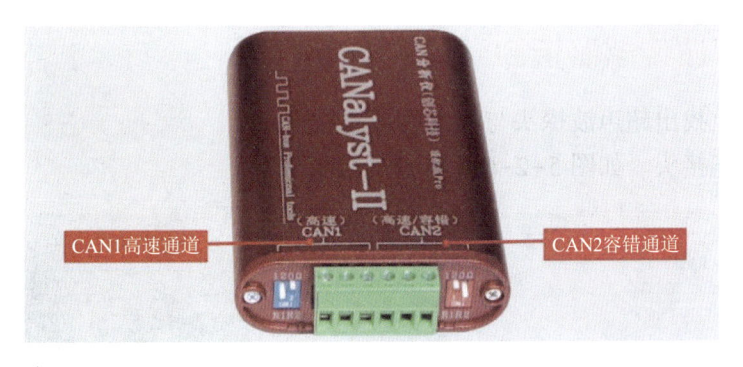

图 5-2-5　CAN 总线分析仪

USB 接口是与电脑相连的接口，两个拨码开关，一个调整高速，一个调整低速。

进行 USB-CAN 总线分析仪终端配置时，首先，需要知道一个前提，即根据 ISO 11898-2 CAN 总线规范，在 CAN 网络两端的 ECU 需要配置 120 Ω 终端电阻，最终 CAN 网络终端电阻应为 60 Ω。所以为了后面测试的时候输出数据平稳，我们需要对它进行配置。具体的配置方法是：

（1）通过底部拨码开关配置 CAN-H 与 CAN-L 间的电阻值。

（2）当拨码开关全部向上调节时，CAN-H 与 CAN-L 间未配置终端电阻。

（3）当拨码开关上下错开时，CAN-H 与 CAN-L 间的电阻值为 120 Ω。

（4）当拨码开关全部向下调节时，CAN-H 与 CAN-L 间的电阻值为 60 Ω。

任务准备

设备	超声波传感器、超声波传感器控制器、自动驾驶低速车
工具	笔记本电脑、CAN 总线分析仪、数字万用表、汽车维修工具
量具	激光测距仪
耗材	静电手套
软件	CANTest、Sensor

任务实施

超声波传感器功能测试

一、超声波传感器拆卸

（1）实车上找出超声波探头与线束连接的位置。

（2）拧开连接头。如图 5-2-6 所示是连接头位置。

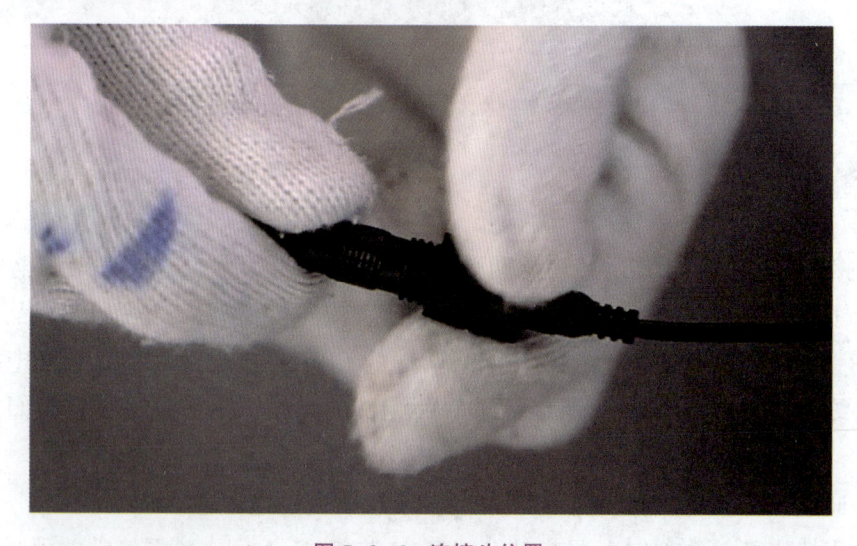

图 5-2-6　连接头位置

（3）拔下超声波探头。

二、超声波传感器检查

（1）检查探头是否有脏污、裂纹、进水痕迹以及敲击痕迹。
（2）检查超声波传感器防尘插头是否破损。

三、超声波传感器安装

（1）将探头背面"UP"朝上，放入安装孔。如图 5-2-7 所示是"UP"位置。

图 5-2-7 "UP"位置

（2）在超声波传感器的边缘均匀用力，将传感器压入（见图 5-2-8），并且与安装孔贴紧。

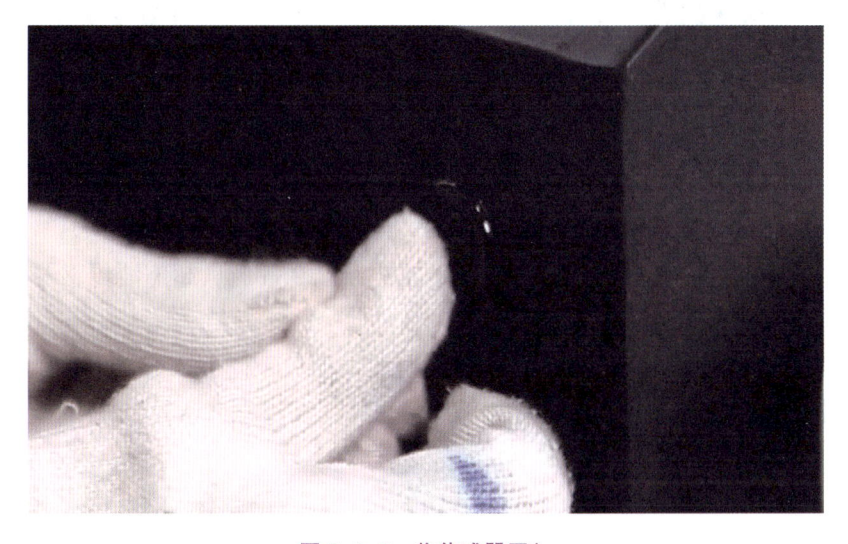

图 5-2-8 将传感器压入

（3）连接防水、防尘插头，并用力拧紧。

> **注意事项**
>
> 若智能网联汽车上没有安装孔径，还需要按照以下步骤安装：
> 1. 确定安装位置
> 探头离地高度建议 50 cm 以上，两探头间距建议 30 cm 左右安装。
> 2. 选择钻头直径
> 钻头直径要与传感器直径相同，本车探头开孔尺寸为 22.5 mm。需要注意的是开孔太大安装不稳固，开孔太小会挤压震动腔体，影响探头工作。之后，就可以按照之前的方法进行安装。

四、超声波传感器功能测试

（1）按下电池独立开关，再按下整车开关，将车辆上电。
（2）按下 72 V 供电开关，打开工位机电源。
（3）在电脑桌面上打开"Sensor"软件，进入超声波传感器界面。
（4）输入高报警参数为 0.9 m。
（5）输入低报警参数为 1.5 m，如图 5-2-9 所示。

图 5-2-9 输入参数

（6）当超声波传感器测量到障碍物的数据小于 0.9 m 时，超声波传感器界面数据显示为红色。
（7）当超声波传感器测量到障碍物的数据大于 0.9 m 且小于 1.5 m 时，超声波传感器界面数据显示为黄色，如图 5-2-10 所示。

五、整理归位

（1）关闭测试软件，关闭工位机电源。
（2）按下 72 V 供电开关。
（3）按下电池独立开关，再按下整车开关，将车辆下电。

图 5-2-10　超声波传感器界面数据显示为黄色

任务总结

超声波传感器功能测试的具体流程是：

1. 超声波传感器拆卸

找到位置拧开连接头，断开拧下。

2. 超声波传感器检查

（1）检查探头。

（2）检查防尘插头。

3. 超声波传感器安装

在超声波传感器的边缘均匀用力，将传感器压入，并且与安装孔贴紧。

4. 超声波传感器功能测试

（1）单击 Sensor 图标，打开智能网联传感器装调平台。

（2）打开超声波传感器，进入参数设置界面。

（3）填写高报警参数和低报警参数。

（4）观看传感器到障碍的情况。

5. 整理归位

任务 3　超声波传感器整车联调测试

任务导入

车辆使用长久后，超声波传感器可能出现安装结构不牢固、内部老化等情况，从而出现误报或障碍物监测不准确的现象，此时可以通过在超声波传感器探头前方调整障碍物距离、方位，观察监测报文或提示音的方式判断超声波传感器是否正常。

📋 任务目标

（1）能合理完成超声波传感器的检测方案、工具设备、所需物料等的准备工作。

（2）能够根据超声波传感器精度要求，选用合适的工具，设备规范完成标定作业。

（3）能正确使用自动驾驶车辆维修手册、超声波传感器使用手册和工作页等参考资料独立规范地完成整车联调测试。

（4）能掌握7S管理规范，并按照规范完成实训任务，养成良好的职业习惯。

📋 任务知识

一、超声波传感器整车联调方法

1. 超声波传感器 CAN 总线通信检测

查看 CAN 总线报文，判断 CAN 通信情况。

2. 超声波传感器与自动驾驶系统联调测试

（1）连接车载计算单元终端。

（2）进入 Ubuntu 系统。

（3）执行引导命令。

（4）启动超声波传感器模块。

（5）查看超声波传感器后台数据，判断超声波传感器与自动驾驶系统通信情况。

二、超声波传感器联调常见故障排查方法

1. 供电电源排查

（1）将数字万用表调整到电压 20 V DC 挡位。

（2）将万用表红表笔与整车电源配电盒相连。

（3）观察电压表读数，判断供电电源情况。

2. CAN 网络故障排查

（1）在终端中输入"candump can0"检查 CAN 网络通信情况，当系统反馈"network is down"时，在终端中输入"sudo ip link set can0 type can bitrate 500000

sudo ip link set can0 up

sudo ip link set can1 type can bitrate 500000

sudo ip link set can1 up"进行解决；

（2）在终端中输入"candump can0"，观察报文显示内容，判断 CAN 总线连接情况。

3. CAN 网络物理层排查

数字万用表检查 CAN 总线端口电压值，判断端口情况。

4. 超声波传感器探头故障排查

（1）将 CAN 分析仪接入整车 CAN 网络。

（2）打开 CANTest，单击"DBC"按钮，进入 FrameAnalyzer 界面。

（3）单击"加载协议"，选择名为"PAB.dbc"的文件，查看解析后的 CAN 报文。

（4）分别单击展开 ID 为 301H，302H，303H，304H 的报文，查看名为"PASstatus"的超声波传感器探头状态的信息。

任务准备

设备	超声波传感器、超声波传感器控制器、自动驾驶低速车
工具	笔记本电脑、CAN 总线分析仪、数字万用表、汽车维修工具
量具	激光测距仪
耗材	静电手套
软件	CANTest、Sensor

任务实施

超声波传感器整车联调测试

一、超声波传感器功能测试

（1）打开电源开关，打开工位机供电电源。

（2）在电脑桌面上打开 Sensor 软件，进入超声波传感器界面。

（3）放置障碍物于小车的超声波传感器前 0.5 m 的位置。

（4）输入高报警参数为 0.5 m，输入低报警参数为 1 m，当超声波传感器测量到障碍物的数据小于 0.5 m 时，超声波传感器界面数据显示为红色，如图 5-3-1 所示；当超声波传感器测量到障碍物的数据小于 1 m，大于 0.5 时，超声波传感器界面数据显示为黄色。

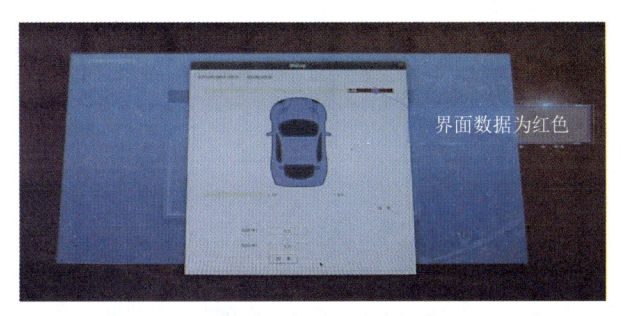

图 5-3-1 超声波传感器界面数据显示为红色

二、超声波传感器部分参数的测量

> **注意事项**
> 电压测量之前,需要对万用表校准。

(1) 测量超声波传感器控制器的工作电压。

超声波传感器控制器的标准工作电压为 12 V 左右。实际测量值为 12.07 V,与标准工作电压相比,在允许的范围之内,说明超声波传感器控制器能正常工作,如图 5-3-2 所示。

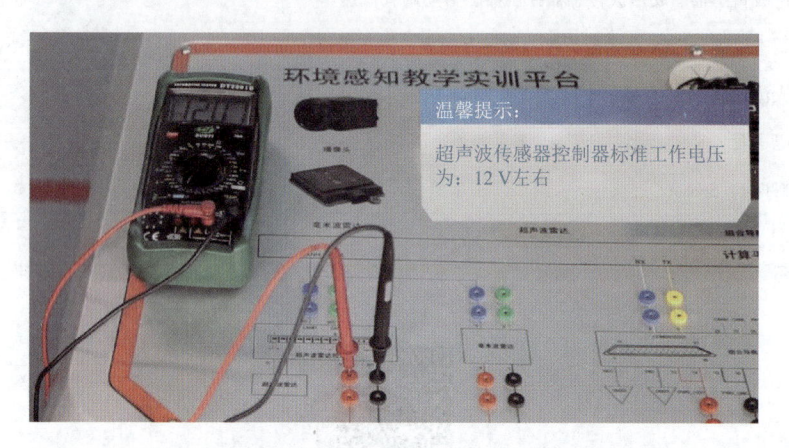

图 5-3-2 测量超声波传感器控制器的工作电压

(2) 测量 CAN-H 与 CAN-L 的对地电压。

信号线被 VCC 驱动时,CAN-H 的标准工作电压为 3.5 V 左右,CAN-L 为 1.5 V 左右;实际测得的 CAN-H 为 2.64 V,CAN-L 为 2.52 V,说明两条信号线未被 VCC 驱动,总线处于静止状态,如图 5-3-3 所示。

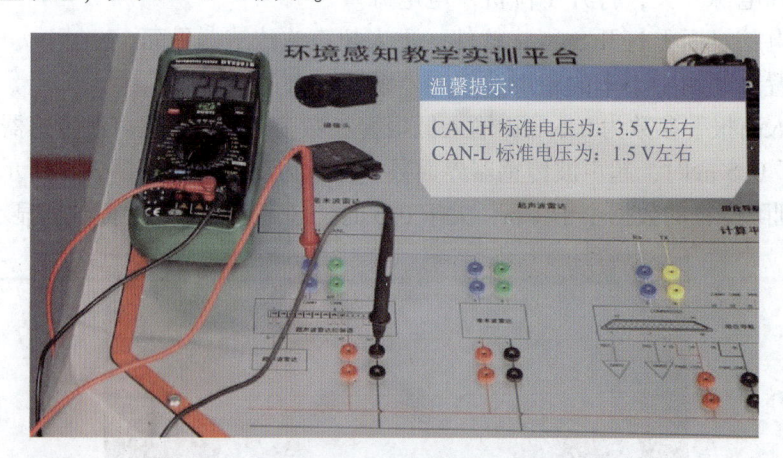

图 5-3-3 测量 CAN-H 与 CAN-L 的对地电压

(3) 测量 CAN-H 与 CAN-L 之间的一个终端电阻(见图 5-3-4)。

车辆下电，超声波传感器控制器的标准终端电阻值为 120 Ω 左右，实际测量值为 120.9 Ω，说明终端电阻正常。

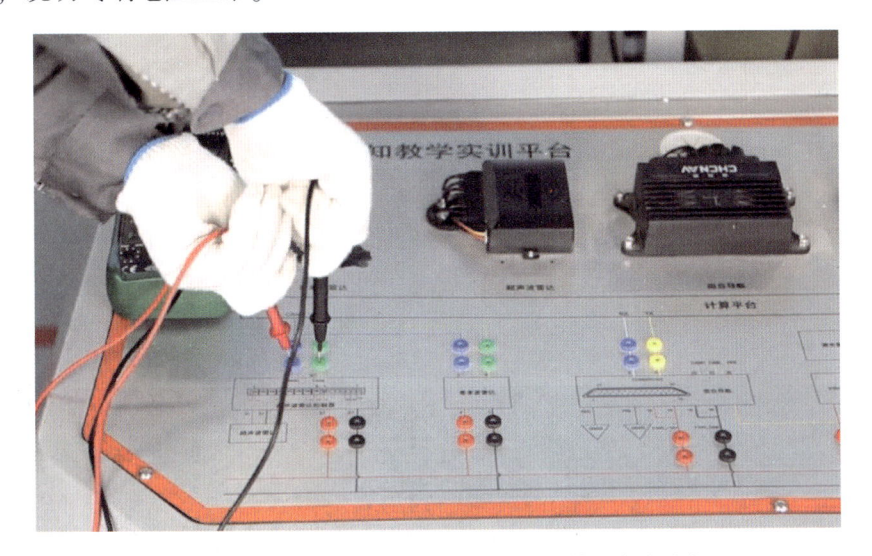

图 5-3-4　测量 CAN-H 与 CAN-L 之间的一个终端电阻

五、整理归位

（1）关闭测试软件，关闭工位机电源。
（2）按下 72 V 供电开关。
（3）按下电池独立开关，再按下整车开关，将车辆下电。

任务总结

超声波传感器整车联调测试的具体流程是：

1. 超声波传感器功能测试

（1）放置障碍物。
（2）输入高报警参数为 0.5 m，输入低报警参数为 1 m，观察障碍物情况。

2. 超声波传感器部分参数测量

（1）测量超声波传感器控制器的工作电压。
（2）测量 CAN-H 与 CAN-L 的对地电压。
（3）测量 CAN-H 与 CAN-L 之间的一个终端电阻。

3. 整理归位

项目六　车载卫星导航定位系统测试与装调

　　自动驾驶汽车能够持续安全可靠运行的一个关键前提是车辆的定位系统必须实时稳定地输出足够高精度的位置和与位置相关的信息，这些信息包括车辆的经度、纬度、航向角、速度、加速度、仰视角、更新频率等。一旦这些信息无法及时精确地获取，车辆就无法确定自身的位置，必须立即退出自动驾驶模式由驾驶员接管。那么如何使智能汽车能够持续正常行驶？导航定位系统至关重要。

　　目前常规的导航定位系统包括无线定位导航、惯性定位导航、卫星定位导航、移动基站定位导航等。其中卫星定位导航是目前常用的卫星导航技术，是高精度定位导航的基础。

任务1 车载卫星导航定位系统认知

任务导入

卫星导航技术是一种以空中卫星为基础的高精度无线导航定位系统,它在全球任何地方以及近地空间都能够提供准确的地理位置、行车速度及精确的时间信息。

本任务旨在通过对卫星定位的相关知识的研究,帮助学生完成卫星导航定位概念认知、定位导航应用试验,夯实职业能力基础。

任务目标

(1) 能正确描述 GPS 和北斗系统的组成。
(2) 能列举 GPS 和北斗系统各自的特点。
(3) 能分析 GPS 和北斗系统基本结构和工作原理。
(4) 能说出 GPS 在自动驾驶低速车的安装位置及布局。
(5) 能分析出车载 GPS 的工作流程。

知识储备

在任何驾驶条件下,自动驾驶汽车均依赖于精准的位姿信息,包括位置、速度和姿态等,收集这些信息需要整合多种复杂技术,其中 GNSS 功不可没。当下 GNSS 定位技术结合了多套卫星导航定位技术,能为自动驾驶汽车提供更精准的位置信息。

GPS 系统知多少

全球 4 大导航卫星系统中,GPS 最成熟,BSD 已经超过 GLONASS,而 GALILEO 还未完成组网。因此,本任务以目前最强大的 GPS 和 BSD 两大卫星导航定位技术为例进行介绍。

如表 6-1-1 所示是各卫星定位系统发展历程。

表 6-1-1 各卫星定位系统发展历程

系统	GPS	BDS	GLONASS	GALILEO
研制国家	美国	中国	俄罗斯	欧盟
首次发射时间	1985 年	1989 年	2000 年	2011 年
卫星总数	43 颗	55 颗	24 颗	30 颗
应用时间	1994 年	2000 年北斗 1 号 2012 年北斗 2 号 2020 年北斗 3 号	2016 年 (早期工作能力)	2016 年 (早期工作能力)
竞争优势	成熟	开放且具备短信通信功能	抗干扰能力强	精度高

一、GPS 系统

GPS 系统是由美国国防部建设的基于卫星的无线电定位导航系统。它提供全球定位覆盖、全天候、连续性等优点的三维导航和定位能力，作为先进的测量、定位、导航和授时手段，除了在军事上起着举足轻重的作用，在国家安全、经济建设和民生发展各方面都扮演着重要的角色。

1. GPS 系统组成

GPS 系统主要由空间卫星、地面监控和用户设备三大部分组成。GPS 系统组成如图 6-1-1 所示。

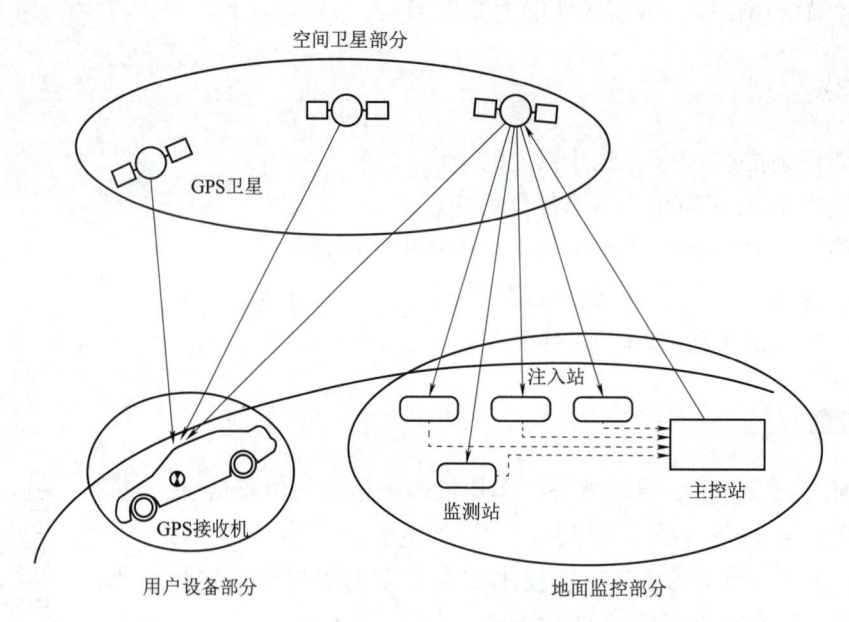

图 6-1-1　GPS 系统组成

（1）空间卫星部分。

空间卫星部分又称为空间段，是由 21 颗工作卫星和 3 颗备用卫星构成的完整的 21+3 形式的 GPS 卫星工作星座。这种星座构成方式能满足在地球上任何地点任何时刻均能监测到 4 颗几何关系较好的卫星进而实现定位。空间卫星部分具有接收并存储来自地面控制系统的导航电文；在原子钟的控制下生成测距码和载波；将测距码和导航电文调制在载波上播发给用户；按照地面控制系统命令调整轨道，调整卫星钟，修复故障或启用备用件以维护整个系统的正常工作等功能。

GPS 卫星的主体呈圆柱形，两侧有太阳能帆板，能自动对日定向，太阳电池提供工作用电。因自带燃料和喷管，可以在地面控制系统的控制下调整自己的运行轨道。除此之外，每颗卫星都配备多台原子钟，为卫星提供高精度的时间标准。GPS 卫星示意图如图 6-1-2 所示。

图 6-1-2　GPS 卫星示意图

知识拓展

1. 原子钟

原子钟的精度可以达到每 100 万年时间误差不超过 1 s。GPS 使用的都是普通原子钟，也可以称为热原子钟（相对冷原子钟而言）。其基本原理是利用特殊原子（如氢原子、铷原子、铯原子）的某个特定跃迁频率，这个特定频率有极高的稳定性，可以精确到 ps 甚至 fs，但原子的跃迁频率不能直接使用，需要让电磁波与原子相互作用，间接地用电磁波把这个频率导出来，这是原子钟的基本原理。

2. 卫星钟

卫星钟也称为校时器、卫星同步时钟，采用卫星星载原子钟作为时间标准。主要工作是：第一，精确确定用户时钟相对于标准时间的偏差；第二，在两个或两个以上的不同地点实现时钟同步（称时钟或时间比对）。

（2）地面监控部分。

地面部分又称地面段，由若干个监测站、分布在全球的一个主控站和 3 个注入站组成，如图 6-1-3 所示。

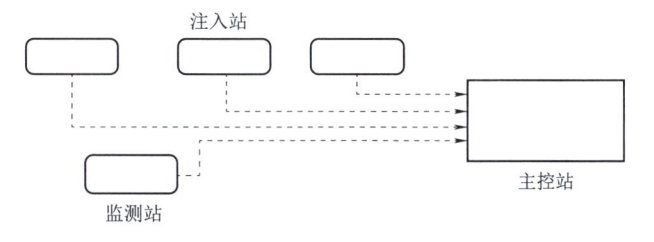

图 6-1-3　地面监控部分示意图

①监测站。

监测站内设有双频 GPS 接收机、高精度原子钟、气象参数测试仪和计算机等设备，主要任务是完成对 GPS 卫星信号的连续观测，并将搜集的数据和当地气象观测资料进行处理后传送到主控站。

②主控站。

主控站除了将监测站的观测资料联合处理外，还负责协调管理地面监控系统，推算卫星的星历、卫星钟差和大气修正参数，并将这些数据编制成导航电文送到注入站。另外，它还可以调整偏离轨道的卫星，使之沿预定轨道运行；调度备用卫星，以替代失效的卫星开展工作。

③注入站。

注入站的主要任务是将主控站编制的导航电文，计算出的卫星星历和卫星钟差的改正数等，通过直径为 3.6 m 的天线注入相应的卫星。

(3) 用户设备部分。

用户设备部分又称为用户段，负责接收来自基础设施的空间段和地面段提供的导航、定位和授权服务，其主体是 GPS 接收机。GPS 接收机的主要功能是捕获、跟踪并锁定卫星信号，并对捕获到的卫星信号进行处理，测量出 GPS 信号从卫星到接收机天线的传播时间，解释 GPS 卫星发射的导航电文，实时计算接收机天线的三维位置及运行速度。

①GPS 接收机类型。

GPS 接收机是一种被动式无线电定位设备，按不同用途分为导航型接收机、授时型接收机、测地型接收机。不同用途的接收机如图 6-1-4 所示。

图 6-1-4　不同用途的接收机

(a) 导航型接收机；(b) 授时型接收机；(c) 测地型接收机

导航型接收机主要用于运动载体的导航，它可以实时给出载体的位置和速度。这类接收机一般采用 C/A 码伪距测量，单点实时定位精度较低，一般为±25 mm，有 SA 影响时为±100 mm。这类接收机价格便宜，应用广泛。根据应用领域的不同，此类接收机还可以进一步分为：

车载型——用于车辆导航定位。在智能汽车中使用的就是车载型接收机。

航海型——用于船舶导航定位。

航空型——用于飞机导航定位。由于飞机运行速度快，因此，在航空上用的接收机要求能适应高速运动。

星载型——用于卫星的导航定位。由于卫星的速度高达 7 km/s 以上，因此对接收机的要求更高。

授时型——主要利用 GPS 卫星提供的高精度时间标准进行授时，常用于天文台及无线电通信中时间同步。

测地型——主要用于精密大地测量和精密工程测量。定位精度高，仪器结构复杂，价格较贵。

②GPS 接收机组成。

GPS 接收机主要由 GPS 接收机天线、GPS 接收机主机和 GPS 接收机电源三部分组成，如图 6-1-5 所示。

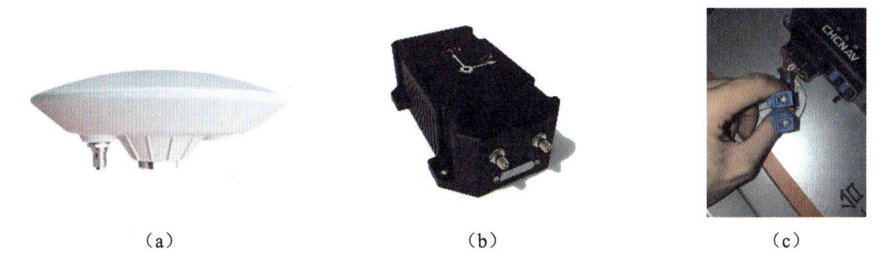

图 6-1-5　GPS 接收机组成

（a）GPS 接收机天线；（b）GPS 接收机主机；（c）GPS 接收机电源

a. GPS 接收机天线。

GPS 接收机天线由天线单元和前置放大器两部分组成。天线的作用是将 GPS 卫星信号的微弱电磁波能量转化为相应电信号。

b. GPS 接收机主机。

GPS 接收机主机由变频器、信号通道、微处理器、存储器和显示屏组成。

变频器的主要任务是使接收到的 L 频段射频信号变成低频信号。

信号通道是软硬件结合的电路，是接收机的核心部分，其作用是搜索、牵引并跟踪卫星，并对广播电文信号进行解扩、解调成为广播电文，进行伪距测量、载波相位测量及多普勒频移测量。

存储器用于存储一小时一次的卫星星历、卫星历书、接收机采集到的码相位伪距观测值、载波相位观测值及多普勒频移。

> **知识拓展**
>
> **多普勒频移**
>
> 当声音、光和无线电波等振动源与观测者以相对速度 v 运动时，观测者所收到的振动频率与振动源所发出的频率有所不同。因为这一现象是奥地利科学家多普勒最早发现的，所以称之为多普勒效应，如图 6-1-6 所示。
>
> 由多普勒效应所形成的频率变化叫做多普勒频移，它与相对速度 v 成正比，与振动的频率成反比。
>
> $$f_d = \frac{f}{c} \times v \times \cos\theta$$
>
> f_d 为多普勒频移，θ 为移动台方向与入射波方向的夹角，v 是移动台的速度，c 是电磁波传播速度 $c = 3 \times 10$ km/s，f 为载波频率。

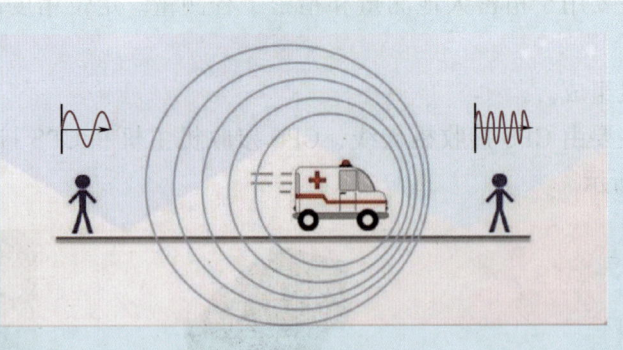

图 6-1-6 多普勒效应

可以得出，用户移动方向与电磁波传播方向相同时，多普勒频移为正；反之，完全垂直时，没有多普勒频移。

微处理器是 GPS 接收机主机工作的核心，GPS 接收机主机的工作都是在微处理器指令的统一协同下进行的。

GPS 接收机主机都有液晶显示屏，它提供 GPS 接收机的工作信息，并配有一个控制键盘，以便用户控制接收机的工作。

GPS 接收机主机不仅需要功能较强的机内软件，而且需要一个多功能的 GPS 数据测后处理软件包。接收机主机加处理软件包，才是完整的 GPS 用户设备。

c. GPS 接收机电源

GPS 接收机电源有两种：一种为内电源，一般采用锂蓄电池，主要对随机存取存储器（Random Access Memory，RAM）供电；另一种为外接电源，常用可充电的 12 V 直流镍镉蓄电池组。

2. GPS 定位原理

卫星导航定位系统最基本的定位原理叫作三球定位。假设测得地面 p 点到卫星 S_1 的距离为 r_1，那么从几何学可知，p 点所在的空间可能位置集缩在以卫星 S_1 为球心，半径为 r_1 的这个球面上。再假设测得地面 p 点到卫星 S_2 的距离为 r_2，同样意味着 p 点处于第 2 颗卫星 S_2 为球心，半径为 r_2 的球面上，如果同时测得 p 点到卫星 S_3 的距离为 r_3，意味着 p 点处于第 3 颗卫星 S_3 为球心，半径为 r_3 的球面上，这样就可以确定 p 点的位置就是 3 个球面的交会处。

在相关接收中，卫星钟用来控制卫星发射的伪随机信号，本地时钟用来控制用户接收机的伪随机信号，两者之间有较大的时差。GPS 用户端可以同时跟踪至少 4 颗 GPS 卫星，并捕获其信号。这里，将两时钟之间的时差作为未知量，使其和观测点坐标共同组成一个四元方程组，所得的值就是观测点的经纬度坐标和时差，使用这种方法进行定位可以得到较高的定位精度。以此来计算的观测值通常被称为伪距。被称为伪距的原因是：第一，它是以地表和卫星之间的距离为变量的函数；第二，由于大气效应和时钟误差的影响，与实际的距离之间存在偏差。

设地面点 p 到卫星 i 的距离矢量为 S_i，地心原点 O 到卫星 i 的距离矢量为 S_0，地心原点 O 到地面点 p 的距离矢量为 S_p，如图 6-1-7 所示。

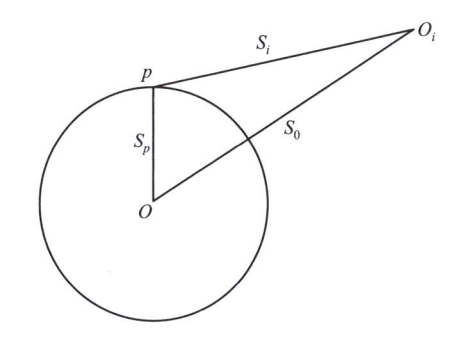

图 6-1-7　地面点与卫星的几何关系示意图

如果卫星钟和地面钟不存在任何时差，说明此时伪距观测量代表了 p 点与卫星之间的真实距离 S_i，其值为

$$S_i = c(t_i - t_j) - c\tau \tag{6-1-1}$$

式中，c 为光的传播速度，t_i 为地面接收机已同步的观测时刻，t_j 为卫星已同步的发射时刻，τ 为传播途径中附加时延。

实际上卫星钟和地面钟之间的完全同步只存在理论上的可能性，通常是存在一定的时钟差的，所以实际测量的并非真实距离，而是伪距，即

$$\rho_{pi} = c(t_{pi} - t_{pj}) \tag{6-1-2}$$

式中，ρ_{pi} 为地面点 p 到卫星 i 的伪距，t_{pi} 为含有时钟差的地面站接收时刻，t_{pj} 为含有时钟差的卫星发射时刻。

实际上接收时，地面站接收机的接收时刻要与 GPS 时间同步。这样，时钟差为两个微小量 Δt_i 和 Δt_j，即

$$t_{pi} = t_i + \Delta t_i \tag{6-1-3}$$

$$t_{pj} = t_j + \Delta t_j \tag{6-1-4}$$

$$\rho_{pi} = c(t_i - t_j) + c(\Delta t_i - \Delta t_j) = S_i + c\tau + c(\Delta t_i - \Delta t_j) \tag{6-1-5}$$

当接收机对卫星信号跟踪锁定后，可以从接收信号中提取导航电文和伪距观测量。导航电文一般分为电离层修正数、卫星钟改正数和卫星星历参数三部分。进一步经过对卫星星历参数的统计计算，可求出发射时刻卫星在地心坐标系中的三维坐标值 X_i，Y_i 和 Z_i。关于卫星时钟差的修正，可以利用卫星钟差改正数依据式（6-1-6）进行适当的调整。

$$\Delta t_i = a_0 + a_1(t - t_0) + a_2(t - t_0)^2 \tag{6-1-6}$$

$$t = t_{pj} - \Delta t_j \tag{6-1-7}$$

式中，t 为观测时间，t_0 为卫星钟基准时间。

设 p 点的地心标为 X_p，Y_p 和 Z_p，则 p 点至卫星 i 的实际距离为

$$S_i = \sqrt{(X_i - X_p)^2 + (Y_i - Y_p)^2 + (Z_i - Z_p)^2} \tag{6-1-8}$$

将式（6-1-8）代入式（6-1-5）得

$$\rho_{pi} = \sqrt{(X_i-X_p)^2+(Y_i-Y_p)^2+(Z_i-Z_p)^2}+c\tau+c(\Delta t_i-\Delta t_j) \quad (6\text{-}1\text{-}9)$$

在式（6-1-9）中，τ 为大气修正，可参考空间大气模型进行修改。这时，式（6-1-9）中的4个未知量，X_p，Y_p，Z_p，$\Delta t_i-\Delta t_j$，需要同时观测4颗卫星，可以得到式（6-1-9）的4个方程，这些非线性方程可以通过线性化方法或者卡尔曼滤波技术进行求解，得到 p 点的坐标 X_p，Y_p，Z_p。

以上即为 GPS 定位的原理分析，通常由此得到的定位数据还需进一步进行差分运算，以减小误差，从而得到更为准确的定位信息。

3. GPS 系统的特点

GPS 系统在智能汽车中应用广泛，但是优缺点也比较明显。

（1）GPS 系统的优点。

①全球全天候定位。

GPS 卫星的数目较多，且分布均匀，保证了地球上任何地方任何时间至少可以同时观测到4颗 GPS 卫星，确保实现全球全天候连续的导航定位服务。

②覆盖范围广。

GPS 能够覆盖全球98%的范围，可满足位于全球各地或近地空间的军事用户连续精确地确定三维位置、三维运动状态和时间的需要。

③定位精度。

受到卫星误差、传播路径和接收机误差等影响，GPS 绝对定位精度不高。但是通过差分技术可以获得很高的相对定位精度，例如基于载波相位差分（Real Time Kinematic，RTK）技术可以获得厘米级的定位精度。

④观测时间短。

观测时间短，随着 GPS 的不断完善，20 km 以内相对静态定位，仅需 15～20 min；当每个流动站与基准站相距在 15 km 以内时，流动站观测时间只需 1～2 min；采取实时动态定位模式时，每站观测仅需几秒钟。

⑤测站间不需要通视。

GPS 测量时只要求测站上空开阔，不要求测站之间互相通视，因而不再需要建造觇标，进而可以大大减少工作所需要的经费和时间，也使选点工作更灵活，可省去经典测量中的传算点、过渡点等的测量工作。

⑥仪器操作简便。

随着 GPS 接收机的不断改进，GPS 测量的自动化程度越来越高，有的已趋于"傻瓜化"。

⑦提供全球统一的三维地心坐标。

全球统一的三维地心坐标可以同时精确测定测站平面位置和大地高程，并且全球不同地点的测量成果是相互关联的。

（2）GPS 系统的缺点。

①GPS 系统受外界条件影响后易存在偏差。

GPS 系统确定目标位置会受气候、电离层、对流层、空气、电磁波等因素的影响，导致监测数据出现一定的偏差。

②虽精度较高，但需配合其他工具来降低误差。

GPS 测量能够达到一定的精度，但用 GPS 施测的市政工程测量控制点，应进一步用常规仪器进行水准联测。

③GPS 测量有一定的空间局限性。

GPS 测量更适用于视野开阔、障碍物较少的新建区，进行野外、勘探定位等。

④价格昂贵。

为了精度更高需要发射和维护数颗 GPS 卫星，造价和维护成本昂贵。

DGPS 系统

4. DGPS 系统

DGPS 全称是 Differential Global Position System，也称为差分全球导航定位系统。它是在 GPS 的基础上利用差分技术使用户能够从 GPS 系统中获得更高的精度，更精确地进行车辆定位。

（1）DGPS 系统组成。

DGPS 系统主要由基准站、数据传输设备和移动站组成，如图 6-1-8 所示。

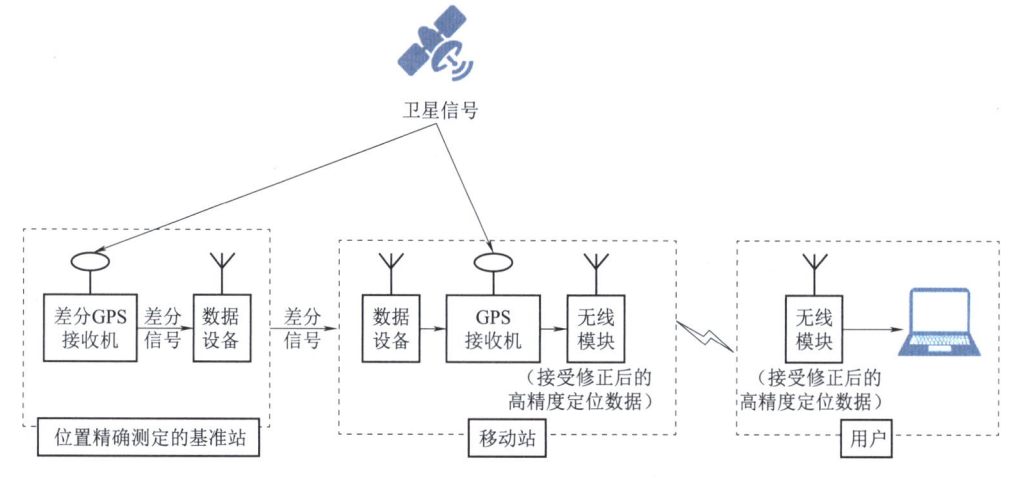

图 6-1-8　DGPS 系统的组成

DGPS 实际上是把一台 GPS 接收机放在位置已精确测定的点上，组成基准站。基准站接收机通过接收 GPS 卫星信号，将测得的位置与该固定位置的真实位置的差值作为公共误差校正量，通过无线数据传输设备将该校正量传送给移动站的接收机。移动站的接收机用该校正量对本地位置进行校正，最后得到厘米级的定位精度。附近的 DGPS 用户接收到修正后的高精度定位信息，从而大大提高其定位依据。

移动站与基准站的距离可以直接影响 DGPS 系统的效果,当移动站与基准站距离越近,同一卫星信号到这两个站点的传播途径越短,两站点之间测量误差的相关性就越强,从而差分 DGPS 系统性能会越好。

(2) DGPS 系统类型及原理。

根据 DGPS 基准站发送的信息方式可将 DGPS 定位分为三类,即位置差分、伪距差分和载波相位差分。这三类差分方式的工作原理是相同的,都是由基准站发送改正数,由移动站接收并对其测量结果进行改正,以获得精确的定位结果。所不同的是,发送改正数的具体内容不一样,其差分定位精度也不同。

① 位置差分。

位置差分是最简单的差分方法,适合于所有 GPS 接收机。位置差分要求基准站和移动站观测同一组卫星。安装在基准站上的 GPS 接收机观测 4 颗卫星后便可进行三维定位,解算出基准站的观测坐标。由于存在着轨道误差、时钟误差、大气影响、多径效应以及其他误差等,解算出的观测坐标与基准站的已知坐标是不一样的,存在误差。将已知坐标与观测坐标之差作为位置改正数,通过基准站的数据传输设备发送出去,由移动站接收,并且对其解算的移动站坐标进行改正。最后得到的改正后的移动坐标已消去了基准站和移动站的共同误差,例如卫星轨道误差、大气影响等,提高了定位精度。位置差分法适用于用户与基准站间距离在 100 km 以内的情况,如图 6-1-9 所示。

差分全球导航定位系统基本工作原理

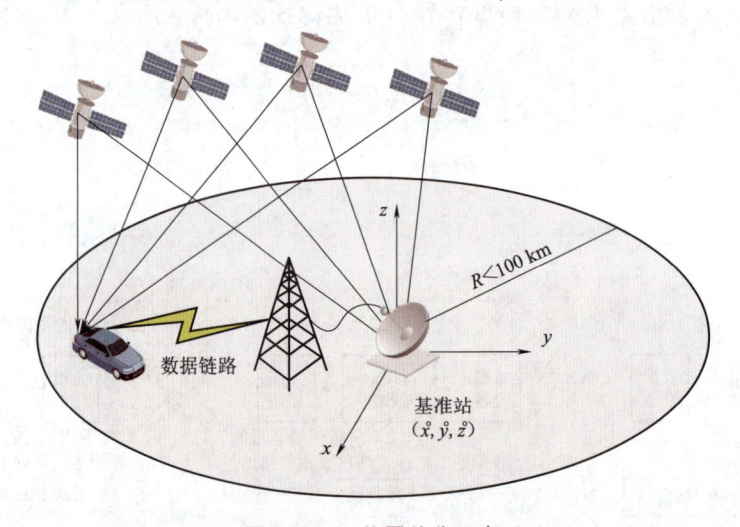

图 6-1-9 位置差分示意

② 伪距差分。

伪距差分是目前应用最广的一种定位技术。几乎所有的商用 DGPS 接收机均采用这种技术。利用基准站已知坐标和卫星星历可计算出基准站与卫星之间的计算距离,将计算距离与观测距离之差作为改正数,发送给移动站,移动站利用此改正数来改正测量的伪距。最后,用户利用改正后的伪距来解出本身的位置,就可消除公共误差,提高定位精度,如图 6-1-10 所示。

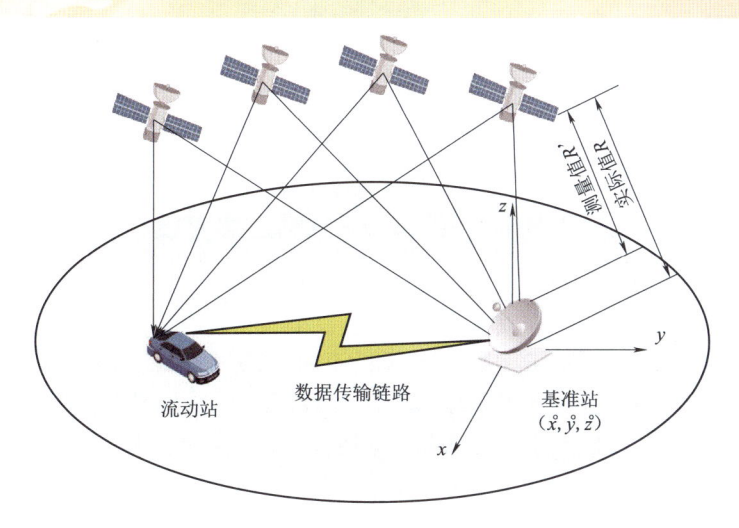

图 6-1-10 伪距差分示意

与位置差分相似，伪距差分能将两站公共误差抵消，但随着用户到基准站距离的增加又出现了系统误差，这种误差用任何差分法都是不能消除的。用户和基准站之间的距离对精度有决定性影响。

③载波相位差分。

位置差分技术与伪距差分技术都能满足基本完成定位导航等的精度需求，但是在车联网和自动驾驶领域还远远不能满足需求，从而促使发展出更加精准的 DGPS 技术，即载波相位差分技术，也可以称为实时动态差分技术 RTK。RTK 是一种利用接收机实时观测卫星信号载波相位技术，将数据通信技术与卫星定位技术相结合，采用实时解算和数据处理的方式，能够实现为移动站提供在坐标系的三维坐标（经度、纬度、高度），在极短的时间内达到厘米级的高精度，如图 6-1-11 所示。

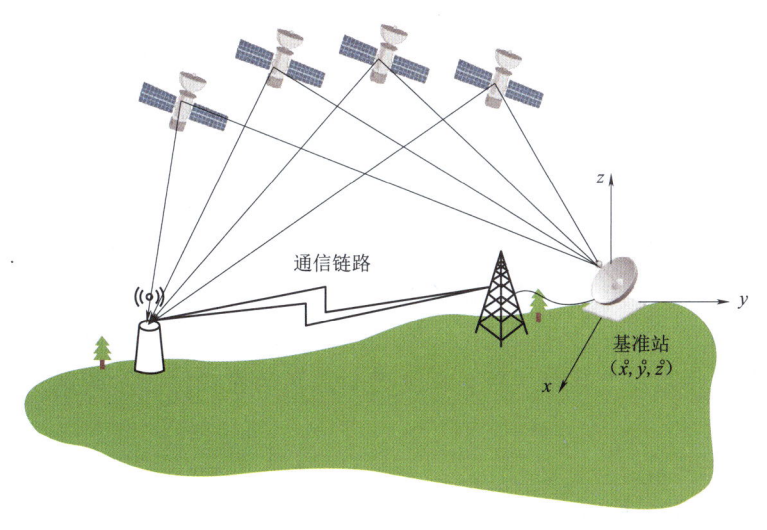

图 6-1-11 载波相位差分示意图

与伪距差分原理相同，由基准站通过数据传输设备实时将其载波观测量及站坐标信息一同传送给移动站。移动站接收 GPS 卫星的载波相位与来自基准站的载波相位,并组成相位差分观测值进行实时处理,能实时给出厘米级的定位结果。实现载波相位差分 GPS 的方法有修正法和差分法。前者与伪距差分相同,基准站将载波相位修正量发送给移动站,以改正载波相位,然后求解坐标,是准载波相位差分技术。后者将基准站采集的载波相位发送给移动站,进行求差解算坐标,是真正的载波相位差分技术。

二、北斗卫星导航定位系统

北斗卫星导航定位系统是中国正在实施自主研发的区域性有源三维卫星定位与通信系统,是继美国的 GPS、俄罗斯的 GLONASS 之后第三个成熟的卫星导航定位系统。致力于向全球用户提供高质量的定位、导航和授时服务,其建设与发展遵循开放性、自主性、兼容性、渐进性 4 项原则。

中国从 1994 年开始,分三步建设北斗卫星导航定位系统。在 2000 年发射了 2 颗卫星,建成北斗一号,为中国用户提供服务;2012 年完成 14 颗卫星发射,建成北斗二号,服务范围扩大至亚太地区;2020 年完成 30 颗卫星发射、组网,全面建成北斗三号,覆盖全球。

> **知识拓展**
>
> GPS 技术成熟,中国为何要独立发展北斗卫星导航定位系统呢?
>
> 1. 曾经的羞辱,知耻而后勇
>
> 1993 年 7 月至 9 月,美国军方怀疑中国货轮"银河号"装载有可以制造化学武器的硫二甘醇和亚硫酰氯,准备运往伊朗的阿巴斯港。强行要求登船检查,美国一度关闭 GPS 导航,导致"银河号"在大海上找不到方向。"银河号事件"后,中国才认识到,美国 GPS 导航是受美国控制,美国可以随时关闭导航服务。
>
> 1996 年军事演习时,美国突然关闭 GPS 导航定位服务,导致中国试射的两枚导弹误差很大,试射失败。
>
> 2014 年,马航 MH370 飞机由马来西亚飞往北京途中,被美国关闭飞机 GPS 导航系统,控制飞机飞往南太平洋美国军事基地,导致飞机上 157 名中国人失踪。
>
> 2. 参与欧洲伽利略导航系统研制,学习卫星导航技术的计划落空
>
> 2003 年,欧洲为了对抗美国 GPS 系统,决心研制伽利略导航系统,邀请中国参加,中国投入 2.3 亿欧元,但是却被欧洲航天局处处设置障碍,将中方科技人员排除在核心圈以外,让中国试图通过参与研制伽利略导航系统,学习卫星导航技术的计划落空。
>
> 这次事件,中国交了巨额学费,却没学到有用的东西,让中国认识到依靠西方是极其危险的。
>
> 3. 国防安全的需要
>
> 2003 年,美国发动伊拉克战争,一方面关闭伊拉克 GPS 信号,导致伊拉克导弹失效;另一方面,美国利用 GPS 导航,发射高精度武器,精确制导炸弹,准确命中伊拉克重要军事目标。

卫星导航技术在战争中有多重要，由此可见一斑。

卫星导航服务关系到国防安全。导弹发射、飞机航行、军舰航行、潜艇航行、敌方目标定位等方面，一刻也离不开卫星导航。这是国家战略核心利益所在，怎么能把如此重要的事情寄托在别国身上，特别是不太友好的别国呢？

4. 潜在的巨大经济利益

卫星导航也有潜在的巨大经济利益。中国移动、联通、电信每年要给美国缴纳千亿GPS服务费。

北斗导航系统，在中国实现信息化社会转型中发挥重要作用，将成为经济发展助推器。在未来的人工智能和无人驾驶等领域，形成中国完整的自主知识产权体系。

北斗导航系统在交通运输、基础测绘、工程勘测、资源调查、地震监测、气象探测和海洋勘测等领域也会发挥重要作用。

5. 中国北斗导航系统发展成功，将极大提高中国的国际地位，更有利于国际交往

中国北斗卫星导航定位系统已经全面组网成功，信号覆盖全球每一个角落。北斗卫星导航定位系统技术仅次于美国GPS系统，稳居世界第二，极大提高中国国际地位，欧洲也对中国刮目相看，俄罗斯主动要求加入中国卫星北斗导航定位系统。更多第三世界国家，也翘首以望，希望得到北斗卫星导航定位系统服务。

1. 北斗卫星导航定位系统组成

北斗卫星导航定位系统组成与 GPS 相同，都是由空间段、地面段和用户段三部分组成。其中在空间段卫星按照轨道可分为静止轨道（Geostationary Orbit，GEO）卫星、斜地球同步轨道（Inclined Geosynchronous Orbit，IGSO）卫星、中圆地球轨道（Middle Earth Orbit，MEO）卫星，各个卫星各司其职，发挥自己的作用。地面段同样是由主控站、注入站、监测站组成，作用与 GPS 相同。用户段包括北斗兼容其他卫星导航系统的芯片、模块、天线等基础产品，以及终端产品、应用系统与应用服务等。北斗卫星导航定位系统将通过这三部分实现精准定位。

北斗卫星导航定位系统组成如图 6-1-12 所示。

2. 北斗卫星导航定位系统原理

北斗一代和北斗二代定位系统都是采用伪距法进行导航定位。该方法的基本定位思想是三球交汇定位原理。北斗一代系统由于其观测量较少并且其工作方式是有源定位，使北斗一代与北斗二代在定位原理和精度上有所不同。

（1）北斗一代卫星定位原理。

北斗一代卫星导航定位系统的定位原理是基于三球交汇原理进行定位，以 2 颗卫星的已知坐标为球心，两球心至用户的距离为半径，可画出两个球面，用户机必然位于这

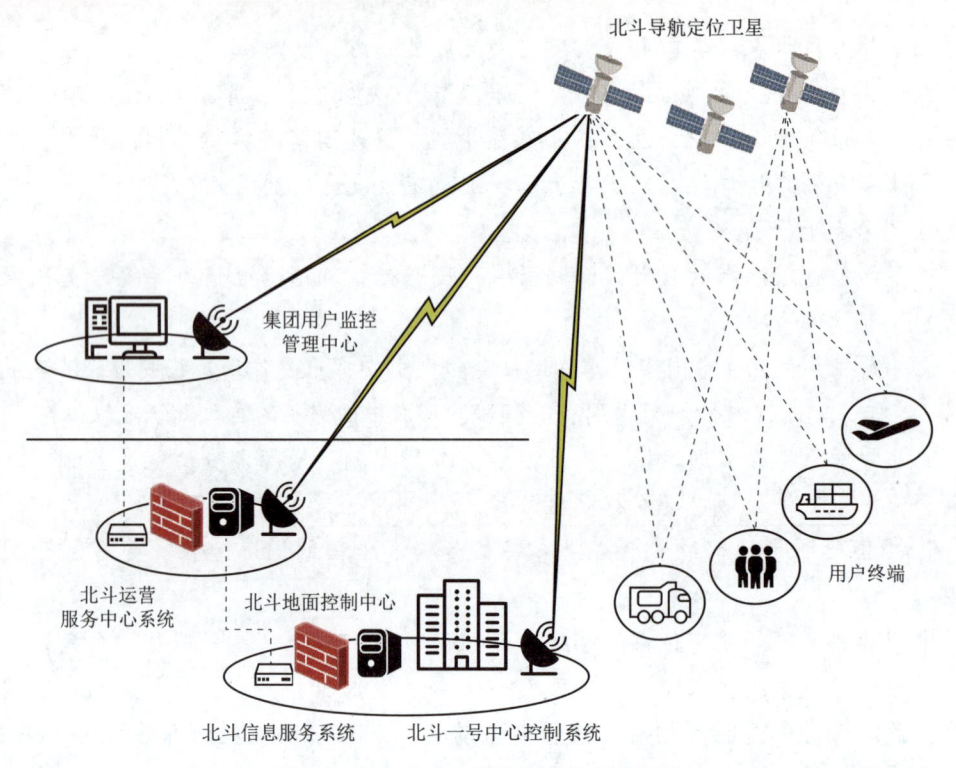

图 6-1-12　北斗卫星导航定位系统组成

两个球面交线的圆弧上。另一个球面是以地心为球心，画出以用户所在位置点至地心的距离为半径的球面的交汇点，即为用户位置，如图 6-1-13 所示。

由上述原理可得，地面中心双星的两个伪距分别为

$$\rho_1 = 2(R_1 - S_1) = c\Delta t_1 \quad (6\text{-}1\text{-}10)$$

$$\rho_2 = 2(R_2 - S_2) = c\Delta t_2 \quad (6\text{-}1\text{-}11)$$

式中，ρ_1，ρ_2 分别是第一个和第二个伪距观测量；S_1，S_2 分别是地面中心至双星距离；R_1，R_2 分别是用户设备至双星距离；Δt_1，Δt_2 分别是在地面中心的电文经过两个卫星及用户之间时间偏差。

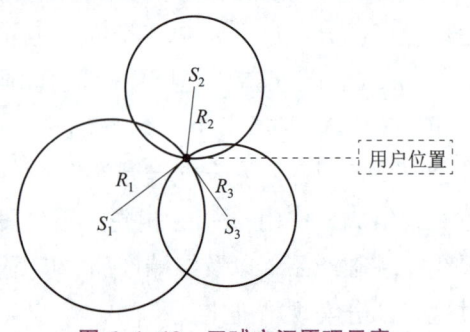

图 6-1-13　三球交汇原理示意

三球定位原理

S_1，S_2 和地面中心站的坐标都是已知的，即 $S_1(x_1, y_1, z_1)$，$S_2(x_2, y_2, z_2)$ 和 (x_0, y_0, z_0)。设接收机坐标为 (x, y, z)，则

$$S_i = \sqrt{(x_1 - x_0)^2 + (y_1 - y_0)^2 + (z_1 - z_0)^2} \quad (6\text{-}1\text{-}12)$$

$$R_i = \sqrt{(x_1 - x)^2 + (y_1 - y)^2 + (z_1 - z)^2} \quad (6\text{-}1\text{-}13)$$

式中，$i = 1, 2$。

将式（6-1-12）和式（6-1-13）代入式（6-1-10）和式（6-1-11）中，可以求得用户坐标的 3 个未知量的 2 个方程。此时需要用到用户所处位置的高程值

来解算用户位置。设该高程值为 H，则

$$H=\sqrt{x^2+y^2+z^2} \tag{6-1-14}$$

（2）北斗二代卫星定位原理。

北斗二代是典型的卫星无线电导航系统（Radio Navigation Satellite System，RNSS）。北斗二代系统定位原理与 GPS 类似，至少需要 4 颗卫星，其伪距为

$$\rho_i(x_u)=\sqrt{(x_u-x_{si})^2+(y_u-y_{si})^2+(z_u-z_{si})^2}+n_i+c\Delta t \tag{6-1-15}$$

式中，ρ_i 是第 i 颗卫星的伪距，$x_u=[x_u,y_u,z_u,\Delta t]$ 为所要求解的变量，$x_u=[x_u,y_u,z_u]$ 为接收机位置，Δt 为卫星时钟的钟差，$[x_{si},y_{si},z_{si}]$ 是定位卫星的位置，n_i 是卫星各个观测量的伪距误差，$i=1,2,3,4$。

求解式（6-1-15）即可得到用户位置。

三、GPS 系统在智能汽车中的应用

GPS 系统在智能汽车中的应用主要体现在智能监控系统方面，该系统在技术上融合了卫星定位系统（GPS）、地理信息系统（Geographic Information System，GIS）和无线数字通信技术（GMS）三项高新技术。GPS 应用系统由 GPS 移动设备（GPS 终端机）、GPS 数据中心和 GPS 调度控制中心三大部分构成，其中 GPS 移动设备接收卫星信号并形成实时地理位置信息，包括时间、经度、纬度、速度、方向等，然后以移动、联通等公网为媒介，以数据的形式传递到 GPS 数据中心，GPS 调度控制中心通过互联网或 InternetGPS 数据中心提取数据，将移动设备的地理位置信息显示在电子地图上，GPS 人员的控制管理指令传递到 GPS 数据中心。

该系统主要功能：

①实时监测车辆运行状态，包括：时间、位置、速度、方向等；

②车辆跟踪：可以实时连续跟踪一辆或多辆汽车一段时间内的运行轨迹；

③历史轨迹回放；

④车辆信息管理：可以实时查询、打印车辆信息，包括驾驶员名称、通信方式、车牌号等；

⑤地图操作：实现地图平移、缩放等功能；

⑥区域报警功能；

⑦偏离预定线路报警；

⑧超速报警；

⑨车台可以接收调度信息；

⑩语音通话功能，统计报表等功能。

1. GPS 在自动驾驶低速车的安装位置及布局

在自动驾驶低速车中装有 GPS 主机、天线及数据通信线束，这些组件与车载计算机单元进行信号传递，从而帮助车辆实现定位功能，具体安装位置如图 6-1-14 所示。

GPS 在自动驾驶低速车的安装位置

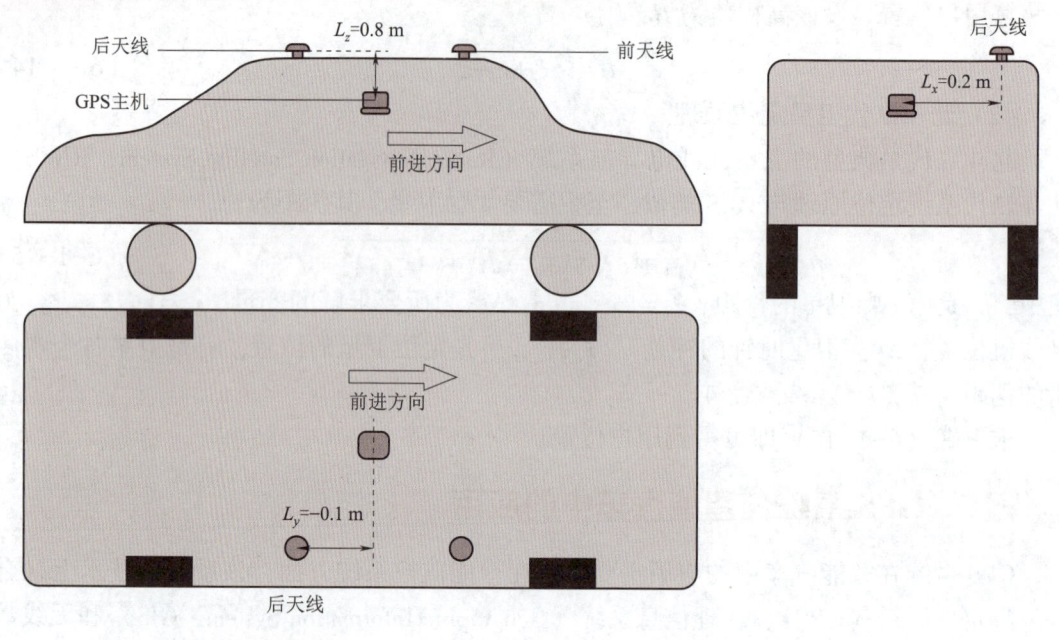

图 6-1-14　GPS 在自动驾驶低速车的安装位置示意图

（1）GPS 主机。

GPS 主机在 GPS 中负责接收计算译文的部件，负责将天线的信号译为汽车能够识别的语言。GPS 主机如图 6-1-15 所示。

①GPS 主机接口。

主机设备有 3 个接口，分别为 SEC，PRI，POWER/DATA，其中 SEC 连接前车头位置天线，PRI 连接后车尾位置天线，POWER/DATA 用于电源、导航数据、PPS 输出，EVENTMARK、里程计信息输入等。

图 6-1-15　GPS 主机

其中，POWER/DATA 与不同功能的不同型号的线束相连。POWER/DATA 引脚含义如表 6-1-2 所示。

表 6-1-2 POWER/DATA 引脚含义

序号	引脚	I/O	描述	对应线束型号
1	GND_ISO	电源	信号地	COM0（RS232）
2	RS232_TX1	I	RS232 电平	
3	RS232_RX1	O	RS232 电平	
4	GND_ISO	电源	信号地	COM0（RS232）直通板卡调试口
5	RS232_GPS_RX3	I	RS232 电平	
6	RS232_GPS_TX3	O	RS232 电平	
7	GND_ISO	电源	信号地	
8	GND_ISO	电源	信号地	
9	ETH_TX-	O	以太网口发送数据的负极	网口
10	ETH_TX+	O	以太网口发送数据的正极	
11	ETH_RX-	I	以太网口接收数据的负极	
12	ETH_RX+	I	以太网口接收数据的正极	
13	PWR_IN	电源	电源输入 9~36VDC	Power+
14	PWR_IN	电源	电源输入 9~36VDC	
15	PWR_OUT	电源	电源地	Power GND
16	PWR_OUT	电源	电源地	
17	RS422_TX+	O	RS422 电平	COM1（422）
18	RS422_TX-	O	RS422 电平	
19	RS422_RX-	I	RS422 电平	
20	RS422_RX+	I	RS422 电平	
21	GND_ISO	电源	信号地	
22	CAN_L	I/O	对外 CAN1 接口，差分对	CAN-
23	CAN_H	I/O	对外 CAN1 接口，差分对	CAN+
24	GND_ISO	电源	信号地	GND
25	GPS_PPS_ISO	O	板卡输出 PPS 信号，LVTTL 电平	PPS
26	GND_ISO	电源	信号地	GND
27	+5V_USB	电源	UBS 电源+5VDC	USB
28	USB_D-	I/O	对外 USB 地	
29	USB_D+	I/O	对外 USB 地	
30	GND_USB	电源	USB 地	
31	GND_ISO	电源	信号地	

②GPS 主机坐标系。

在 GPS 主机上有坐标系标志。如图 6-1-16 所示是 GPS 主机坐标系。其中 X 轴指向壳体右向，垂直于 Z，Y 方向；Y 轴垂直于壳体无插头的方向；Z 轴垂直于上壳体，沿壳体指向天向；设备坐标系为设备壳体所示坐标系。

除此之外，还有地理坐标系和载体坐标系配合使用。在地理坐标系中 X 轴指向东向，Y 轴指向北向，Z 轴指向天向，如图 6-1-17 所示。在载体坐标系中 X 轴遵从右手坐标

图 6-1-16 GPS 主机坐标系

系，指向车体右向，Y轴指向载体前进方向，Z轴垂直大地水平面，沿车体指向天，如图 6-1-18 所示。在安装 GPS 主机时的坐标系方向应与载体方向保持一致，这样车辆才能够正常行驶。

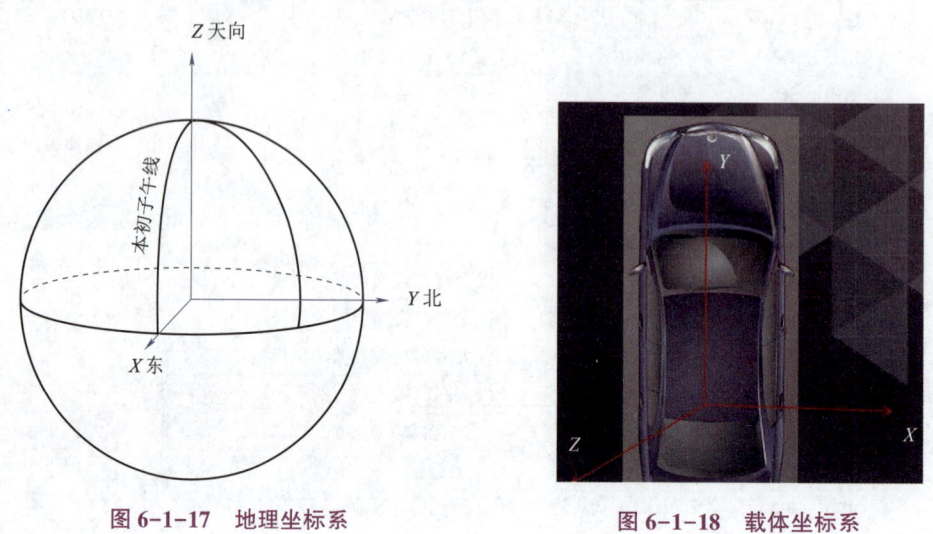

图 6-1-17　地理坐标系

图 6-1-18　载体坐标系

（2）数据通信线束。

数据通信线束是连接天线和 GPS 主机的物理介质，负责信号传递。数据通信线束图如图 6-1-19 所示。

标签1：GPS_COM3(RS232)
标签2：COM0(RS232)
标签3：COM1(RS422)
标签4：USB
标签5：POWER +12
标签6：POWER_GND
标签7：网口
标签8：CAN_L
标签9：CAN_H
标签10：M1全状态数据线
标签11：PPS
标签12：PPS GND

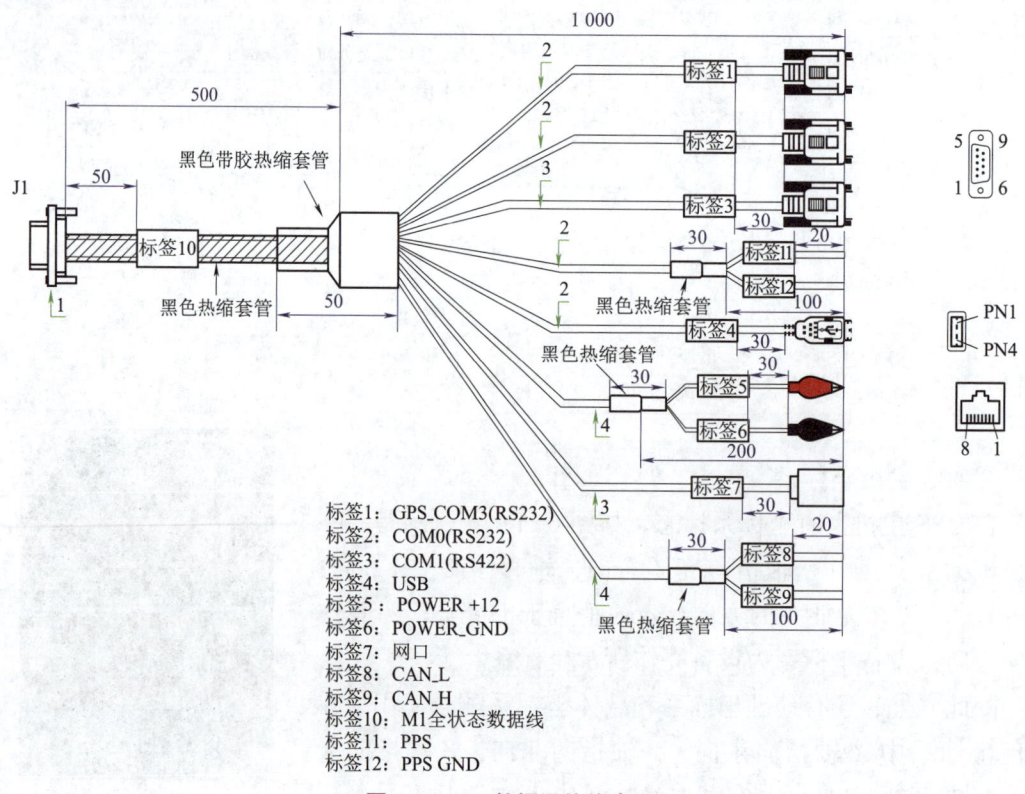

图 6-1-19　数据通信线束图

不同的数据通信线束连接端口不同：COM0（RS232）与车上的 RS232 接口相连；COM1（RS422）与车上的 RS422 接口相连；GNSS_COM3（RS232）与车上的 RS232 接口相连；USB 与车上的 USB 接口相连；网口连接路由器；CAN_H/CAN_L 连接 CAN 通讯；POWER+12/POWER_GND 连接 12 V 电源。在另一端将所有的接口融合为 M1 全状态数据线，负责连接 GPS 主机 POWER/DATA 插座接口。

（3）天线。

在自动驾驶低速车中装有两个天线，分别是前天线和后天线，属于测量型卫星天线。前天线是主天线，负责接收卫星信号；后天线是从天线，负责主天线的卫星信号补偿，信号接口为 TNC 母口。

2. 车载 GPS 的工作流程

当车载自动驾驶计算机将 GPS 模块的配置报文经 USB（USB 转 RS232，即 COM0RS232 端口）发给 GPS 接收器，GPS 接收器配置成功后，开始接收卫星信号、RTK 信号进行内部解算，将解算后的航向、姿态、位置等信息通过 USB 端口发送给车载自动驾驶计算机单元，车载计算机单元融合其他的感知数据及自动驾驶控制算法，输出整车的执行器控制信号（转向制动油门挡位灯光控制等信号）至线控底盘网关，从而实现车辆的自动驾驶功能。如图 6-1-20 所示是车载 GPS 的工作过程。

自动驾驶低速车 GPS 的工作过程

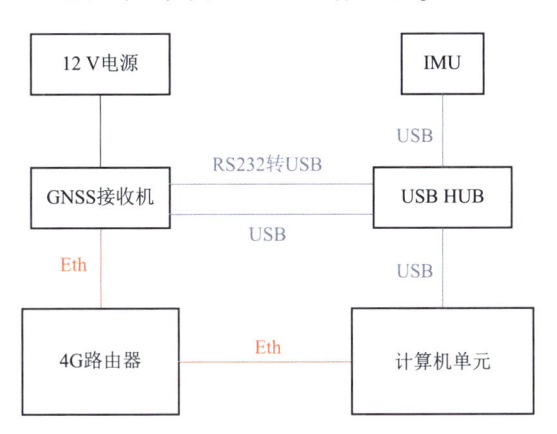

图 6-1-20 车载 GPS 的工作过程

课后练习

1. 选择题

（1）在目前的 4 大导航卫星系统中具备短信通信功能的是_____。

A. GPS　　　　　B. BDS　　　　　C. GLONASS　　　　　D. GALILEO

（2）GPS 导航系统至少需要_____颗卫星才能完成定位。

A. 24　　　　　B. 6　　　　　C. 4　　　　　D. 8

(3) 在无人驾驶汽车中使用的 GPS 接收机类型是_____。
A. 导航型接收机　　　　　　　　B. 授时型接收机
C. 测地型接收机　　　　　　　　D. 定位型接收机
(4) 下列系统中不是 DGPS 系统组成的是_____。
A. 基准站　　　B. 主控站　　　C. 移动站　　　D. 用户
(5) 我国北斗卫星完成 30 颗卫星发射、组网，全面建成北斗三号，覆盖全球是在_____年。
A. 1994　　　　B. 2000　　　　C. 2012　　　　D. 2020

2. 填空题

(1) 北斗卫星导航定位系统由_____、_____和_____三部分组成。其中在空间段卫星按照轨道可分为_____、_____、_____。

(2) 北斗卫星导航定位系统采用_____进行导航定位。该方法的基本定位思想是_____原理。

(3) GPS 系统在智能汽车中的应用主要体现在_____方面，该系统在技术上融合了_____、_____和_____三项高新技术。

(4) GPS 接收机接收的卫星信号有：_____、_____和_____。

(5) GPS 差分定位系统由_____、_____和_____组成。

3. 简答题

(1) 请简述三球交汇原理。

(2) 请简述 GPS 接收机的主要任务。

任务 2　车载卫星导航定位系统整车联调测试

任务导入

为了验证车载卫星导航定位系统是否正常工作，可以通过上位机来检测，连接成功后观察上位机控制台是否有相应的数据刷新。

任务目标

（1）能合理完成车载卫星导航定位系统的整车联调方案、工具设备、所需物料等的准备工作。

（2）能规范地完成车载卫星导航定位系统外观检查及安装作业。

（3）能规范地完成车载卫星导航定位系统的整车联调，通过测试结果判断车载卫星导航定位系统工作是否正常、精度是否符合要求。

（4）能正确使用无人驾驶车辆维修手册、车载卫星导航定位系统使用手册和工作页等参考资料独立规范地完成整车联调测试。

（5）能掌握 7S 管理规范，并按照规范完成实训任务，养成良好的职业习惯。

任务知识

在中德诺浩无人驾驶车上使用的车载卫星导航系统由 1 个主机、2 个天线、2 根连接线组成。

一、天线安装方法

1. 天线车头车尾前后安装方式

主机安装：主机尽量水平地安装在车上，主机的 Y 轴方向朝向车头，主机的 Y 轴尽量与车的中轴线重合或者平行。

天线安装：

车头：

用磁底座吸附在车顶安装一个天线，用天线馈线连接 M2 的 SEC 天线孔。

车尾：

用磁底座吸附在车顶安装一个天线，用天线馈线连接 M2 的 PRI 天线孔，并且两个天线的连线尽量与车的中轴线重合或者平行。

一个原则就是主机的 Y 轴、车的中轴线、两个天线的连线三者尽量重合或平行，并且都是固连。

2. 天线车两侧左右安装方式

主机安装：主机尽量水平地安装在车上，主机的 Y 轴方向朝向车头、主机的 Y 轴尽量与车的中轴线重合或者平行。

天线安装：

车右侧：

用磁底座吸附在车顶安装一个天线，用天线馈线连接 M2 的 SEC 天线孔。

车左侧：

用磁底座吸附在车顶安装一个天线，用天线馈线连接 M2 的 PRI 天线孔，并且两个天线的连线尽量与车的中轴线垂直。

> **注意事项**
> 天线改为车体左右安装，需通过 M2 的串口（com0 口）或者 USB 口设置一条命令：$ cmd, set, headoffset, 90 * ff，其中 90 是代表 90°，顺时针转，主机正常安装，Y 轴朝车头，人站在车尾，人面向车头。车顶右手边的天线接设备的 SEC，左手边的天线接设备。

二、卫星导航定位系统 X、Y、Z 轴测量方法

1. Y 轴方向杆臂误差值测量

> **注意事项**
> Y 轴方向的杆臂误差值是指后天线中心点垂直于 GNSS 接收机中心点 X 轴的距离。

（1）将激光测距仪垂直向下放置在后天线固定点下方，激光测距仪在无人驾驶车上打出的激光点即为后天线固定点在车身上的投影，用记号笔标记投影点 a。

（2）在后天线固定点 Y 轴方向的车身支架上另选一点，使用激光测距仪确定其在车身上的投影，用记号笔标记投影点 b。

（3）使用直尺和记号笔将两个投影点 a、b 连成一条线段。

（4）作出一条过 a 点且垂直于线段 ab 的直线 ac。

（5）使用卷尺测量 GNSS 接收机中心点到直线 ac 的垂直距离 L_1。

（6）测量并记录后天线中心点到固定点的水平距离 L。

（7）L_1 与 L_2 的距离之和即为 Y 轴方向的杆臂误差值，记录该数值。

2. X 轴方向杆臂误差值测量

> **注意事项**
> X 轴方向的杆臂误差值是指后天线中心点垂直于 GNSS 接收机中心点 Y 轴方向的距离。

使用卷尺测量 GNSS 接收机中心点到线段 ab 延长线上的垂直距离 L_3，该距离即为 X 轴方向的杆臂误差值，记录该数值。

3. Z 轴方向杆臂误差值测量

> **注意事项**
> Z 轴方向的杆臂误差值是指后天线中心点到 GNSS 接收机中心点的垂直高度。

（1）使用直尺测量 GNSS 接收机在 Z 轴方向上的高度，高度的一半即为 GNSS 接收

机几何中心距其上表面的距离 H_1。

（2）使用卷尺测量 GNSS 接收机上表面与天线安装高度所在平面的垂直高度 H_2。

（3）使用卷尺测量安装支架固定点与后天线几何中心的高度 H_3。

（4）H_1、H_2、H_3 三者的高度之和即为 Z 轴方向的杆臂误差值，记录该数值。

任务准备

设备	车载卫星导航定位系统、自动驾驶低速车
工具	汽车维修工具
量具	激光测距仪
耗材	静电手套
软件	Sensor

任务实施

车载卫星导航定位系统整车联调测试

一、车载卫星导航定位系统检查

（1）按下电池独立开关，再按下整车开关，将车辆上电；

（2）按下 72 V 供电开关，打开工位机电源；

（3）环视检查智能网联小车，确认外观无异常，确认工位机正常开机；

（4）检查车载卫星导航定位系统外观是否有异常；

（5）检查车载卫星导航定位系统的安装支架；

（6）检查车载卫星导航定位系统连接线束是否正常。

二、车载卫星导航定位系统整车联调测试

1. 进入组合导航模块

（1）单击 Sensor 图标，进入 Sensor 主界面。

（2）单击进入组合导航模块，单击"Yes"按钮确认后，进入配置窗口。

2. 配置 GPS 参数

（1）选择"S0"串口。

(2)选择"115200"波特率。

(3)勾选打开串口。

(4)输入 IP 地址。

> **注意事项**
> 若之前配置过,此处就不用再输入。

(5)输入 RPI 天线到 M2 的 X 轴、Y 轴及 Z 轴的距离,以修正后期 GPS 导航经纬度和高度的误差。

> **注意事项**
> 在进行配置之前,需提前使用测量工具测量并计算。

(6)单击"一键配置"按钮。

(7)接收模块中显示实时数据,若数据在持续滚动,则说明天线和导航系统的配置完成。

3. 查看 GPS 状态

(1)单击 GPS 显示窗口。

(2)设置设备地面高度为 1.6。

> **注意事项**
> 在进行配置之前,需提前使用测量工具测量。

(3)查看航偏角、俯仰角、翻滚角、精度、纬度、高度、航向角等智能网联汽车的实时数据。

(4)单击"Start"按钮,记录一定时间内的运动轨迹和 GPS 位置变化。

(5)单击"Stop"按钮,结束运动轨迹录制。

(6)单击"Browser"按钮,设置运动轨迹的保存位置。

三、整理归位

(1)关闭测试软件和工位机电源;

(2)按下 72 V 供电开关;

(3)按下电池独立开关,再按下整车开关,将车辆下电。

任务总结

车载卫星导航定位系统整车联调的具体流程是:

1. 车载卫星导航定位系统检查

(1)起动车辆。

（2）检查车载卫星导航定位系统外观。

2. 车载卫星导航定位系统整车联调测试

（1）进入组合导航模块。

（2）配置 GPS 参数。

（3）查看 GPS 状态。

3. 整理归位

项目七　车载惯性导航系统测试与装调

　　我们在使用车载 GPS 卫星导航时，常常会经过地下停车场、隧道、高架桥、密林小路、高楼林立的窄道等地段，导航位置突然不动了，直到把车开到开阔的天空下，导航中的车位图标才突然跳过去，体验很不好。而如果你的车辆装有惯性导航系统，那么惯性导航软件因为惯性就会知道速度、车辆的位置、行驶路线等信息，再结合加速度传感器提供的加速度，可以根据二次积分的方式计算出加速度产生的位移，然后根据初始速度计算出速度产生的位移，进而推算出车辆最新的位置。这样，在没有 GPS 卫星信号的情况下仍然可以使用惯性导航。

任务1　车载惯性导航系统认知

任务导入

惯性导航系统多数情况下与卫星导航系统配合使用，它们可以弥补彼此的缺陷，又各自是一个独立自主的模块独立工作，二者配合可以实现优势最大化，之前我们详细地学习了车载卫星导航定位系统，本部分我们重点来学习车载惯性导航系统。惯性是所有质量本身的基本属性。建立在牛顿定律基础上的惯性导航系统不与外界发生任何光电联系，仅靠系统本身就能对汽车连续地三维定位和三维定向。由于惯性导航系统这种能自主地、隐蔽地获取汽车完备运动信息的优势是诸如 GNSS 等其他定位系统无法比拟的，所以惯性导航系统一直是自动驾驶中获取汽车姿态数据的重要手段。

任务目标

（1）能正确描述惯性导航系统的组成。
（2）能列举惯性导航系统的特点及常见分类。
（3）能分析惯性导航系统的工作原理。
（4）能说出惯性导航系统的误差分析方式。
（5）能说出惯性导航传感器的应用场合。

知识储备

惯性导航系统一般安装在运动物体内部，工作时不用依赖外界提供信息就能进行导航，不易受到干扰，是一种自主式导航系统，是最早使用的导航系统之一。

惯性导航系统是以陀螺仪和加速度计为敏感器件的导航参数解算系统，该系统根据陀螺仪的输出建立导航坐标系，根据加速度计输出解算运载体在导航坐标系中的速度和位置。其工作机理是建立在牛顿经典力学的基础上的：一个物体如果没有外力作用，将保持静止或匀速直线运动；如果能够测到加速度，通过加速度对时间两次积分能够获得位移，以此实现位置定位；如果能够测得角速度，通过积分可以获取位置信息，将它们结合在一起可以获得物体的实际状态。

惯性导航系统

一、惯性导航系统组成

惯性导航系统主要由惯性测量单元（IMU）、信号预处理单元和机械力学编排3个模块组成，如图7-1-1所示。

惯性导航系统组成

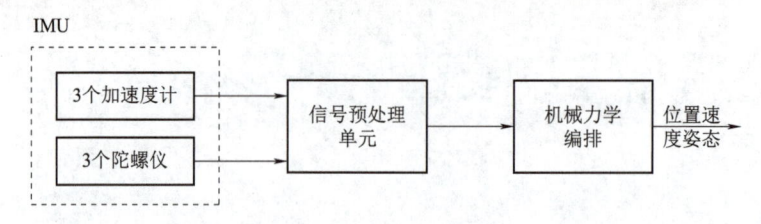

图 7-1-1　惯性导航系统组成

1. 惯性测量单元（IMU）

IMU 用来检测加速度、倾斜、冲击、振动、旋转和多自由度运动，包括 3 个相互正交的加速度计（Accelerometer）和 3 个相互正交的单轴的陀螺仪（Gyroscopes），IMU 结构示意如图 7-1-2 所示。

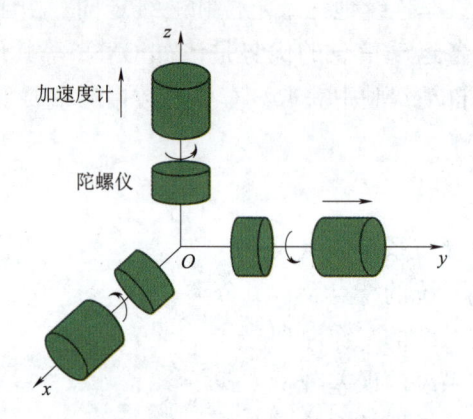

图 7-1-2　IMU 结构示意

1）加速度计

加速度计用来测量运动体的加速度大小和方向，经过对时间的一次积分得到速度，速度再经过对时间的一次积分即可得到位移。传统机械加工方法制造的加速度计因体积大、质量大、成本高，应用场合受到很大限制。随着微机电系统（Micro Electro Mechanical System，MEMS）技术的发展，国内外都将微加速度计开发作为微机电系统产品化的优先项目。MEMS 加速度计就是使用 MEMS 技术制造的加速度计。由于采用了微机电系统技术，因此其尺寸较小，一个 MEMS 加速度计只有指甲盖的几分之一大小。MEMS 加速度计具有体积小、质量小、能耗低等优点。

MEMS 加速度计类型

技术成熟的 MEMS 加速度计分为三种：压阻式、电容式、压电式。

(1) 压阻式 MEMS 加速度计。

压阻式 MEMS 加速度计结构示意图如图 7-1-3 所示。

压阻式 MEMS 加速度计是最早出现的微加速度计，由压阻、悬臂梁、质量块组成。压阻式 MEMS 加速度计实质上是一个力传感器，它是利用测量固定质量块在受到加速度作用时产生的力来测得加速度的。

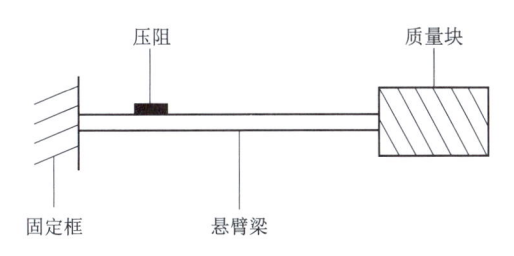

图 7-1-3　压阻式 MEMS 加速度计结构示意图

当有加速度输入时，悬臂梁在质量块受到惯性力牵引下发生变形，导致固连的压阻膜也随之发生变形，其电阻值就会由于压阻效应而发生变化，导致两端的检测电压值（信号处理电路）发生变化，从而可以通过确定的数学模型推导出输入加速度与输出电压值的关系。

压阻式 MEMS 加速度计结构简单、芯片的制作相对容易并且接口电路易于实现。但是其温度系数较大、对温度较敏感。

（2）电容式 MEMS 加速度计。

电容式 MEMS 加速度计由弹性梁、固定电极板、中央动极板、质量块构成，如图 7-1-4 所示。其基本原理是通过位移变化来测量电容变化。当有加速度作用时，质量块发生位移，上下电容发生变化，可以得到电容变化差值，进而得到加速度。

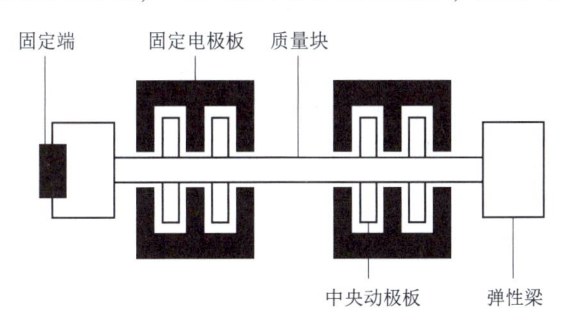

图 7-1-4　电容式 MEMS 加速度计结构示意图

电容式 MEMS 加速度计具有灵敏度和测量精度高、稳定性好、温度漂移小、功率消耗极低和过载保护能力强等优点，是目前使用较多的一种 MEMS 加速度计。但也存在读出电路复杂，易受寄生电容影响、电磁干扰等缺点。

（3）压电式 MEMS 加速度计。

压电式 MEMS 加速度计的数学和物理模型与压阻式和电容式的加速度计类似，都是通过测量二阶系统中质量块的位移来间接测量加速度，三者的差别在于测量这个质量块位移的方法。

压电式 MEMS 加速度计主要由压电材料、弹性梁、质量块及上下电极组成，如图 7-1-5 所示。

压电式 MEMS 加速度计利用了正压电效应，即某些电介质在沿一定方向上受到外力的作用而变形时其内部产生极化现象，同时在它的两个相对表面上出现正负相反的电

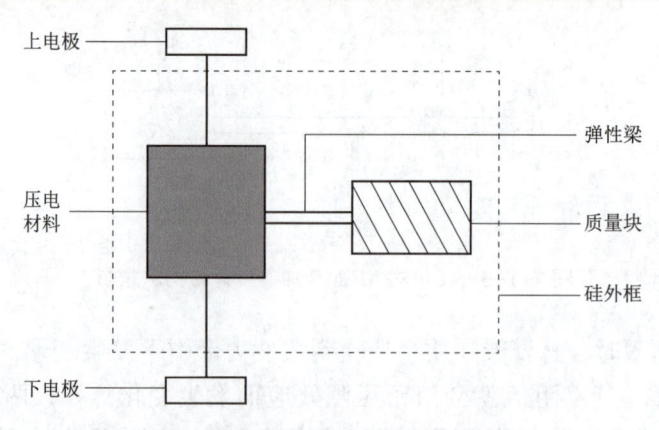

图 7-1-5　压电式 MEMS 加速度计结构示意图

荷。具体原理是当有外界的力作用于质量块时，弹性梁上会产生应力大小变化，由于压电效应作用，器件结构上的上电极和下电极间会产生电压，由此可通过测量电压的变化来得知外界的加速度。

2）陀螺仪

陀螺仪就是高速旋转的陀螺，与灵活转动抗干扰的万向支架，就组成了晃动空间里动态状态中能指示方向的陀螺仪。

（1）机械陀螺仪。

传统机械陀螺仪主要利用角动量守恒原理，即对旋转的物体，它的转轴指向不会随着承载它的支架的旋转而变化。传统机械陀螺仪主要由旋转转子、旋转轴及常平架组成，如图 7-1-6 所示。其中旋转转子和旋转轴组合在一起称为陀螺，其作用是提供足够大的转动惯量；常平架是外面的多个圆环，之所以称为常平架是因为这几层圆环可以绕着不同的轴旋转，使外面的圆环不管怎么转，里面的轴都可以保持原来的方向。

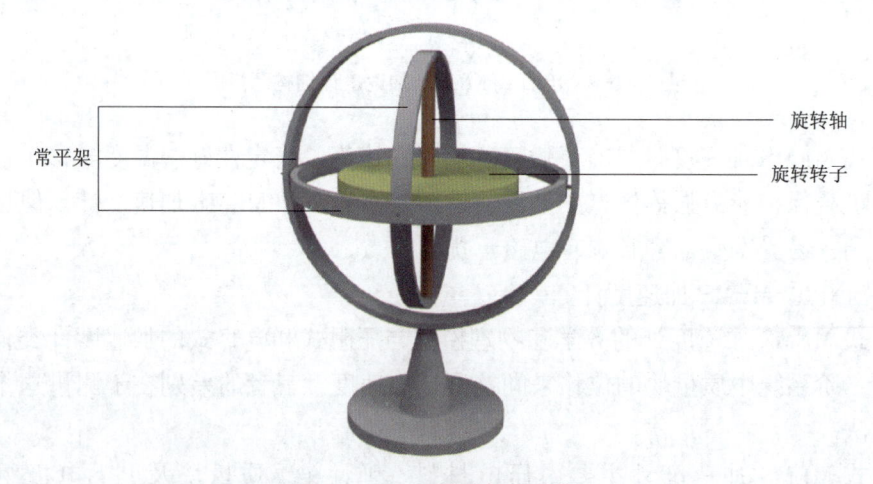

图 7-1-6　机械陀螺仪结构

其工作原理是当我们把陀螺高速旋转起来，它会产生一个巨大的初始角动量。此时，不管外面的常平架怎么转，陀螺的旋转轴还是指向原来的方向，这就可以帮助我们定向。我们只需要在出发前让陀螺的轴指向我们指定的方向,比如指向我们假定的一个方向——南方,在车辆行驶过程,我们的汽车与常平架外壳方向锁定。那么在这一刻就可以通过对比陀螺仪转轴与常平架外壳的夹角和方向来定向。具体测量方式是测量常平架围绕各个轴向的旋转角速率值,通过四元数角度解算形成导航坐标系,使加速度计的测量值投影在该坐标系中,并给出航向和姿态角,如图7-1-7所示。

陀螺仪工作原理

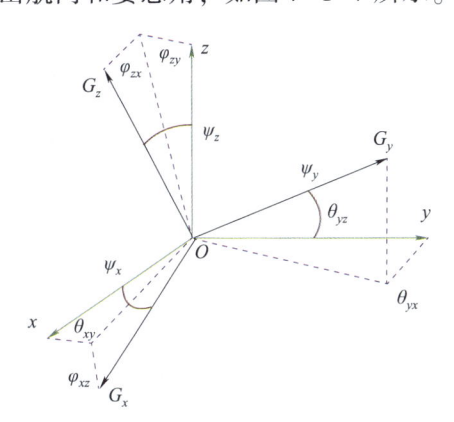

图7-1-7 陀螺仪坐标系

(2) MEMS陀螺仪(微机械陀螺仪)。

MEMS陀螺仪主要运用科里奥利力(旋转物体在有径向运动时所受到的切向力)原理,利用振动来诱导和探测科里奥利力。MEMS陀螺仪核心是一个微加工机械单元,它在设计上按照一个音叉机制共振运动,通过科里奥利力原理把角速度转换成一个特定感测结构的位移。

> **知识拓展**
>
> 1. 科里奥利力的由来
>
> 科里奥利(Coriolis, Gustave Gaspard de, 1792—1843)是法国物理学家。1836年当选为法国科学院院士,1838年起在巴黎综合工科学校教授数学、物理。1835年,科里奥利在《物体系统相对运动方程》的论文中指出:如果物体在匀速转动的参考系中作相对运动,就有一种不同于通常离心力的惯性力作用于物体,并称这种力为复合离心力。后人以他的名字将该复合离心力命名为"科里奥利力"。
>
> 2. 科里奥利力的含义
>
> 科里奥利力简称"科氏力",主要是由坐标系的转动与物体在动坐标系中的相对运动引起的,表达式为 $F_c = 2mV \times \omega$。
>
> 其中,F_c 为科氏力,m 为运动物体的质量,V 为运动物体的矢量速度,ω 为旋转体系的矢量角速度,×表示两个矢量的叉乘。
>
> 从式中可看出,当物体运动方向与旋转轴方向平行时科氏力为零。

科里奥利力与离心力一样，都不是真实存在的力，而是惯性效应在非惯性系内的体现。也就是说，从惯性系的角度看，科里奥利力是不存在的。

3. 科里奥利力的方向

在判断科里奥利力 F_c 方向之前，需先判断角速度 ω 的矢量方向，两者都遵循右手螺旋法则。因此，分为两个步骤：

（1）判断角速度方向（见图 7-1-8）：右手（除大拇指外）手指顺着转动的方向朝内弯曲，大拇指所指的方向即角速度的矢量方向。

（2）判断科里奥利力方向（见图 7-1-9）：右手（除大拇指外）手指指向（非惯性系中）物体运动方向，再将四指绕向角速度方向，拇指所指方向即科里奥利力方向。

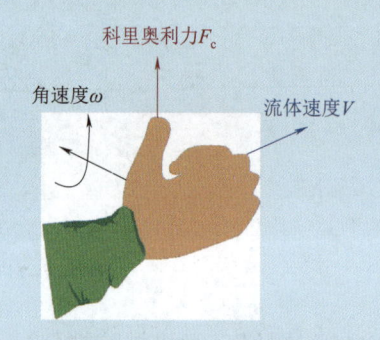

图 7-1-8　判断角速度方向　　　图 7-1-9　判断科里奥利力方向

① MEMS 陀螺仪分类。

微机械陀螺仪可以根据制作材料、振动方式、有无驱动结构、检测方式及加工方式等进行分类。

a. 按制作材料可将微机械陀螺仪划分为硅微陀螺仪和非硅微陀螺仪。非硅微陀螺仪包括压电陶瓷陀螺仪和压电石英陀螺仪，压电陶瓷陀螺仪不采用微加工工艺，但需要微光刻技术来保证陀螺的几何尺寸，其尺寸大小与微加工陀螺的尺寸大小相当；压电石英陀螺仪精度高，但生产加工工艺复杂，成本高。硅微陀螺仪是 20 世纪 80 年代发展起来的一种新型微机电陀螺，它是根据陀螺原理，利用微机电加工技术（MEMS）制造而成的，硅材料又分单晶硅材料和多晶硅材料。

b. 按振动方式可将微机械陀螺仪划分为角振动陀螺仪和线振动陀螺仪。角振动陀螺仪是围绕一个轴来回振动，线振动陀螺仪是沿一条线来回振动。

c. 按有无驱动结构可将微机械陀螺仪划分为有驱动结构和无驱动结构两种方式。有驱动结构方式又根据不同驱动方式分为静电驱动陀螺仪、电磁驱动陀螺仪和压电驱动陀螺仪。静电驱动陀螺仪是采用在驱动电极上施加变化电压产生变化的静电力作为驱动力；电磁驱动陀螺仪是在电场中，给陀螺仪内部的质量块施加垂直于电场方向的变化电流产生的力作为驱动力；压电驱动陀螺仪是在陀螺的驱动电极上施加变化的电压，陀螺随之发生形变。无驱动结构方式主要是利用旋转体自身旋转作为动力来源，省略驱动装置，结构简单、成本低、可靠性高，它是专用于旋转体的陀螺。

d. 按检测方式可将微机械陀螺仪划分成压电式陀螺仪、压阻式陀螺仪、电容式陀螺仪和光学陀螺仪。

e. 按加工方式可以将微机械陀螺仪划分为体加工微机械陀螺仪、表面加工陀螺仪及微电子工艺陀螺仪。体加工工艺和表面加工工艺与微电子工艺兼容，是可以与微电子电路实现单片集成制造的工艺，适合低成本的大批量微型零件和微系统器件的加工制造；但可用的材料种类相对比较少，能加工的零件尺寸范围窄，适合尺寸在 0.1~100 μm 范围内的零件加工，能制造的零件形状相对简单。形状复杂的结构和部件则需要用微电子等加工工艺来制造。

②MEMS 陀螺仪结构。

MEMS 陀螺仪的基本结构如图 7-1-10 所示，由弹簧、监测电极、驱动电极组成。图中 $F_c(t)$ 代表由于旋转角速度 ω 和平面运动速度 $v(t)$ 所引起的科里奥利力。

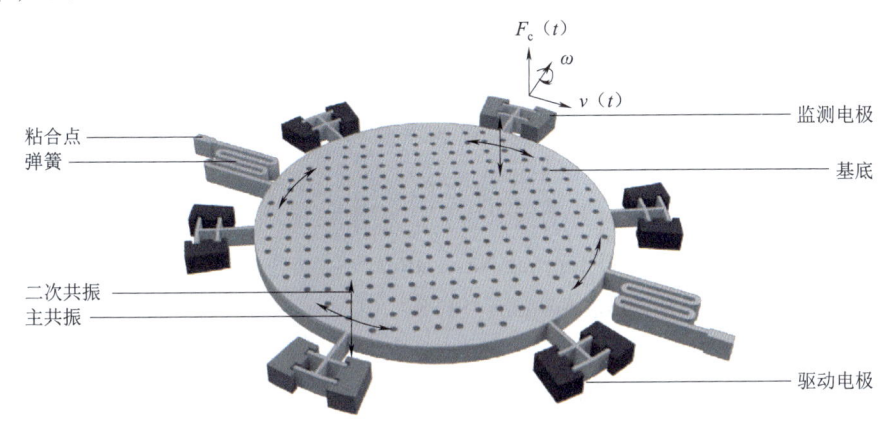

图 7-1-10 MEMS 陀螺仪的基本结构

MEMS 陀螺仪的运动结构非常小，运动极板的直径只有十分之几毫米，厚度只有 0.01 mm。所以必须有效排除外界机械效应的影响才能保证测量的精度，如需要用密封封装来排除灰尘的影响。如图 7-1-11 所示为 MEMS 陀螺仪感应部分横截面，在传感器内部必须是绝对的真空，因为残存的空气会在一定程度上阻碍极板质量块的运动，这将导致不能产生合适的共振。

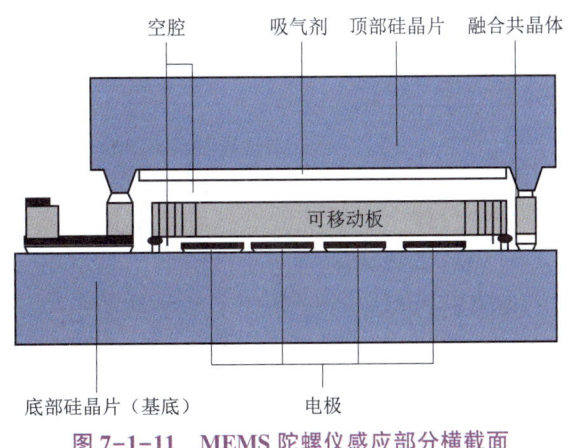

图 7-1-11 MEMS 陀螺仪感应部分横截面

③MEMS 陀螺仪工作原理。

MEMS 陀螺仪利用科里奥利力（旋转物体在径向运动时所受到的切向力），旋转中的陀螺仪可对各种形式的直线运动产生反应，通过记录陀螺仪部件受到的科里奥利力可以进行运动的测量与控制。为了产生这种力，MEMS 陀螺仪通常安装有两个方向的可移动电容板，"径向的电容板加震荡电压迫使物体做径向运动，横向的电容板测量由于横向科里奥利运动带来的电容变化。"这样，MEMS 陀螺仪内的"陀螺物体"在驱动下就会不停地来回做径向运动或震荡，从而模拟出科里奥利力不停地在横向来回变化的运动，并可在横向做与驱动力差 90°的微小震荡。这种科里奥利力好比角速度，所以由电容的变化便可以计算出 MEMS 陀螺仪的角速度。

2. 信号预处理单元

信号预处理单元对惯性测量单元输出信号进行信号调理、误差补偿并检查输出量范围等，以确保惯性单元正常的工作。

3. 机械力学编排

机械力学编排包含惯性导航系统的机械实体布局、采用的坐标系及求解方式三大部分，它表现在由惯性导航系统元件的输出信息到求解出载体实时速度和位置的过程中，把这个过程的解析表达式，称为力学编排方程。根据机械力学编排形式的不同可以分为平台式惯性导航系统（Gimbaled Inertial Navigation System，GINS）和捷联式惯性导航系统（Strap-down Inertial Navigation System，SINS）。

（1）平台式惯性导航系统。

平台式惯性导航系统是将陀螺仪和加速度计等惯性测量单元通过支架平台与载体固连的惯性导航系统。其主要由三轴陀螺稳定平台（包含陀螺仪）、加速度计、导航计算机、控制显示器等部分组成，如图 7-1-12 所示。其典型特征是三轴陀螺稳定平台，加速度计固定在平台上，其敏感轴与平行轴平行，平台的三根稳定轴模拟一种导航坐标系。

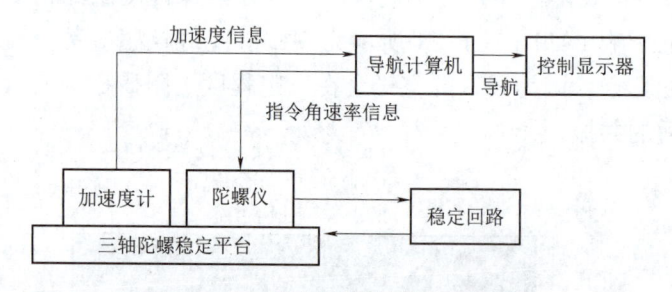

图 7-1-12 平台式惯性导航系统组成

惯性测量单元固定在平台台体上，系统的敏感轴能直接模拟导航坐标系，这就保证了敏感轴的准确指向，并且隔离了载体的角运动，给惯性测量单元提供了较好的工作环境，使系统的精度较高，但平台台体也直接导致了系统结构复杂、体积大、制造成本高等不足。

（2）捷联式惯性导航系统。

捷联式惯性导航系统是把惯性测量单元直接固连在载体上，用计算机来完成导航平台功能的惯性导航系统。其主要由陀螺仪、加速度计、导航计算机、控制显示器等组成，如图 7-1-13 所示。

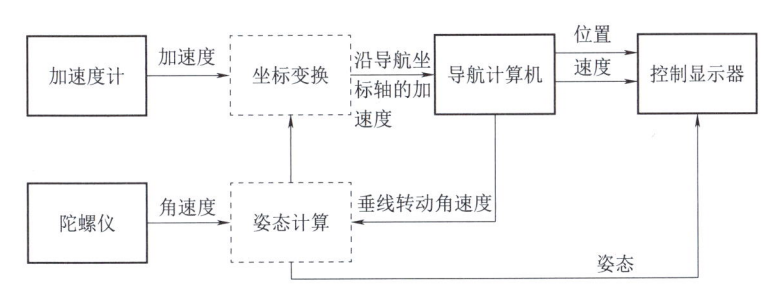

图 7-1-13　捷联式惯性导航系统组成

载体转动时系统的敏感轴也随着转动，通过计算载体的姿态角就能确定出惯性测量单元敏感轴的指向，然后将惯性测量单元测量得到的载体运动信息变换到导航坐标系上即可进行航迹递推。

捷联式惯性导航系统除具有平台惯性导航系统的所有的功能外，还增加了垂直导航功能，在结构上使用数学平台代替了机电平台，整体结构简单、质量小、故障少、可靠性提高，但同时也对惯性测量单元和计算机的要求提高。基于成本控制考虑，当前自动驾驶领域常用捷联式惯性导航系统。

二、惯性导航系统的工作原理

惯性导航系统是一种以陀螺仪和加速度计为感知元件的导航参数计算系统，应用航迹递推算法提供位置、速度和姿态等信息。汽车行驶数据的采集以陀螺仪和加速度计组成惯性测量单元来完成。通常说"用加速度计测量载体的运动加速度"，实际上这个说法并不确切，因为加速度测量的不是载体的运动加速度，而是载体相对惯性空间的绝对加速度和重力加速度之和，称作"比力"。从加速度计的工作原理可知，加速度计可以输出沿敏感轴方向的比力，其中含有载体绝对加速度。同样，陀螺仪可以输出车体相对于惯性坐标系的角加速度信号。以上两个惯性传感器组的敏感轴是相互平行的，共享惯性传感器组的原点和敏感轴。因此，如果在汽车上能得到互相正交的 3 个敏感轴上的加速度计和陀螺仪输出，同时又已知敏感轴的准确指向，就可以掌握汽车在三维空间内的运动加速度和角速度。

惯性导航系统工作原理基于牛顿第二运动定律，其说明了加速度的大小与作用力成正比、方向与作用力的方向相同，数学表达式为：

$$F = ma \tag{7-1-1}$$

惯性导航系统利用载体先前的位置、惯性测量单元测量的加速度和角速度来确定其当前位置。其中，速度 v 和偏移量 s 都可以通过对加速度 a 的积分得到。如式（7-1-2）、式（7-1-3）所示，加速度 a 经过积分得到速度 v，经过二重积分得到偏移量 s。相反，速度和加速度也可以通过对位移的微分而估算得到。

$$\begin{cases} v = \int a\mathrm{d}t \\ s = \int v\mathrm{d}t = \iint a\mathrm{d}t\mathrm{d}t \end{cases} \quad (7\text{-}1\text{-}2)$$

$$v = \frac{\mathrm{d}s}{\mathrm{d}t}, a = \frac{\mathrm{d}v}{\mathrm{d}t} = \frac{\mathrm{d}^2 s}{\mathrm{d}t^2} \quad (7\text{-}1\text{-}3)$$

类似地，汽车的俯仰、偏航、翻滚等姿态信息都可以通过对角加速度的积分得到。利用姿态信息可以把导航参数从惯性坐标系变换到导航坐标系中。

综上，惯性导航系统可以说是一个由惯性测量单元和积分器组成的积分系统。该系统通过陀螺仪测量载体旋转信息求解得到载体的姿态信息，再将加速度计测量得到的载体比力信息转换到导航坐标系进行加速度信息的积分运算，就能推算出汽车的位置和姿态信息。

从一个已知的坐标位置开始，根据载体在该点的航向、航速和航行时间，推算下一时刻该坐标位置的导航过程称为航迹递推。航迹递推是一种非常原始的定位技术，最早是海上船只根据罗经和计程仪所指示的航向、航程以及船舶操纵要素与风向、水流要素等，在不借助外界导航物标的条件下求取航迹和船位，逐渐演化成如今自动驾驶汽车定位技术中最常用的方法。

正如前面所提到的，惯性导航定位基于一个简单的原理，那就是位置的差异可以由一个加速度的双重积分得到，可以被描述为在一个稳定坐标系下并且被明确定义的与时间相关的函数，可表述为：

$$\Delta s = s_t - s_0 = \int_0^t \int_0^t a_t \mathrm{d}t\mathrm{d}t \quad (7\text{-}1\text{-}4)$$

式中，s_0 为初始位置，a_t 是在 s_t 规定的坐标系中的惯性测量单元测量得到的沿运动方向的加速度。

三、惯性导航系统的优缺点

1. 惯性导航系统的优点

惯性导航系统之所以应用越来越广泛，必然离不开以下优点：

（1）隐蔽性强。由于它是不依赖于任何外部信息，也不向外部辐射能量的自主式系统，故隐蔽性好，也不受外界电磁干扰的影响。

（2）可全天候、全时间地工作于空中、地球表面乃至水下。

（3）能提供位置、速度、航向和姿态角数据，所产生的导航信息连续性好而且噪声低。

（4）数据更新率高、短期精度和稳定性好。惯性导航系统能够根据测量的少量状态信息推导出位置、速度、航向角等众多准确的信息，并且在一定时间内可以有效地保证数据传输的稳定性和一致性。

2. 惯性导航系统的缺点

世界上没有一面的硬币，发展至今的惯性导航系统仍然有不少问题仍待解决：

（1）长期精度不够。之前提到过的惯性导航系统在一定的时间内可以有效地保证数据的准确。但是从基本原理来看，惯性导航系统是采用积分运算，等到一定的时间积累后，小的误差必然会积累成大的偏差。

（2）启动时间长。每一次惯性导航系统开始运转时，必须要进行时间校准，如果这一步误差较大，就会导致积分运算出现很大的问题。然而时间校准耗时比较长，所以不太方便使用。

（3）设备的价格较昂贵。惯性导航系统的诸多优点是建立在各类元器件性能优良的基础上，导致总体价格过高。

四、惯性导航系统的误差分析

前面提到，惯性导航系统不与外界发生任何光电联系，仅靠系统本身就能对汽车进行连续三维定位和定向，其通过在内部所感知到的情况来推断外面的情况，使惯性导航被称为"在盒子里导航"或"黑盒导航"，惯性导航系统中既有电子设备，又有机械结构，在外部冲击、振动等力学环境中，除了需要的加速度和角速度之外，还有很多误差源。如图7-1-14所示是惯性测量单元黑盒模型。本任务从随机误差和固定误差两方面进行介绍。

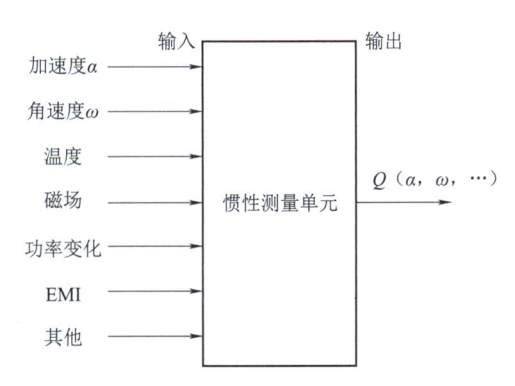

图 7-1-14 惯性测量单元黑盒模型

1. 随机误差

（1）传感器白噪声误差。该噪声通常与电子噪声合在一起，可能是来自电源、半导体设备内部的噪声或数字化过程中的量化误差。

（2）变温误差。传感器偏差的变温误差是由外部环境温度变化或内部热分布变化引起的。

（3）传感器随机游动误差。在惯性测量单元中，对随机游动噪声有具体要求，但大多数都针对其输出的积分，而不是输出本身。例如，来自速率陀螺仪的"角度随机走"等同于角速度输出白噪声的积分。类似地，加速度计的"速度随机游走"等同于加速度计输出白噪声的积分。随机游动误差随着时间线性增大，其功率谱密度也随之下降。

（4）谐波误差。由于热量传输延迟，所以温度控制方法（如通风与空调系统）经常引入循环误差，这些都可在传感器输出中引入谐波误差，谐波周期取决于设备的尺寸大小。同样，主载体的悬挂和结构共振也引入了谐波加速度，它会对传感器中的加速度敏感误差源产生影响。

（5）闪烁噪声误差。闪烁噪声是陀螺仪零偏随时间漂移的主要因素。多数电子设备中都存在这种噪声，该噪声通常模型化为白噪声和随机游动的组合。

知识拓展

1. 白噪声

白噪声（White Noise）或白杂讯，是一种功率频谱密度为常数的随机信号或随机过程。换句话说，此信号在各个频段上的功率是一样的，由于白光是由各种频率（颜色）的单色光混合而成，因而此信号的这种具有平坦功率谱的性质被称作是"白色的"，此信号也因此被称作白噪声。相对的，其他不具有这一性质的噪声信号被称为有色噪声。理想的白噪声具有无限带宽，因而其能量无限大，这在现实世界是不可能存在的。实际上，我们常常将有限带宽的平整讯号视为白噪声，因为这让我们在数学分析上更加方便。

在电子通信中它被直接或者作为滤波器的输入信号以产生其他类型的噪声信号，尤其是在信号合成中，经常用来重现有很高噪声成分信号。

2. 角度随机游走

随机游走的名称来源于数学上的随机游走过程，白噪声过程在进行一次积分后就形成了随机游走过程。

光学陀螺具有速率积分的特性，由角速率随机白噪声积分引起的误差角增量具有随机游动的特性，这一误差被称为光学陀螺的角度随机游走。这一误差的主要来源是：光子的自发辐射、探测器的散粒噪声、机械抖动；另外，其他相关时间比采样时间短得多的高频噪声，也引起光学陀螺的角度随机游走。

3. 谐波

谐波是指电流中所含有的频率为基波的整数倍的电量，一般是指对周期性的非正弦电量进行傅里叶级数（傅里叶级数：任何周期函数都可以用正弦函数和余弦函数构成的无穷级数来表示，一种特殊的三角级数，根据欧拉公式，三角函数又能化成指数形式）分解，其余大于基波频率的电流产生的电量。从广义上讲，由于交流电网有效分量为工频单一频率，因此任何与工频频率不同的成分都可以称之为谐波，这时"谐波"这个词的意义已经变得与原意有些不符。正是因为广义的谐波概念，才有了"分数谐波""间谐波""次谐波"等说法。

4. 闪烁噪声（Flicker Noise）

由器件的局部起伏（如光电阴极表面的局部不均）引起发射电子的缓慢随机起伏，这种变化通常出现在较低的频率上（频率上限约 500 Hz），此种噪声称闪烁噪声。

2. 固定误差

与随机误差不同，固定误差是可重复的传感器输出误差。常见的传感器误差模型如图 7-1-15 所示，包括：偏差，即输入为零时传感器的任何非零的输出；尺度因子误差，常来自标定偏差；非线性，不同程度地存在于多种传感器中；尺度因子符号不对称性，来自不匹配的推挽式放大器；死区误差，通常由机械静摩擦力或死锁引起；量化误差，这在所有数字系统中是固有的，可能存在于标准化环境中，当输入不变时，它可能不是零均值的。

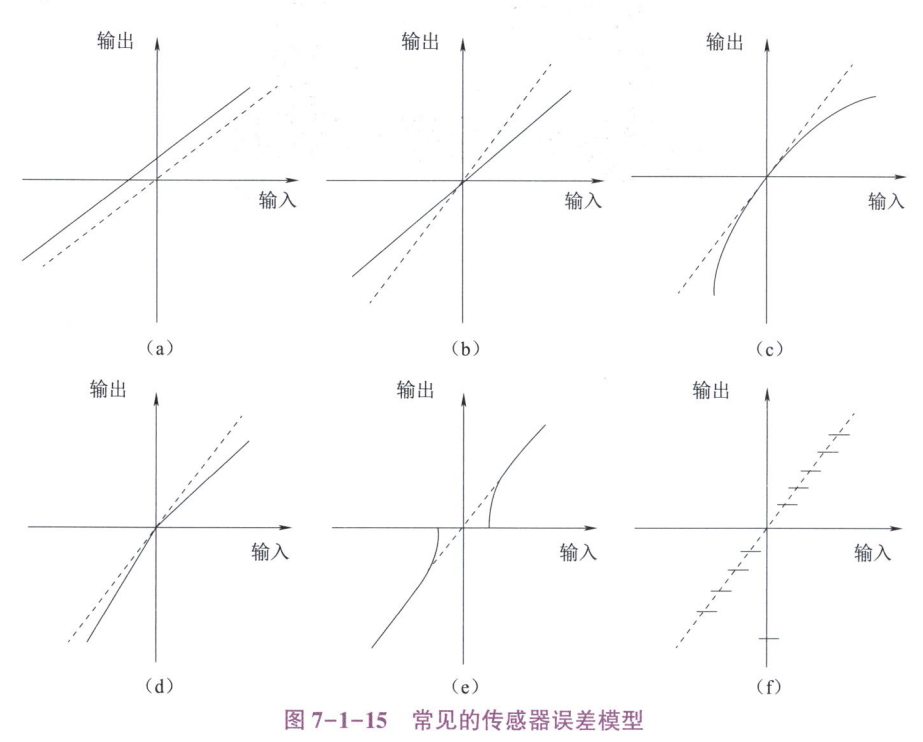

图 7-1-15　常见的传感器误差模型

（a）偏差；（b）尺度因子误差；（c）非线性；（d）尺度因子符号不对称性；（e）死区误差；（f）量化误差

五、惯性导航系统在自动驾驶汽车上的应用

惯性导航系统的惯性测量单元在自动驾驶汽车上应用时会和磁力计共同组成惯性导航传感器。其特点是提供动静态环境下实时的、高精度的横滚角、俯仰角和航向角，且具有抗振动、抗短时外部磁场干扰、高带宽、功耗低等特性，外部结构还具有尺寸小、质量小的特点。

1. 惯性导航传感器组成

低速自动驾驶小车中使用的惯性导航传感器主要由陀螺仪、加速度计及磁力计组成。其中陀螺仪、加速度计的作用和特点前面已做详细讲解，此处不再赘述。磁力计也叫地磁、磁感器，可用于测试磁场强度和方向，定位设备的方位，磁力计的原理跟指南针原理类似，可以测量出当前设备与东南西北四个方向上的夹角，计算出车辆的行驶方向。

惯性导航传感器内部结构如图 7-1-16 所示。

图 7-1-16　惯性导航传感器内部结构

2. 惯性导航传感器安装位置

惯性导航传感器的最佳安装位置是与车载 GPS 接收机主机安装位置保持统一的，但考虑到现实因素无法做到保持同一位置，故一般安装在车载 GPS 接收机主机附近。安装时同样要按照地理坐标系、载体坐标系及设备坐标系三者统一的方式进行安装。

3. 惯性导航传感器的应用场合

自动驾驶技术的核心内容包括 4 个模块：定位模块、感知模块、决策模块、执行模块。其中定位模块作为所有模块的基础，是十分重要的。而惯性导航在自动驾驶的定位模块中具有十分关键的作用。定位模块的主要目的是确定车辆所处的绝对位置。在自动驾驶技术中，高精度地图、全球卫星导航系统和惯性导航系统是相互配合、相辅相成的，共同确定车辆的绝对位置。其中全球卫星导航系统依赖卫星信号，可以提供全局的定位信息，惯性导航不依赖外界信息，提供相应的局部信息。将全球卫星导航系统和惯性导航系统的联合信息与本地的高精度地图进行比对，即可得到当前车辆在该高精度地图中的绝对位置，从而为后续的感知、决策和执行模块提供数据基础。

惯性导航传感器在自动驾驶中主要的应用场合是：

（1）辅助全球卫星导航系统进行高精度定位。

在复杂的城市环境中，由于受地面高层建筑物的遮挡，卫星发出的信号无法覆盖全部的地方。在一些全球卫星导航系统信号丢失或者很弱的情况（例如隧道、高架桥、地下车库等）下，惯性导航系统可以及时启用，不依赖外界信息，使用自身携带的运动传感器和运动方程解算出真实的位置和速度信息，弥补全球卫星导航系统信号丢失造成的影响。在实际应用中，全球卫星导航系统和惯性导航联合进行高精度定位，使自动驾驶可以适应复杂的外在环境。

GNSS+IMU 方案是一种最常用的设计组合惯导系统的方案。因二者各有优缺点，所以将 GNSS 和 IMU 提供的定位信息进行融合，形成组合惯导系统，可以发挥两种导航系统的优势，提高车辆导航系统的健壮性。

在低速自动驾驶汽车中经常使用的是捷联式惯性导航系统。捷联式惯性导航系统的陀螺仪的敏感载体坐标系相对于惯性系的三轴角速度，加速度计敏感载体坐标系相对于惯性系的三轴比力，捷联惯导计算机系统接收这些信息进行导航解算，输出位置、速度、航向姿态等信息。

全球导航卫星系统（GNSS）包括卫星、基站、接收机。载体上的接收机根据卫星定位原理进行导航解算，可以得到载体的位置、速度、经纬高。

这就像我们回到家时发现家里停电，眼睛在黑暗中什么都看不见的情况下，只能根据自己的经验，极为谨慎地走小碎步，并不断用手摸索周边的东西（比如冰箱），用以确定自己所在的位置。在这个过程中，GPS 的作用就类似于摸到东西之后对自己的位置进行修正，IMU 的作用就类似于小碎步，不断地对自己的位置进行推算。通过不断的修正和推算，就能保证自己的定位相对稳定。

GNSS 定位的长期稳定性与捷联式惯性导航系统定位的短期精确性具有近乎完美的互补特性，将两者进行组合可以显著提高导航精度。目前，大多数 IMU/GNSS 组合导航系统是利用 Kalman 滤波器将两者组合起来的。组合系统的滤波器状态、量测信息、实现方式以及系统校正方式和组合深度都会影响到 IMU/GNSS 组合系统的工作性能。

GNSS+IMU 基础架构如图 7-1-17 所示。

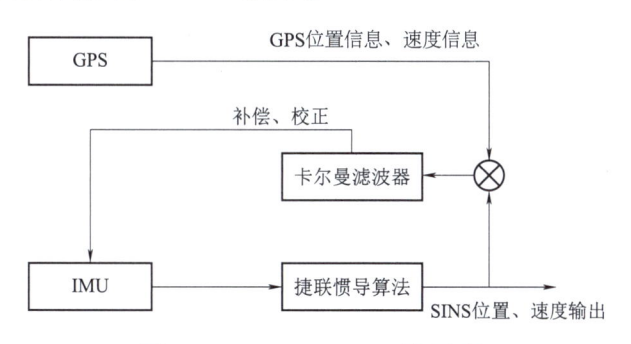

图 7-1-17　GNSS+IMU 基础架构

（2）配合激光雷达进行定位。

惯性导航系统为激光雷达的位置和脉冲发射的姿态提供高精度信息，帮助建立激光雷达云点的三维坐标系。在实际应用中，首先，自动驾驶系统通过全球导航卫星系统得到初始位置信息，再通过惯性导航和车辆的编码器配合得到车辆的初始位置。其次，对激光雷达实时扫描单次的点云数据（包括其几何信息和语义信息）进行特征提取，并结合车辆初始位置进行空间变化，获取基于全局坐标系下的矢量特征。最后，将初始位置信息、激光雷达提取的特征跟高精度地图的特征信息进行匹配，从而获取一个准确的定位。在该过程中组合惯性导航系统提供给车辆初始位置并建立激光云点的坐标系起到了十分重要的作用。

（3）辅助主动车距控制巡航系统（ACC）预测路径。

惯性导航系统与 ACC 联合预测路径并将该路径连接到障碍物的检测上实现主动车

距控制。个别惯性导航装置还能做到在坡道上对车辆的姿态进行控制。该装置让低重力传感器利用向下的重力方向来确定倾斜度，使正在上坡的车辆不会向后滑动，进一步提高自动驾驶车辆的爬坡的稳定性。

惯性导航系统应用于自动驾驶技术中还属于初级阶段。短期内，惯性导航系统的产品竞争主要在于算法层面。算法决定了惯性导航系统的稳定性和健壮性。算法内容主要包括对惯性传感器传回的硬件信息的处理，速度、加速度、航向及姿态的解算，以及惯性导航作为定位模块的核心与其他传感器和车身信息融合的技术。随着自动驾驶技术的发展，惯性导航系统的竞争长远看可能会从算法层面转向惯性传感器的芯片设计，提高惯性传感器芯片的硬件性能可以给算法设计提供更大的发展空间。相应地，后期惯性导航技术发展的关键在于惯性传感器芯片的设计、制造以及标定。

课后练习

1. 选择题

（1）IMU 指的是_____。

A. 全球定位系统　　　　　　　　B. 罗磁盘

C. 陀螺仪　　　　　　　　　　　D. 惯性导航测量单元

（2）当无人驾驶汽车进入深山后，捕捉不到 GPS 信号时，需要通过_____的方式来实现定位和定向。

A. GIS　　　　B. 三维体定位　　　C. 惯性导航　　　D. 可视化

（3）目前使用最多的 MEMS 加速度计类型是_____。

A. 电容式 MEMS 加速度计　　　　B. 压阻式 MEMS 加速度计

C. 压电式 MEMS 加速度计　　　　D. 热感式 MEMS 加速度计

（4）MEMS 陀螺仪的基础原理是_____。

A. 角动量守恒原理　　　　　　　B. 科里奥利力原理

C. 牛顿第二运动定律　　　　　　D. 牛顿第一运动定律

（5）关于磁力计描述不正确的是_____。

A. 测试磁场强度和方向

B. 定位设备的方位

C. 测量出当前设备与东南西北四个方向上的夹角

D. 确定设备转向

2. 填空题

（1）低速自动驾驶小车中使用的惯性导航传感器主要由_____、_____及_____等组成。

（2）自动驾驶技术的核心内容包括 4 个模块：_____、_____、_____、_____。其中惯性导航所在的模块是定位模块_____。

（3）IMU 用来检测_____、_____、_____、_____和多自由

度运动。

(4) 电容式 MEMS 加速度计由_____、_____、_____、_____组成。

(5) 根据机械力学编排方式来分类的惯性导航系统类型的是_____和_____。

3. 简答题

(1) 试比较捷联式惯性导航系统和平台式惯性导航系统。

(2) 请简述 MEMS 陀螺仪的核心工作原理。

任务 2　车载惯性导航系统功能测试

任务导入

通过上位机对惯性测量单元进行功能测试，观察并获取 IMU 惯性数据：加速度、角速率、磁强度。通过姿态数据测试，确定 IMU 功能是否正常。

车载惯性导航系统功能测试

任务目标

(1) 能合理完成车载惯性导航系统的功能测试方案、工具设备、所需物料等的准备工作。

(2) 能规范地完成车载惯性导航系统功能测试，通过测试结果判断车载惯性导航系统工作是否正常、精度是否符合要求。

(3) 能正确使用自动驾驶车辆维修手册和工作页等参考资料独立规范地完成功能测试。

(4) 能掌握 7S 管理规范，并按照规范完成实训任务，养成良好的职业习惯。

任务知识

一、车载惯性导航系统安装位置

在中德诺浩环境感知教学实训平台上，车载惯性导航系统安装在车辆的前机舱顶部，和前后天线配合使用。

单目视觉传感器安装位置如图 7-2-1 所示。

图 7-2-1　单目视觉传感器安装位置

二、车载惯性导航系统参数读取方法

1. 开机上电

依次打开电源开关、起动开关起动设备，如图 7-2-2 和图 7-2-3 所示。

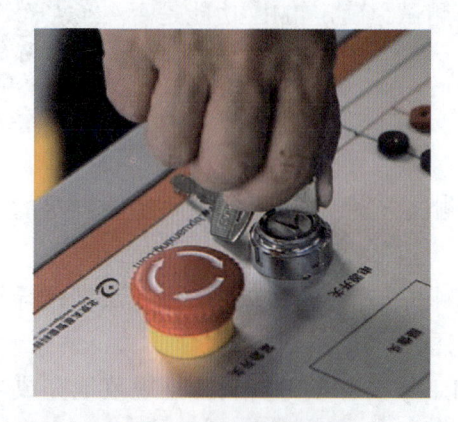

图 7-2-2　打开电源开关　　　　图 7-2-3　打开起动开关

2. 选择组合导航调试传感器配置图标

（1）进入 Ubuntu 系统桌面，单击 Sensor 图标，进入组合导航调试界面。

（2）进入组合导航模块，单击"Yes"按钮确认后进入配置窗口。

3. 查看组合导航系统测试

查看车载惯性导航系统的偏航角、俯仰角、翻滚角以及横向、纵向、天向加速度等参数。

项目七　车载惯性导航系统测试与装调

> **任务准备**

设备	车载惯性导航系统、环境感知教学实训平台
耗材	静电手套
软件	Sensor

> **任务实施**

一、车载惯性导航系统功能测试准备工作

（1）检查车载惯性导航系统外观，确认无异样；
（2）检查车载惯性导航系统连接线，确认无异样。

二、车载惯性导航系统供电电压检测

注意事项

在使用万用表检测之前，需对万用表进行校准。

校准方法：将万用表调至电压挡，红黑表笔短接测试，万用表显示为 0，万用表正常。

（1）打开电源开关（见图 7-2-4）。
（2）将万用表旋转至电压挡（见图 7-2-5）。

图 7-2-4　打开电源开关　　　　　图 7-2-5　将万用表旋转至电压挡

（3）红表笔接 14 号端子，黑表笔接 16 号端子，实际测量值为 12 V，与标准值 12 V 做对比，车载惯性导航系统供电电压正常。

三、车载惯性导航系统至计算机平台连接线检测

（1）测量车载惯性导航系统插接 2 号线到计算机平台（RX）导线是否导通。

将万用表旋转至欧姆挡，红黑表笔分别连接 2 号线上的两个端子，实际测量值为 0.01 Ω，与标准值 0 Ω 做对比，车载惯性导航系统插接 2 号线到计算机平台（RX）导线导通如图 7-2-6 所示。

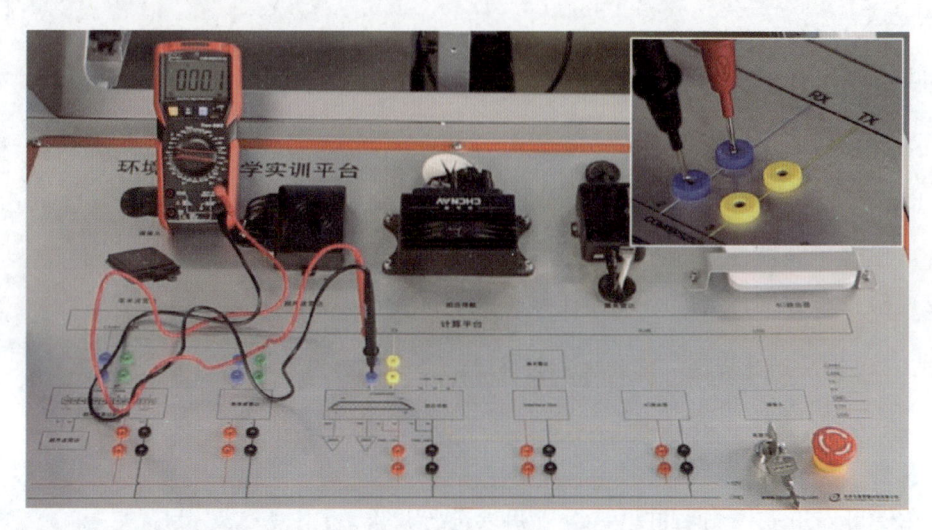

图 7-2-6　红黑表笔分别连接车载惯性导航系统插接 2 号线到计算机平台（RX）导线

（2）测量车载惯性导航系统插接 3 号线到计算机平台（TX）导线是否导通。

将万用表旋转至欧姆挡，红黑表笔分别连接 3 号线上的两个端子，实际测量值为 0.01 Ω，与标准值 0 Ω 做对比，车载惯性导航系统插接 3 号线到计算机平台（TX）导线导通，如图 7-2-7 所示。

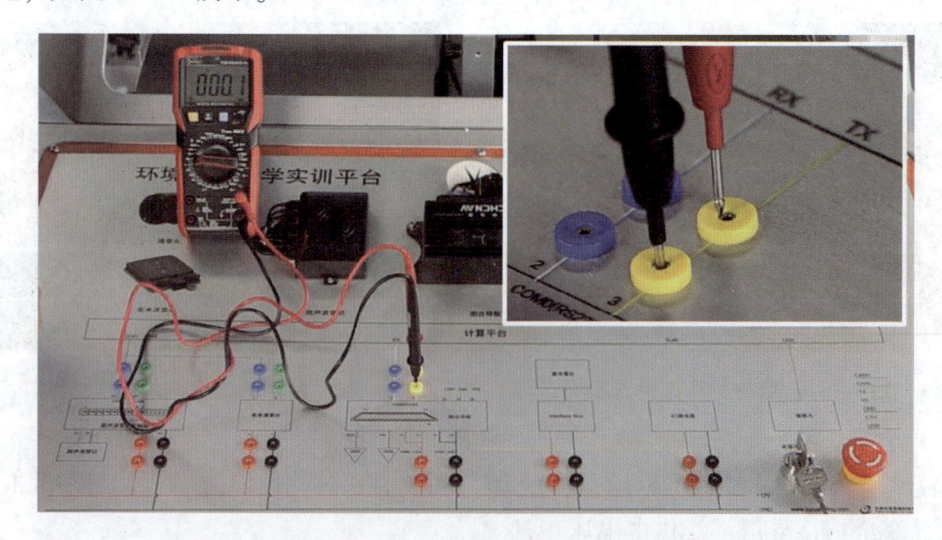

图 7-2-7　红黑表笔分别连接车载惯性导航系统插接 3 号线到计算机平台（TX）导线

四、车载惯性导航系统功能测试

（1）打开工位机电源；

（2）起动工位机；

（3）在电脑桌面上打开 Sensor 软件，进入组合导航调试界面。

（4）单击进入组合导航模块，单击"Yes"按钮确认后进入配置窗口。

（5）查看车载惯性导航系统的偏航角、俯仰角、翻滚角以及横向、纵向、天向加速度等参数，如图 7-2-8 所示，表明导航系统工作正常。

图 7-2-8　查看车载惯性导航相关参数

任务总结

车载惯性导航系统功能测试的具体流程是：

1. 车载惯性导航系统功能测试准备工作
2. 车载惯性导航系统供电电压检测

红表笔接 14 号端子，黑表笔接 16 号端子测量供电电压。

3. 车载惯性导航系统供电电压检测

（1）测量车载惯性导航系统插接 2 号线到计算机平台（RX）导线是否导通。

（2）测量车载惯性导航系统插接 3 号线到计算机平台（TX）导线是否导通。

4. 车载惯性导航系统功能测试

查看车载惯性导航系统的偏航角、俯仰角、翻滚角以及横向、纵向、天向加速度等参数，检查导航系统工作是否正常。

任务 3　车载惯性导航系统整车联调测试

📋 任务导入

由于惯性测量单元需要测量车辆的惯性以及姿态数据，所以在装调时需要尽量使 IMU 坐标系与安装平台坐标系保持一致，一般正前方为 Y 轴、正右方为 X 轴、正上方为 Z 轴。

车载惯性导航系统整车联调测试

📋 任务目标

（1）能完成车载惯性单元及相关组件的安装。

（2）能完成惯性测量单元整车联调及常见故障排查。

（3）能正确使用车载惯性导航系统使用手册和工作页等参考资料独立规范地完成功能模块离线验证。

（4）能掌握 7S 管理规范，并按照规范完成实训任务，养成良好的职业习惯。

📋 任务知识

一、车载惯性导航系统组成

车载惯性导航系统在中德诺浩环境感知教学实训平台中称为组合导航模块，主要由高精度测绘级卫星接收板卡、三轴 MEMS 陀螺仪、三轴 MEMS 加速度计组成。可在星况良好的环境下提供厘米级定位精度，并在卫星信号遮挡、多路径等环境下长时间保持位置、速度、姿态精度。

二、车载惯性导航系统数据读取方法

（1）打开工位机电源。

（2）起动工位机。

（3）在电脑桌面上打开 Sensor 软件，进入组合导航调试界面，如图 7-3-1 所示。

（4）打开桌面 GNSS 图标，查看 GPS 数据是否定位成功。

（5）当定位状态为 FIX 时，定位误差为 2 cm。

（6）当 GPS 状态为 NO FIX：-1 时，定位误差较大，大于 2 cm，如图 7-3-2 所示。

图 7-3-1　组合导航调试界面

图 7-3-2　在 GNSS 界面查看定位状态

> 任务准备

设备	车载惯性导航系统、环境感知教学实训平台
工具	内六角扳手
耗材	静电手套
软件	Sensor

> 任务实施

一、拆卸车载惯性导航系统

（1）使用记号笔标记车载惯性导航系统位置，如图7-3-3所示。

（2）拔下车载惯性导航系统与控制平台的连接线，如图7-3-4所示。

图7-3-3　标记车载惯性导航系统位置 　　图7-3-4　拔下车载惯性导航系统与控制平台的连接线

（3）拔下与两根卫星定位系统天线的连接线，如图7-3-5所示。

（4）对角拧下4颗螺栓，如图7-3-6所示，接着取下车载惯性导航系统。

图7-3-5　拔下与两根卫星定位系统天线的连接线 　　图7-3-6　对角拧下4颗螺栓

二、拆卸卫星定位系统天线

（1）用记号笔做好卫星定位系统前天线的标记，如图7-3-7所示。

（2）如图7-3-8所示，拧下前天线连接线，取下卫星定位系统前天线。

图 7-3-7 标记前天线位置

图 7-3-8 拧下前天线连接线

（3）用同样的方法拆卸卫星定位系统后天线。

三、车载惯性导航系统检查

（1）检查车载惯性导航系统外观是否有破损，密封性是否良好，如图 7-3-9 所示。
（2）检查接线插口是否完好，如图 7-3-10 所示。

图 7-3-9 检查车载惯性导航系统外观和密封性

图 7-3-10 检查接线插口

四、卫星定位系统天线检查

（1）检查卫星定位系统前天线是否有破损，如图 7-3-11 所示。
（2）检查定位系统前天线连接线插口是否完好，如图 7-3-12 所示。

图 7-3-11 检查卫星定位系统前天线

图 7-3-12 检查定位系统前天线连接线插口

（3）用同样方法检查后天线。

五、检查车载惯性导航系统和卫星定位系统天线的连接是否导通

（1）打开欧姆挡，对万用表进行校表。
（2）红黑表笔分别连接车载惯性导航系统和卫星定位系统后天线的连接线两端，如

图 7-3-13 所示是红黑表笔连接位置。

（3）万用表显示约为 0，说明连接线正常，如图 7-3-14 是读取万用表数据。

图 7-3-13　红黑表笔连接位置　　　　图 7-3-14　读取万用表数据

（4）使用同样方法，检测惯性导航和卫星定位系统前天线的连接线是否导通。

六、安装卫星定位系统天线

（1）按照标记位置，安装卫星定位系统后天线。
（2）连接卫星定位系统后天线连接线。
（3）用同样的方法安装前天线。

七、安装车载惯性导航系统

（1）按照标记位置放置车载惯性导航系统。
（2）对角安装车载惯性导航系统 4 颗固定螺栓，并紧固。
（3）连接车载惯性导航系统与控制平台的连接线。
（4）连接与两根卫星定位系统天线的连接线。

八、车载惯性导航系统功能测试

（1）按下电池独立开关，再按下整车开关，将车辆上电，如图 7-3-15 所示是电池独立开关、整车开关位置。
（2）按下 72 V 供电开关，如图 7-3-16 所示，打开工位机电源如图 7-3-17 所示。

图 7-3-15　电池独立开关、整车开关位置　　图 7-3-16　按下 72 V 供电开关　　图 7-3-17　打开工位机电源

（3）在电脑桌面上打开 Sensor 软件，进入组合导航调试界面。
（4）可以看到车载惯性导航系统的偏航角、俯仰角、翻滚角以及横向、纵向、天向加速度等参数，标明导航系统工作正常。

车载惯性导航系统功能测试内容如图 7-3-18 所示。

图 7-3-18　车载惯性导航系统功能测试内容

任务总结

车载惯性导航系统整车联调测试的具体流程是：
（1）拆卸车载惯性导航系统。
（2）拆卸卫星定位系统天线。
（3）车载惯性导航系统的外观检查和接线口检查。
（4）卫星定位系统天线外观检查和接插口检查。
（5）检查车载惯性导航系统和卫星定位系统天线的连接是否导通。
（6）安装卫星定位系统天线。
（7）安装车载惯性导航系统。
（8）车载惯性导航系统功能测试。

项目八　多传感器融合系统调试

多传感器数据融合是 20 世纪 80 年代出现的一门新兴学科，它是将不同传感器对某一目标或环境特征描述的信息融合成统一的特征表达信息及处理的过程。在多传感器系统中，各种传感器提供的信息可能具有不同的特征，如模糊的与确定的、时变的与非时变的、实时的与非实时的等。

不同车载传感器的原理、功能各异，在不同的场景下发挥着各自优势，其获取的信息各不相同，不能相互替代。由于每个传感器存在差异，仅通过增加单一传感器数量并不能从根本上解决问题，需通过多个传感器相互配合，共同构成自动驾驶汽车的感知系统，从而实现车辆的自动驾驶。

任务1 多传感器融合技术认知

任务导入

多传感器融合可发挥各传感器的优势,使采集的信息有一定的冗余度,即使某个传感器出现问题也不会影响行车安全,显著提高系统的容错性,从而保证决策的快速性和准确性,这是自动驾驶的必然趋势。

任务目标

(1) 能解释多传感器融合的体系结构。
(2) 能概括多传感器融合的定位原理。
(3) 能概述多传感器融合的特点和多传感器融合过程。
(4) 能对多传感器融合误差进行分析。
(5) 能举例说明多传感器融合的典型应用。

知识储备

多传感器信息融合技术就像人的大脑综合处理信息的过程一样,将各种传感器进行多层次、多空间的信息互补和优化组合处理,最终产生对观测环境的一致性解释。在这个过程中要充分地利用多源数据进行合理支配与使用,而信息融合的最终目标则是基于各传感器获得的分离观测信息,通过对信息多级别、多方面组合导出更多有用信息。这不仅是利用了多个传感器相互协同操作的优势,而且也综合处理了其他信息源的数据来提高整个传感器系统的智能化。如图8-1-1所示是汽车 ADAS 智能驾驶辅助系统。

多传感器信息融合技术

图 8-1-1 汽车 ADAS 智能驾驶辅助系统

一、多传感器融合体系结构

信息融合作为对多传感器信息的综合处理过程，具有本质的复杂性。在信息融合处理过程中，根据对原始数据处理方法的不同，多传感器信息融合系统的体系结构主要有3种：Low-level 融合结构、High-level 融合结构和混合融合结构。其中 Low-level 融合结构包括数据级融合和特征级融合，是一种集中式融合结构，High-level 融合结构是一种决策级融合，可以是集中式融合或者分布式融合，混合融合结构是多种 Low-level 和 High-level 融合结构组合而成。

1. Low-level 融合结构

Low-level 融合结构是一种较低信息层次上的融合，是集中式融合结构。集中式融合结构将各传感器获得的原始数据直接送到数据融合中心，进行数据对准、数据关联、预测等处理，在传感器端不需要任何处理，可以实现实时融合，其结构示意图如图 8-1-2 所示。

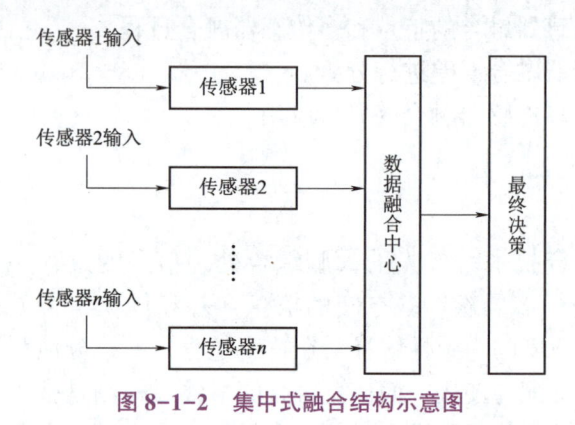

图 8-1-2 集中式融合结构示意图

集中式融合结构具有较高的融合精度，算法灵活。但是其对处理器的要求高，计算量大，成本较高。另外，其数据流向单一，缺少底层传感器之间的信息交流，可靠性较低，实现难度较大。

（1）数据级融合。

数据级融合又称像素级融合，是最低层次的融合，直接对传感器的观测数据进行融合处理，然后基于融合后的结果进行特征提取和判断决策，其结构示意图如图 8-1-3 所示。经过数据级融合以后得到的图像不论是内容还是细节都会有所增加，如边缘、纹理的提取，有利于图像的进一步分析、处理与理解，还能够把潜在的目标暴露出来，有利于判断识别潜在的目标像素点的操作。

首先，数据级融合处理的数据是最底层融合，可精确到图像像素级别，但其计算量大、处理数据耗费的时间成本巨大，不利于实时处理；其次，其在进行数据通信时，容易受不稳定性、不确定性因素的影响；最后，其处理过程都是在同种传感器下进行，无法有效地处理异构数据。

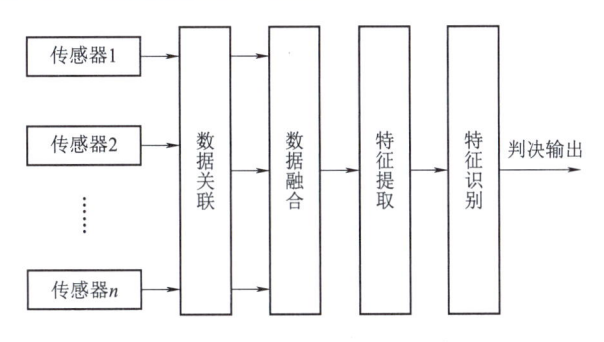

图 8-1-3　数据级融合结构示意图

根据融合内容，数据级融合又可以分为图像级融合、目标级融合和信号级融合。图像级融合以视觉为主体，将雷达输出的整体信息进行图像特征转化，与视觉系统的图像输出进行融合；目标级融合是对视觉和雷达的输出进行综合可信度加权，配合精度标定信息进行自适应的搜索匹配后融合输出；信号级融合是对视觉和雷达传感器 ECU 传出的数据源进行融合。其数据损失小、可靠性高，但需要大量的计算。

（2）特征级融合。

特征级融合指在提取所采集数据包含的特征向量之后融合。特征向量用来体现所监测物理量的属性，在面向检测对象特征的融合中，这些特征信息是指采集图像中的目标或特别区域，如边缘、人物、建筑或车辆等信息，其结构示意图如图 8-1-4 所示。特征级融合通过各传感器的原始数据结合决策推理算法，对特征信息进行分类、汇集和综合，提取具有表现能力及统计信息的属性特征。对融合后的特征进行目标识别的精确度明显高于原始图像的精确度。

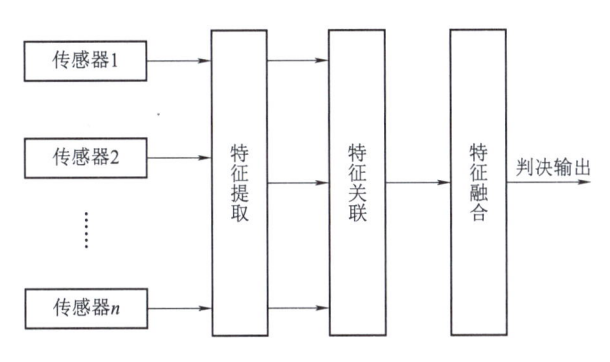

图 8-1-4　特征级融合结构示意图

特征级融合先对图像信息进行压缩，再用计算机分析与处理，所消耗的内存、时间与数量级相对会减少，因此处理的实时性就会有所提高。特征级融合提取图像特征作为融合信息，不可避免地会丢掉一部分细节性特征，因此，对图像匹配精确度的要求没有数据级融合高，但计算速度比数据级融合快很多。

根据融合内容，特征级融合又分为目标状态信息融合和目标特性融合两大类。其中，前者是先进行数据配准，以实现对状态和参数相关估计，更加适用于目标追踪。后者是借用传统模式识别技术，在特征预处理的前提下进行分类组合。

2. High-level 融合结构

High-level 融合体系结构是一种较高语义层次上的融合，可以是集中式融合或者分布式融合结构。分布式融合结构在各独立节点都设置相应的处理单元，在对各个独立传感器所获得的原始数据进行局部处理的基础上，再将结果输入到数据融合中心，进行智能优化、组合、推理来获得最终的结果，其结构示意图如图 8-1-5 所示。分布式融合结构计算速度快、延续性好，在某一传感器失灵的情况下仍可以继续工作，可靠性更高。分布式融合结构对通信带宽的需求低，适用于远距离传感器信息反馈，但在低通信带宽中传输会造成一定的损失，使精度降低。

分布式融合结构

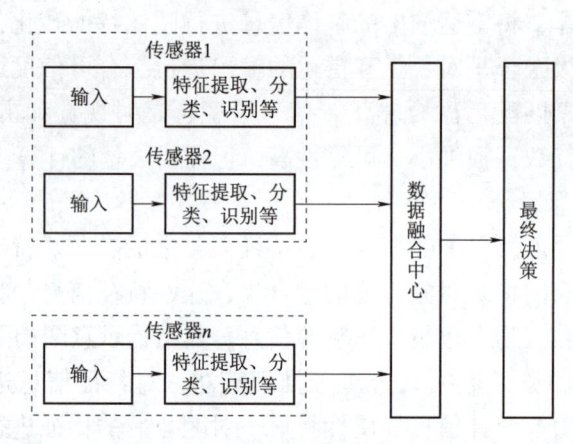

图 8-1-5 分布式融合结构示意图

集中式融合结构示意图如图 8-1-6 所示，根据不同种类的传感器对同一目标观测的原始数据，进行一定的特征提取、分类、判别，以及简单的逻辑运算，然后根据应用需求进行较高级的决策，获得简明的综合推断结果，是高语义层次上的融合。

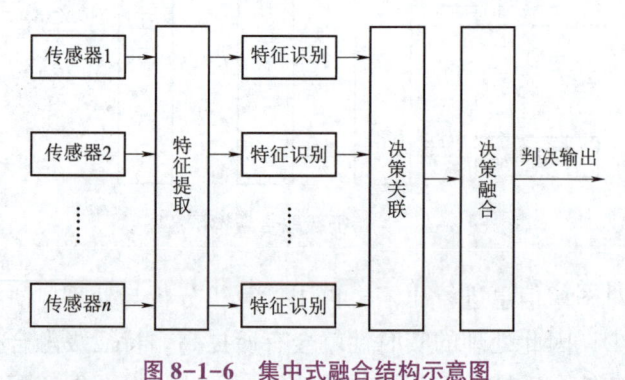

图 8-1-6 集中式融合结构示意图

3. 混合式融合结构

混合式融合结构由多种 Low-level 和 High-level 融合结构组合而成，部分传感器采用集中式融合方式，其余的传感器采用分布式融合结构，兼有二者的优点，能够根据不同需要灵活且合理地完成信息处理工作。但是，混合式融合结构复杂，对结构设计要求高，加大了通信和计算上的代价。混合式融合结构示意图如图 8-1-7 所示。

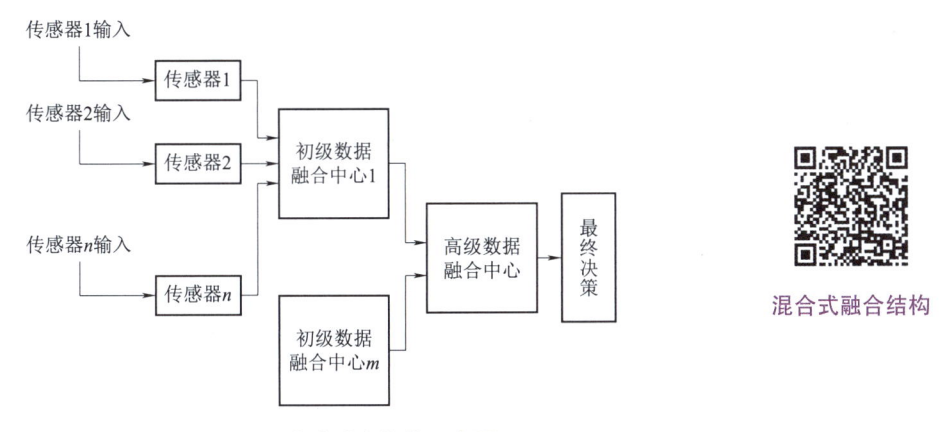

图 8-1-7　混合式融合结构示意图

4. 三种融合结构的比较

基于精度、通信带宽和可靠性等方面，将分布式、集中式、混合式结构融合方法进行比较，如表 8-1-1 所示。

表 8-1-1　三种融合结构比较

体系结构	分布式	集中式	混合式
信息损失	大	小	中
精度	低	高	中
通信带宽	小	大	中
可靠性	高	低	高
计算速度	快	慢	中
可扩充性	好	差	一般
融合处理	容易	复杂	中等
融合控制	复杂	容易	中等

> **知识拓展**
>
> **多传感器融合算法**
>
> 目前，多传感器融合在硬件方面的实现并不困难，传感器标定技术已经较为成熟，其实现的关键问题在于足够优化的算法上。多传感器数据融合虽然未形成完整的理论体系，但在实际工程中，根据不同的应用背景，已经提出了很多有效并且不断优化的融合算法。
>
> 多传感器融合常用的算法大致可以分为两类：随机类方法和人工智能方法。随机类方法的杰出代表是卡尔曼滤波法（Kalman filtering），此外还有加权平均法、贝叶斯估计法（Bayesian estimation）、D-S（Dempster-Shafer）证据理论等；人工智能

方法的常用方法主要有专家系统、模糊逻辑理论、神经网络方法、遗传算法等。

1. 随机类方法

(1) 加权平均法。

加权平均法比较简单、直观，是根据多个传感器独立探测的数据（有一定的冗余），乘上相应的权值，之后累加求和并取平均值，将其结果作为融合值。由此可知，加权平均法实现起来较为容易，实时性好。但是，其权值的分配和取值带有一定的主观性，过于简单，融合效果并不够理想，实用性差。

(2) 贝叶斯估计法。

贝叶斯估计法是由 Thomas Bayes 提出，它基于先验概率，并不断结合新的数据信息来得到新的概率。贝叶斯估计法常用于静态环境下特征层的融合，主要公式为：

$$P(A_i|B) = \frac{P(B|A_i)P(A_i)}{\sum_{i=1}^{n} P(B|A_i)P(A_i)} \quad (8-1-1)$$

贝叶斯估计法在融合过程中，因传感器的输出信息有不确定性，对这些数据进行似然估计，并以条件概率表示该不确定性。在工作过程中，不断结合新数据来更新似然估计，并依概率将信息进行融合，按照一定的原则做出最优决策。贝叶斯估计法的局限性在于其工作基于先验概率，若没有先验概率，则需要通过大量的数据统计来实现，这往往要耗费大量的时间和精力。

(3) D-S 证据理论。

D-S 证据理论是贝叶斯估计的拓展，是一种用于决策层的信息融合方法，其三个基本要素是基本概率赋值函数、信任函数和似然函数。D-S 证据理论突破了贝叶斯估计法需要先验概率的局限，开创性地提出了置信区间和不确定区间的概念。其推论的具体过程是利用多个传感器探测到的被测物体的数据信息，并根据这些数据信息得到每个传感器对应的证据（对被测物体的支持度）。D-S 证据理论就是按照一定的原则对这些证据进行组合，并最终得到对被测物体的一致决策。D-S 证据理论不要求在未知情况下对每个事件进行单独赋值，仅将信任值（基本概率赋值）赋给信任项，先将所有不确定时间都归为未知命题，然后通过证据组合来不断缩小未知的范围，直到达到判决条件。

(4) 卡尔曼滤波法。

卡尔曼滤波法是一种利用线性状态方程，通过系统输入输出观测数据，对系统状态进行最优估计的算法。卡尔曼滤波法能合理并充分地处理多种差异很大的传感器信息，通过被测系统的模型以及测量得到的信息完成对被测量物体的最优估计，并能适应复杂多样的环境。卡尔曼滤波法具有的递推特性既可以对当前状态进行估计，也可以对未来的状态进行预测。

卡尔曼滤波法本质就是最小均方误差准则下的最优线性估计，因此在这里首先介绍几种最优估计方法。

估计就是根据测量得出的跟目前的状态 $x(t)$ 有关的数据，$z(t)=h[x(t)]+v(t)$ 解算出 $x(t)$ 的计算值 $\hat{x}(t)$，其中随机向量 $v(t)$ 称为量测误差，$\hat{x}(t)$ 称为 $x(t)$ 的估计，$z(t)$ 称为 $x(t)$ 的量测。因为 $\hat{x}(t)$ 是根据 $z(t)$ 确定的，所以 $\hat{x}(t)$ 是 $z(t)$ 的函数。若是 $\hat{x}(t)$ 是 $z(t)$ 的线性函数，则 $\hat{x}(t)$ 称为 $x(t)$ 的线性估计。

设在 $[t_0, t_1]$ 时间段内的量测为 $z(t)$，与之对应的估计为 $\hat{x}(t)$，则有下面 3 种对应关系：

若 $t=t_1$，则 $\hat{x}(t)$ 称为 $x(t)$ 的估计；

若 $t>t_1$，则 $\hat{x}(t)$ 称为 $x(t)$ 的预测；

若 $t<t_1$，则 $\hat{x}(t)$ 称为 $x(t)$ 的平滑。

最优估计是指某一指标函数达到最值时的估计。若以测量估计 $z(t)$ 的偏差的平方和达到最小为指标，即：

$$\min(z-\hat{z})^{\mathrm{T}}(z-\hat{z}) \tag{8-1-2}$$

则所得估计 $\hat{x}(t)$ 称为 $x(t)$ 的最小二乘估计：

$$\min E(x-\hat{x})^{\mathrm{T}}(x-\hat{x}) \tag{8-1-3}$$

若 $\hat{x}(t)$ 又为 $x(t)$ 的线性估计，则 $\hat{x}(t)$ 称为 $x(t)$ 的线性最小方差估计。

最小二乘估计和最小方差估计是最常用的估计方法。前者适用于对随机向量或常值向量的估计，是最常用的估计方法。在估计过程中，不使用与估计量相关的动态信息和统计信息，所以估计精度不高，但较为简单，对被估计量和量测误差之间的关系不做要求。后者是使均方差最小的估计，是估计方法中精度最高的。但是最小方差估计只确定了估计值在量测空间上的条件均值这一抽象关系，而条件均值的求取较为困难，所以按照条件均值来进行最小方差估计较为困难。

2. 人工智能方法

（1）模糊逻辑理论。

模糊逻辑理论基于多值逻辑，其打破以二值逻辑为基础的传统思想，模仿人脑的不确定性概念判断、推理思维方式。其实质是将一个给定输入空间通过模糊逻辑的方法映射到一个特定输出空间的计算过程，比较适合高层次上的融合，如决策级融合。

（2）人工神经网络。

人工神经网络是一种模拟人脑神经网络而设计的数据模型或计算模型，它从结构、实现机理和功能上模拟人脑神经网络。神经网络具有很强的容错性，很强的自学习、自组织以及非线性映射能力，能够模拟复杂非线性映射。神经网络的这些特性使其在传感器融合系统中有着极大的优势。在融合处理不完整或者带有噪声的数据时，神经网络的性能通常比传统的聚类方法好很多。

如前文提到的，在多传感器数据融合的过程中，各传感器的输出信息都存在一定程度上的不确定性，对这些不确定性信息的融合过程实际上是一个不确定性推理过程。神经网络基于大量传感器的输出信息，通过不断训练，学习更新网络权值，并且采用判定的学习算法来获取知识，得到不确定性推理机制。利用神经网络的信号处理能力和自动推理功能，就可以实现多传感器的数据融合。

3. 各种融合算法的特点比较

各种融合算法的特点比较如表 8-1-2 所示。

表 8-1-2 各种融合算法的特点比较

融合算法	运行环境	信息类型	信息表示	不确定性	融合技术	适用范围
综合平均	动态	冗余	原始读数值	—	加权平均	低层融合
贝叶斯估计	静态	冗余	概率分布	高斯噪声	贝叶斯估计	高层融合
D-S 证据推理	静态	冗余互补	命题	—	逻辑推理	高层融合
模糊逻辑	静态	冗余互补	命题	隶属度	逻辑推理	高层融合
神经网络	动、静态	冗余互补	神经元输入	学习误差	神经元网络	低/高层融合
专家系统	静态	冗余互补	命题	置信因子	逻辑推理	高层融合

二、多传感器融合系统分层

按照信息处理的流程，可将多传感器融合系统划分为数据层融合、特征层融合和决策层融合。如图 8-1-8 所示是多传感器融合系统分层示意图。

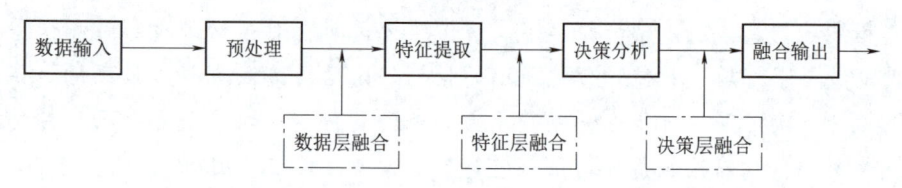

图 8-1-8 多传感器融合系统分层示意图

1. 数据层融合

数据层融合也称像素级融合，首先将传感器的观测数据融合，然后从融合的数据中提取特征向量，并进行判断识别。数据层融合需要传感器是同质的（传感器观测的是同一物理量），如果多个传感器是异质的（传感器观测的不是同一个物理量），那么数据只能在特征层或决策层进行融合。数据层融合不存在数据丢失的问题，得到的结果也是最准确的，但是计算量大，且对系统通信带宽的要求很高。

2. 特征层融合

特征层融合属于中间层次，先从每种传感器提供的观测数据中提取有代表性的特征，这些特征融合成单一的特征向量，然后运用模式识别的方法进行处理。这些方法的计算量及对通信带宽的要求相对较低，但部分数据的舍弃使其准确性有所下降。

3. 决策层融合

决策层融合指在每个传感器对目标做出识别后，再将多个传感器的识别结果进行融合，属于高层次的融合。决策层融合由于对可能包含误差的传感器数据进行再处理，因此产生的结果相对而言最不准确，但其计算量及对通信带宽的要求最低。

三、多传感器融合定位系统原理

多传感器数据融合定位系统的输入主要来自GNSS-RTK、惯性导航系统和地图匹配定位系统。融合定位系统对其GNSS-RTK、惯性导航系统和地图匹配定位系统输入的数据进行预处理、数据配准和数据融合等处理后，可输出汽车自身的速度、位置和姿态信息。如图8-1-9所示是多传感器数据融合定位流程示意图。

多传感器融合定位系统原理

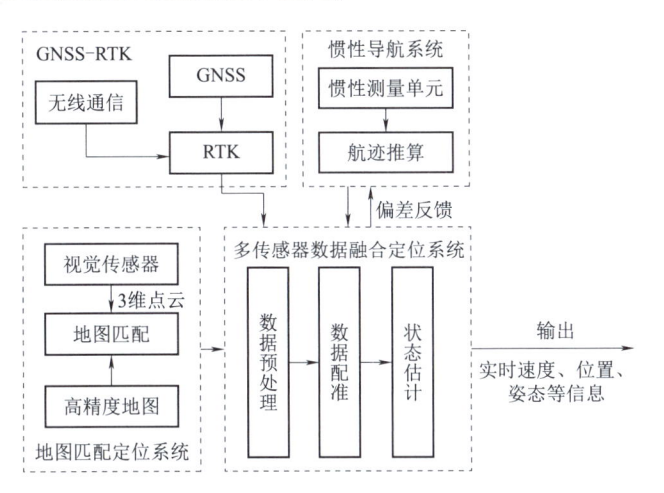

多传感器信息融合定位原理

图8-1-9　多传感器数据融合定位流程示意图

数据预处理可以考虑为传感器初始化及校准，传感器初始化相对于系统坐标独立地校准每一个传感器。一旦完成了传感器初始化，就可以利用各传感器对共同目标采集得到的数据进行数据配准。所谓数据配准，就是把来自一个或多个传感器的观测或点迹数据与已知或已经确认的事件归并到一起，保证每个事件集合所包含的观测与点迹数据来自同一个实体的概率较大。具体地说，就是要把每批目标的观测或点迹数据与数据库中各自的航迹配对。空间内存在较多目标，若将其配错将产生错误。在传感器配准过程中，收集足够的数据点来计算系统偏差，计算得到的系统偏差用以对调整后得到的传感器数据作进一步的处理。其中，传感器的配准主要包括时间配准和空间配准两个方面。

1. 时间配准

时间配准，就是将关于同一目标的各传感器不同步的量测信息同步到同一时刻。由于各传感器对目标的量测是相互独立进行的，且采样周期（如惯性测量单元和激光雷达的采样周期）往往不同，所以各传感器向数据处理中心报告的时刻往往也是不同的。另外，由于通信网络的不同延迟，各传感器和融合处理中心之间传送信息所需的时间也各不相同，因此，各传感器上数据的发送时间有可能存在时间差，所以融合处理前需要将不同步的信息配准到相同的时刻。

时间配准的一般做法是将各传感器数据统一到扫描周围较长的一个传感器数据上，目前，常用的方法包括最小二乘法和内插外推法。这两种方法都对目标的运动模型做了匀速运动的假设，对于做变加速运动的目标，配准效果往往很差。

2. 空间配准

空间配准，就是借助多传感器对空间共同目标的测量结果对传感器的偏差进行估计和补偿。对于同一系统内采用不同坐标系的各传感器的量测，定位时必须将它们转换成同一坐标系中的数据，对于多个不同子系统，各子系统采用的坐标系是不同的，所以在融合处理各子系统间信息前，也需要将它们转换到同一量测坐标系中，而处理后还需将结果转换成各子系统坐标系的数据，再传送给各个子系统。

如图 8-1-10 所示是目标误差，由于传感器 1（传感器 2）存在斜距和方位角偏差 Δr_1、$\Delta \theta_1$（Δr_2、$\Delta \theta_2$），导致在系统平面上出现两个目标，而实际上只有一个真实目标，所以需要进行空间配准。

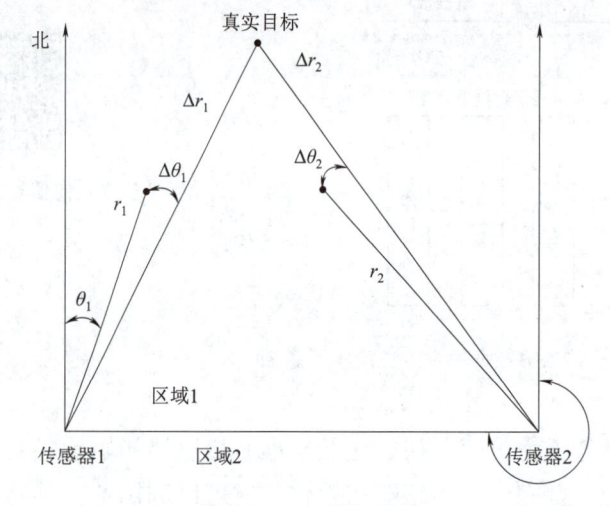

图 8-1-10 目标误差

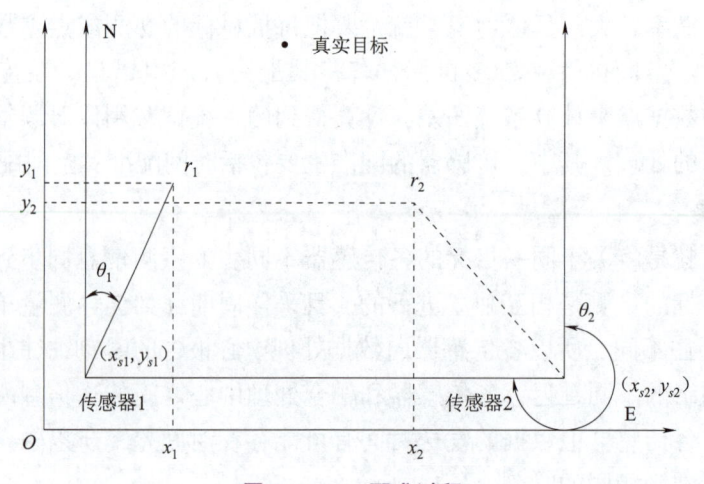

配准过程如图 8-1-11 所示。

图 8-1-11 配准过程

在图 8-1-11 中，r_1，θ_1 分别表示传感器 1 的斜距和方位角量测值；r_2，θ_2 分别表示传感器 2 的斜距和方位角量测值；(x_{s1}, y_{s1}) 表示传感器 1 在导航坐标平面上的位置；(x_{s2}, y_{s2}) 表示传感器 2 在导航坐标平面上的位置；(x_1, y_1) 表示传感器 1 在导航坐标系上的测量值；(x_2, y_2) 表示传感器 2 在导航坐标系上的测量值。从图 8-1-11 可以推导出以下基本方程：

$$\begin{cases} x_1 = x_{s1} + r_1 \sin\theta_1 \\ y_1 = y_{s1} + r_1 \cos\theta_1 \\ x_2 = x_{s2} + r_2 \sin\theta_2 \\ y_2 = y_{s2} + r_2 \cos\theta_2 \end{cases} \tag{8-1-4}$$

如果忽略噪声，则有：

$$\begin{cases} r_1 = r_1' + \Delta r_1 \\ \theta_1 = \theta_1' + \Delta\theta_1 \\ r_2 = r_2' + \Delta r_2 \\ \theta_2 = \theta_2' + \Delta\theta_2 \end{cases} \tag{8-1-5}$$

式中，r_1'，θ_1' 分别表示目标相对于传感器 1 的真实斜距和方位角；r_2'，θ_2' 分别表示目标相对于传感器 2 的真实斜距和方位角；Δr_1，$\Delta\theta_1$ 表示传感器 1 的斜距和方位角偏差；Δr_2，$\Delta\theta_2$ 表示传感器 2 的斜距和方位角偏差。将式（8-1-5）代入式（8-1-4）中，并且将所得到的方程相对于 Δr_1，$\Delta\theta_1$ 和 Δr_2，$\Delta\theta_2$ 进行一阶泰勒级数展开，可得：

$$\begin{cases} x_1 - x_2 \approx \sin\theta_1 \Delta r_1 - \sin\theta_2 \Delta r_2 + r_1 \cos\theta_1 \Delta\theta_1 - r_2 \cos\theta_2 \Delta\theta_2 \\ y_1 - y_2 \approx \cos\theta_1 \Delta r_1 - \cos\theta_2 \Delta r_2 - r_1 \sin\theta_1 \Delta\theta_1 + r_2 \sin\theta_2 \Delta\theta_2 \end{cases} \tag{8-1-6}$$

式（8-1-6）为目标运动航迹无关的偏差估计方法提供了基础。

常用的与目标运动航迹无关的偏差估计方法主要有实时质量控制法（Real Time Quality Control，RTQC）、最小二乘法、极大似然法（Maximum Likelihood，ML）和基于卡尔曼滤波器的空间配准算法等。在给出的几种算法中，实时质量控制法和最小二乘法完全忽略了传感器量测噪声的影响，公共坐标系中的误差来源于传感器配准误差（传感器偏差）。广义最小二乘法（Generalized Least Square，GLS）和基于卡尔曼滤波器的方法虽然考虑了传感器量测噪声的影响，但只有在量测噪声相对小时，才会产生好的性能。为了克服前两种局限性，提出了精确极大似然（Exact Maximum Likelihood，EML）空间配准算法。

尽管前面已经介绍了多种不同的配准算法，但它们都是基于立体投影在一个二维区域平面上实现的。更确切地说，首先通过立体投影技术把传感器量测投影到与地球正切的局部传感器坐标上，然后变换到区域平面，并利用不同传感器量测之间的差异来估计传感偏差。虽然立体投影能够减轻单个配准算法的计算复杂度，但这一方法还有一些缺点。首先，立体投影给局部传感器和区域平面的量测都引入了误差。尽管更高阶的近似可以将变换的精度保证到几米，但由于地球本身是一个椭圆形球而不是一个圆球，因此地球非正圆球体造成的误差仍然存在。其次，立体投影扭曲了数据，值得注意的是立体投影的保角性只能保留方位角，而不能保留斜距。由此可以断定系统偏差将会依赖于量测，而不再是不变的。这样，在区域平面上的二维配准模型就不能正确地表示实际的传感器模型，这时，一种直接在三维空间中对传感器偏差进行估计的基于地心坐标系的空间配准（Earth Centered Earth Fixed，ECEF）算法被提出，以解决上述问题。

四、多传感器融合特点

1. 信息的冗余性

对于环境的某个特征，可以通过多个传感器（或者单个传感器的多个不同时刻）得到它的多份信息，这些信息是冗余的，并且具有不同的可靠性，通过融合处理，可以从中提取出更加准确和可靠的信息。此外，信息的冗余性可以提高系统的稳定性，从而能够避免因单个传感器失效而对整个系统所造成的影响。

2. 信息的互补性

不同种类的传感器可以为系统提供不同性质的信息，这些信息所描述的对象是不同的环境特征，它们彼此之间具有互补性。如果定义一个由所有特征构成的坐标空间，那么每个传感器所提供的信息只属于整个空间的一个子空间，和其他传感器形成的空间相互独立。

3. 信息处理的及时性

各传感器的处理过程相互独立，整个处理过程可以采用并行导入处理机制，从而使系统具有更快的处理速度，提供更加及时的处理结果。

4. 信息处理的低成本性

多个传感器可以花费更少的代价来得到相当于单传感器所能得到的信息量。另一方面，如果不将单个传感器所提供的信息用来实现其他功能，单个传感器的成本和多传感器的成本之和是相当的。

五、多传感器融合过程

多传感器融合可以充分利用多传感器的特点，减小单一传感器的局限性，采集多个（种）传感器的观测信息，通过对这些数据和信息的合理支配与使用，利用其在空间或时间上的冗余或互补信息，基于优化算法进行分析、综合、支配和使用，以获得被观测对象的一致性解释或描述。具体地说，传感器融合过程如下：

（1）多个（种）传感器独立工作获得观测数据。

（2）对各传感器数据（RGB 图像、点云数据等）进行预处理。

（3）对处理数据进行特征提取变换，并对其进行模式识别处理，获取对观测对象的描述信息。

（4）在数据融合中心按照一定的准则进行数据关联。

（5）使用足够优化的算法对各传感器数据进行融合，获得对观测对象的一致性描述和解释。

六、多传感器融合误差分析

在多传感器融合系统中，来自多个传感器的数据通常要变换到相同的时空参照系中。但由于存在量测误差，直接进行变换很难保证精度，难以发挥多传感器的优越性，因此，在对多传感器数据进行处理时需要寻求一些传感器的配准算法，但配准误差也随之而来。

多传感器配准误差的主要来源有：

（1）传感器的误差，也就是传感器本身因制造误差带来的偏差。

（2）各传感器参考坐标中量测的方位角、高低角和斜距偏差。通常是因量测系统解算传感器数据时造成的误差。

（3）相对于公共坐标系的传感器的位置误差和计时误差。位置误差通常由传感器导航系统的偏差引起，而计时误差由传感器的时钟偏差所致。

（4）各传感器采用的定位算法不同，从而引起单系统内局部定位误差。

（5）各传感器本身的位置不确定，为融合处理而进行坐标转换时产生偏差。

（6）坐标转换的精度不够，为了减少系统的计算负担而在投影变换时采用了一些近似方法（如将地球视为标准的球体等）所导致的误差。

由于以上原因，同一个目标由不同传感器定位产生的航迹就有一定的偏差。这种偏差不同于单传感器定位时对目标的随机量测误差，它是一种固定的偏差（至少在较长时间段内不会改变）。对于单传感器来说，目标航迹的固定偏差对各个目标来说都是一样的。只是产生一个固定的偏移，并不会影响整个系统的定位性能。而对于多传感器系统来说，本来是同一个目标的航迹，却由于相互偏差较大而被认为是不同的目标，从而给航迹关联和融合带来了模糊和困难，使融合处理得到的系统航迹的定位精度下降，丧失了多传感器处理本身应有的优点。

七、多传感器融合定位系统的典型应用

1. 多传感器后融合技术应用

后融合技术指的是每个传感器都独立地输出探测数据信息，在对每个传感器的数据信息进行处理后，如摄像头会有独立的感知信息，生成一个自己探测到的目标列表，同样激光雷达也会根据探测得到的点云数据生成一个自己的探测目标列表，最后将这些探测结果按照一种合适的算法做融合。后融合的结构如图8-1-12所示。

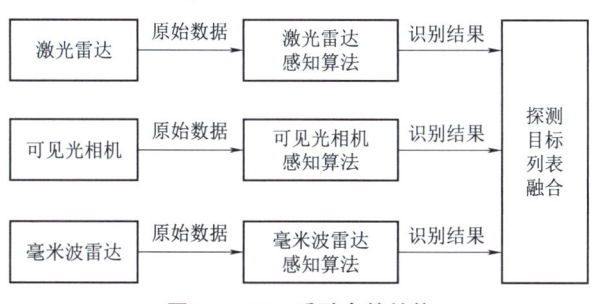

图 8-1-12　后融合的结构

基于充足的实验，研究者们提出了很多优秀的多传感器后融合方法。本节将重点介绍其中两种算法：Ulm 大学自动驾驶项目提出的一种模块化、传感器独立的融合方法以及 Chavez-Garcia 等人提出的针对运动目标检测和追踪的多传感器融合方法——FOP（Frontal Object Perception）-MOC（My Own Creation）模型。

(1) Ulm 自动驾驶：模块化的融合方法。

Ulm 大学自动驾驶项目提出了一种模块化的、传感器独立的融合方法，它允许高效的传感器替换，通过在网格映射、定位和追踪等关键模块中使用多种传感器来确保信息冗余性，将各传感器的信息进行概率融合后，环境感知系统能够有效利用信息的冗余性和互补性，提高系统的感知能力。

该算法主要对雷达、摄像头、激光扫描仪 3 种传感器的探测信息进行融合，3 台 IBEOLUX 激光扫描仪安装在前保险杠上，摄像头安装在挡风玻璃后面，并配备了多台雷达。完整的传感器覆盖范围如图 8-1-13 所示，蓝色表示摄像头视野范围，红色表示激光扫描仪感知范围，绿色表示雷达感知范围。

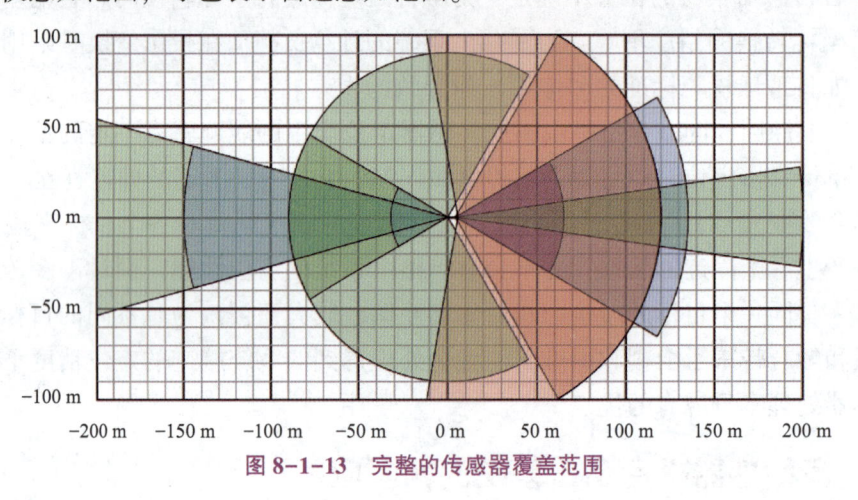

图 8-1-13 完整的传感器覆盖范围

该算法提出了一个分层模块化环境感知（Hierarchical Modular Environment Perception，HMEP）系统，它包含 3 个感知层：网格映射、定位和目标跟踪，如图 8-1-14 所示。每个感知层都会进行传感器融合，并产生一个环境模型结果。除了传感器数据外，感知层还可以使用上一层的结果，其顺序是按照环境模型元素的抽象级提高的。不同感知层的结果可能是冗余的，甚至是矛盾的。因此，组合模型将所有结果组合到一个统一的环境模型中。为了便于组合，每层的输出都必须包含不确定性信息，以概率作为结果。

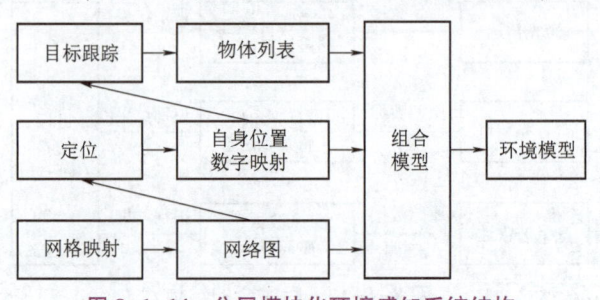

图 8-1-14 分层模块化环境感知系统结构

网格映射层作为最底层，结构如图 8-1-15 所示。它将周围环境划分为单个网格单元，并根据经典的占用网格映射方法来估计每个单元在网格图中的占比状态，输出结果为每个单元格的占比概率。组合模块主要使用其输出信息来预测目标物体边界。具体地，基于传感器数据，逆传感器模型可以预测每个单元格占比概率，其被称为测量网格。然后，映射算法通过使用二进制贝叶斯滤波器更新测量网格的网格映射，并将多传感器数据融合到网格映射层中。

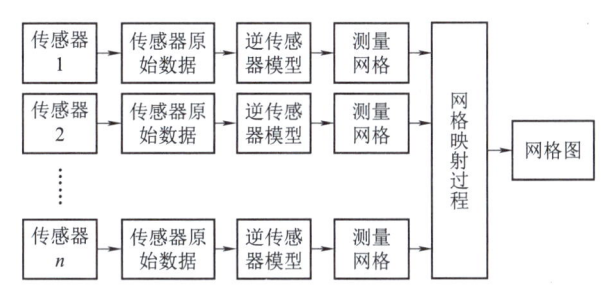

图 8-1-15　网格映射层结构

定位层融合传感器探测数据、网格层信息和数字地图，输出带有自定位信息的数字地图，结构如图 8-1-16 所示。具体地，在由 3 个激光扫描仪构建的网格图中利用极大稳定极值区域（Maximally Stable Extremal Regions，MSER）提取特征，网格图中的特征包括树干、路标等。基于特征图显示，定位层利用蒙特卡洛定位（Monte-Carlo Localization，MCL）方法来预测目标姿态。

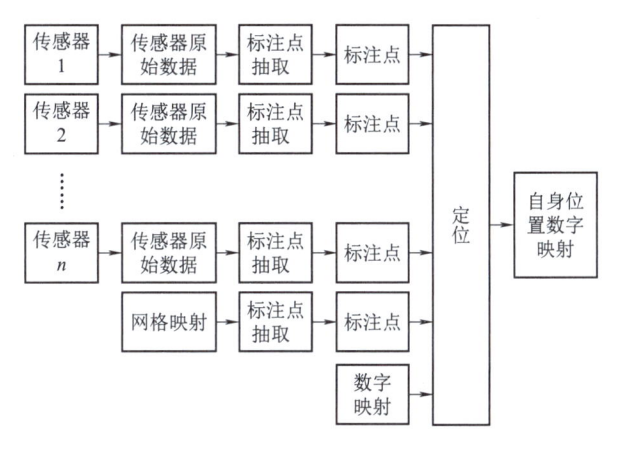

图 8-1-16　定位层结构

跟踪层通过将雷达、摄像头、激光雷达的探测数据进行集中式融合实现对周围环境中移动物体的感知，还可以利用来自网格映射层和定位层的信息获取目标朝向、最大速度等信息，从而完成多目标跟踪任务，结构如图 8-1-17 所示。融合模块通过使用带有标签的多伯努利（Labeled Muti-Bernouli，LMB）滤波器实现，输出一个包含目标轨迹空间分布和存在概率的列表。另外，跟踪层使用 D-S 证据理论来实现传感器融合感知，能有效发挥各传感器的优势，避免因传感器的限制而导致的失败。例如，在恶劣环境中，基于视频图像的跟踪容易产生检测目标丢失的情况，而利用 D-S 证据理论能有效减少丢失目标的数目。

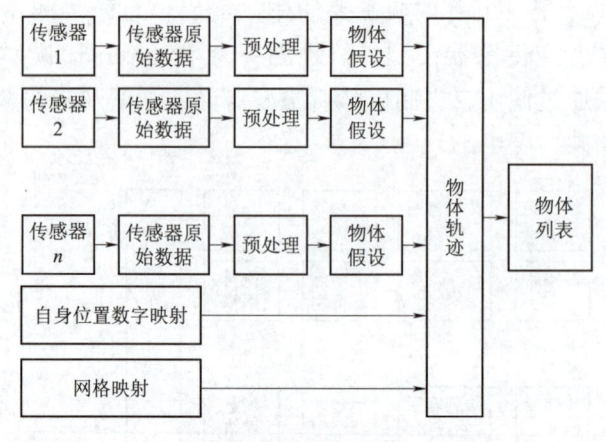

图 8-1-17 跟踪层结构

该算法提出，对于未来自动驾驶感知系统，其关键技术是在不改变融合系统核心的情况下更换传感器的能力。因此，每个感知层都提供一个通用传感器接口，其可以在不改变感知系统融合核心的前提下合并额外的传感器或替换现有的传感器。总的来说，其提出的模块化的结构有助于传感器的更换，并且传感器独立接口在网格映射、定位和跟踪模块的应用使修改传感器设置不需要对融合算法进行任何调整。

（2）FOP-MOC 模型。

为了更加可靠地检测与跟踪以运动状态和外观信息表示的移动目标，Chavez-Garcia 等人提出了 FOP-MOC 模型，将目标的分类信息作为传感器融合的关键元素，以基于证据框架的方法作为传感器融合算法，着重解决了传感器数据关联、传感器融合的问题。如图 8-1-18 所示显示了感知系统内的不同级别的融合方式：低层融合在 SLAM 模块中执行；检测层融合了各个传感器检测到的目标列表；跟踪层融合了各个传感器模块追踪目标的轨迹列表，以生成最终结果。为了避免因为检测失误导致生成错误的目标轨迹，FOP-MOC 在检测层进行传感器融合来提高感知系统的感知能力。

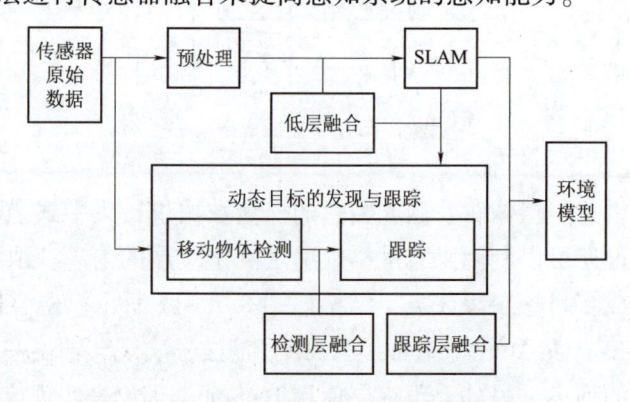

图 8-1-18 感知系统内不同级别的融合方式

FOP-MOC 使用 CRF 演示器进行实验，使用摄像头采集黑白图像、雷达采集移动目标信息、激光雷达生成扫描点的二维列表。CRF 车辆演示及传感器覆盖范围如图 8-1-19 所示，棕色表示摄像头视野范围，蓝色表示激光雷达感知范围，绿色表示雷达感知范围。

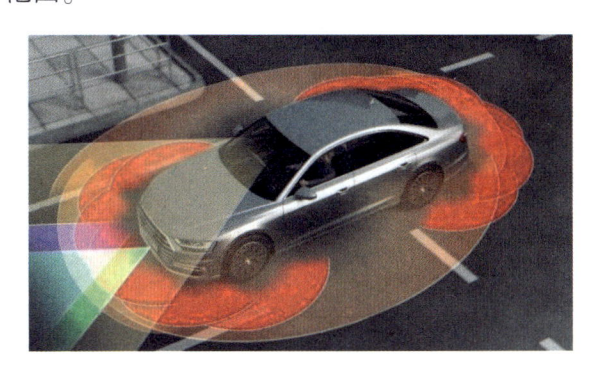

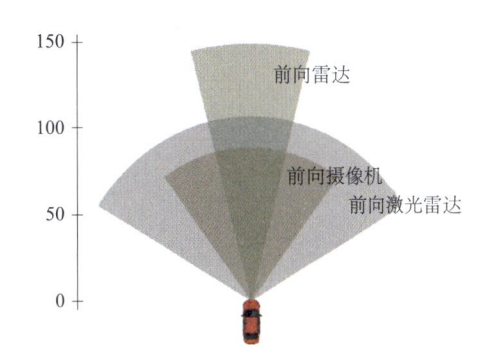

图 8-1-19 CRF 车辆演示及传感器覆盖范围

FOP-MOC 模型结构如图 8-1-20 所示，融合模型的输入信息有 3 种，分别是雷达、摄像头和激光雷达的检测目标列表，输出结果为融合后的目标检测信息，并送入到跟踪模块中。其中雷达和激光雷达的探测数据主要用于移动目标检测，摄像头采集的图像主要用于目标分类，每个目标都由其位置、尺寸、类别假设的证据分布来表示，而类别信息是从检测结果中的形状、相对速度和视觉外观中获得的。

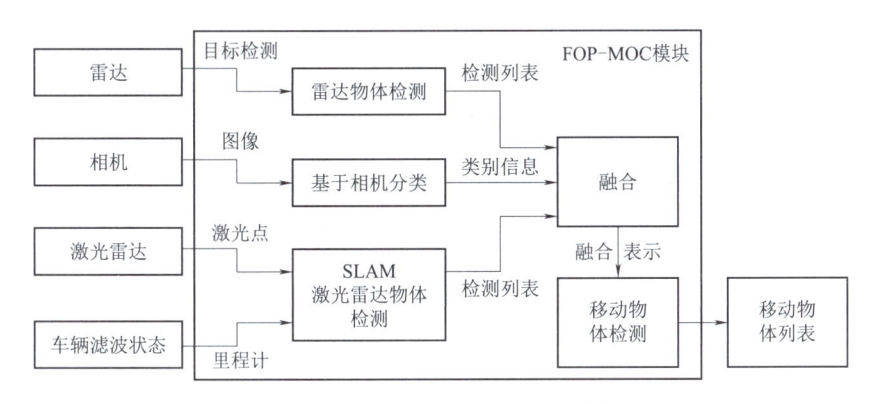

图 8-1-20 FOP-MOC 模型结构

总而言之，FOP-MOC 在检测层对雷达、摄像头和激光雷达进行传感器融合，将分类信息作为融合的关键元素，使融合能够通过被检测对象的不同类别假设的证据分布信息来提高检测准确度。减少了误检的概率，并有益于跟踪任务的进行。

2. 多传感器前融合技术应用

前融合技术是指在原始数据层面，把所有传感器的数据信息进行直接融合，然后再根据融合后的数据信息实现感知功能，最后输出一个结果层的探测目标。前融合的结构如图 8-1-21 所示。基于这种融合方式，仅需要设计一种感知算法来处理融合信息，这种融合信息包含着十分丰富的信息，如 RGB 信息、纹理特征、三维信息等，这样极大地提高了感知的精确度。

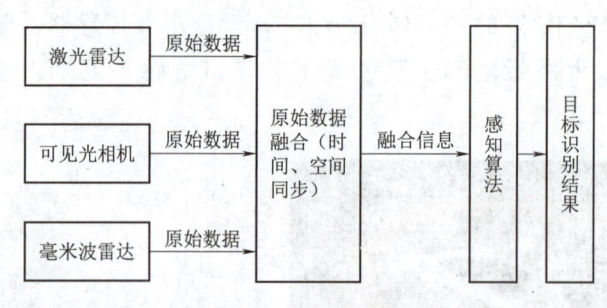

```
┌──────────┐ 原始数据  ┌──────────┐           ┌──────┐   ┌──────┐
│ 激光雷达 │─────────→│          │           │      │   │ 目   │
└──────────┘          │ 原始数据 │           │ 感   │   │ 标   │
┌──────────┐ 原始数据  │ 融合(时  │ 融合信息  │ 知   │   │ 识   │
│可见光相机│─────────→│ 间、空间 │──────────→│ 算   │──→│ 别   │
└──────────┘          │ 同步)    │           │ 法   │   │ 结   │
┌──────────┐ 原始数据  │          │           │      │   │ 果   │
│毫米波雷达│─────────→│          │           │      │   │      │
└──────────┘          └──────────┘           └──────┘   └──────┘
```

图 8-1-21　前融合的结构

与后融合相比，前融合在很多场景的检测精度更高，有着更为广阔的发展前景。例如，针对同一个探测目标，激光雷达探测到了其中一部分，摄像头看到了另一部分，在这种情况下，如果使用后融合方法，由于每个传感器都只探测到了目标的某一部分，而这一部分极有可能不能提供足够的信息让系统完成识别，最终就会被作为背景滤除。但使用前融合方法，融合是在原始数据层进行的，感知算法能获得此目标更多的信息，相当于该目标的两个部分都被探测到了，这样识别结果会更加可靠。也就是说，在后融合过程中，低置信度信息会被过滤掉、产生原始数据的丢失。而这些滤除掉的低置信度信息，往往能够通过对原始数据融合来提高置信度。

当前，为了实现目标检测和语义分割等功能，学者们提出了一系列性能强大的基于神经网络的融合方法，其中杰出的代表是 MV3D（Multi-View 3D Object Detection）、AVOD（Aggregate View Object Detection）、F-PoinNet（Frustum PointNets for 3D Object Detection）等。

（1）MV3D 应用。

MV3D 将激光雷达探测的点云数据和可见光摄像头拍摄的 RGB 图像进行融合，其输入数据为激光雷达投影的鸟瞰图（Bird View，BV）、前视图（Front View，FV）和二维 RGB 图像，其网络结构主要有三维区域生成网络和基于区域的融合网络，使用深度融合方式进行融合，具体如图 8-1-22 所示。

因为激光雷达的点云数据是一个无序的数据点构成的集合，在用设计好的神经网络模型处理点云数据之前，为了更加有效地保留三维点云数据的信息，并方便处理，MV3D 将点云数据投影到了特定的二维平面，得到鸟瞰图和前视图。

如图 8-1-22 所示的 MV3D 中网络结构的第一部分称为 3D 提议网络。其类似 Faster RCNN 检测模型中应用的区域生成网络（Region Proposal Network，RPN）。并在三维层面推广，其实现的一个功能就是生成目标的三维候选框。这部分功能是在鸟瞰图中完成的，因为在鸟瞰图中各个目标的遮挡较少，候选框提取的效率最好。

在提取了候选框后，其分别向三种图中进行映射，得到各自的感兴趣区域，然后进入基于区域的融合网络进行融合。在融合方式的选择上，通过对早期融合、后期融合和深度融合方式进行对比（见图 8-1-23），最终选择深度融合方式。

对同样层数的网络，早期融合在输入阶段就将各个特征图融合起来。与之相对应，

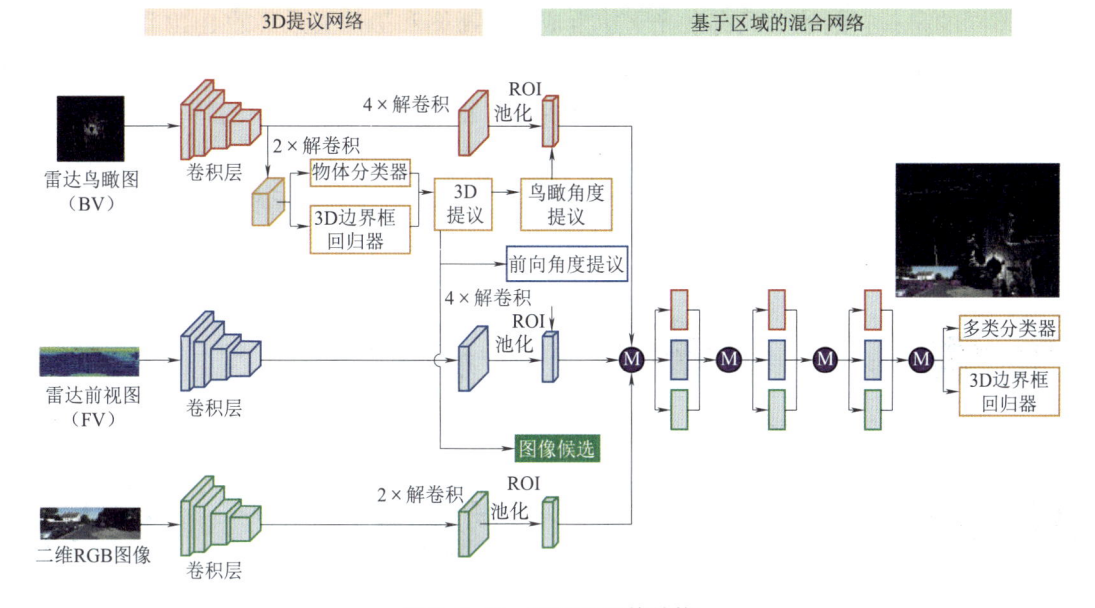

图 8-1-22 MV3D 网络结构

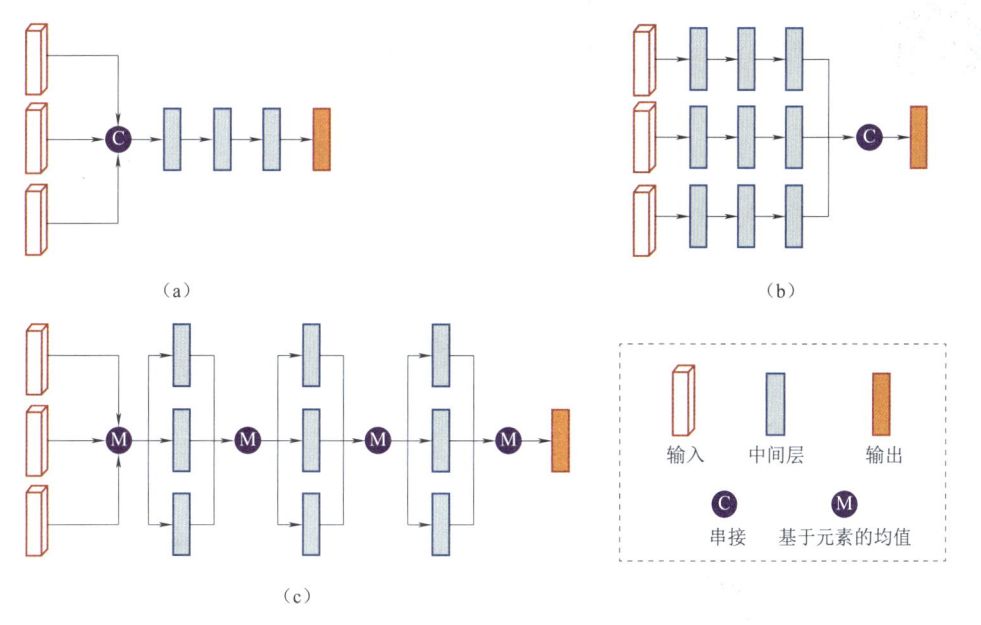

图 8-1-23 不同融合结构对比
（a）早期融合；（b）后期融合；（c）深度融合

后期融合先用独立的网络提取特征，最后在决策层融合每个输出。为了从每个视角特征图中学到更多信息，MV3D 选择的深度融合方式在每一层都进行融合，采用的算法为逐点均值运算，与 Faster RCNN 相似，MV3D 最后对区域内目标进行分类并且进行三维候选框回归。

（2）AVOD 应用。

AVOD 是一种融合激光雷达点云数据以及 RGB 图像信息的三维目标检测算法，与

MV3D 不同的是，它的输入只有激光雷达生成的鸟瞰图和摄像头采集的 RGB 图像，舍弃了激光雷达前向图和鸟瞰图中的密度特征，其网络结构如图 8-1-24 所示。

对两种输入数据，AVOD 首先进行特征提取，得到两种全分辨率的特征映射，然后输入到 RPN 中生成没有朝向的区域建议，最后挑选出合适的提议候选送入到检测网络生成带有朝向的三维边界框，完成目标检测任务。如图 8-1-24 所示，AVOD 存在两处传感器数据的融合：第一处是特征融合；第二处是区域建议融合。

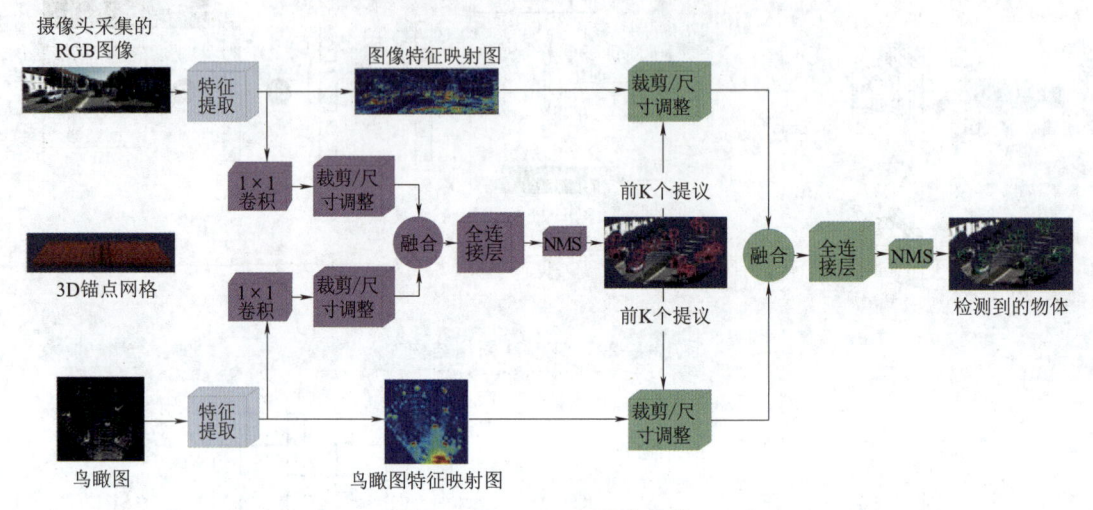

图 8-1-24 AVOD 网络结构

为了提高小目标物体的检测效果，AVOD 借鉴了 FPN 的思想，其特征提取网络使用了编码器-解码器结构，如图 8-1-25 所示，每层解码器首先对输入进行上采样，然后与对应编码器的输出串联，最终通过一个 3×3 的卷积进行融合。该特征提取结构可以提取到全分辨率的特征映射，有效避免了小目标物体因为下采样在输出的特征映射上所占像素不足 1 的问题。最终输出的特征映射既包含底层细节信息，又融合了高层语义信息，能有效提高小目标物体的检测效果。

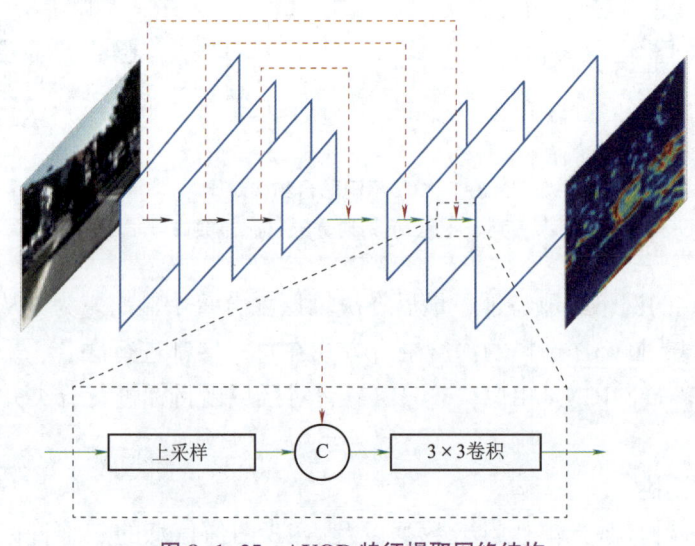

图 8-1-25 AVOD 特征提取网络结构

此外，在三维边界框的编码上，AVOD 创新性地添加了几何约束，并且起到了编码降维的作用，如图 8-1-26 所示，从左到右依次是 MV3D、轴对齐、AVOD 的三维边界框编码方式示意图。与 MV3D 指定 8 个顶点坐标的编码方式相比，AVOD 利用一个底面和高度约束了三维边界框的形状，并且只用一个 10（即 2×4+1+1）维的向量表示即可，而 MV3D 需要 24（即 3×8）维的向量表示。

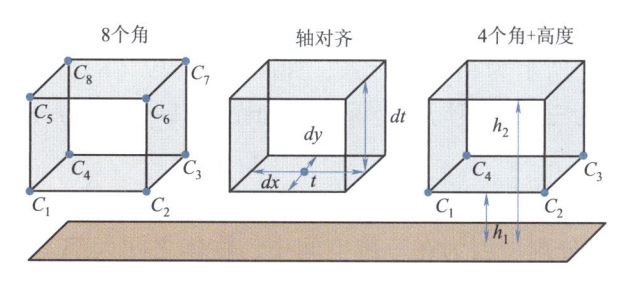

图 8-1-26 MV3D、轴对齐、AVOD 的三维边界框编码方式示意图

（3）F-PointNet 应用。

F-PointNet 是 Charles Ruizhongtai Qi 在 PointNet 系列的又一力作，不同的是，F-PointNet 结合了成熟的二维图像中的目标检测方法来对目标进行定位，得到对应三维点云数据中的视锥体，并对其进行边界框回归从而完成检测任务。视锥体生成示意如图 8-1-27 所示。

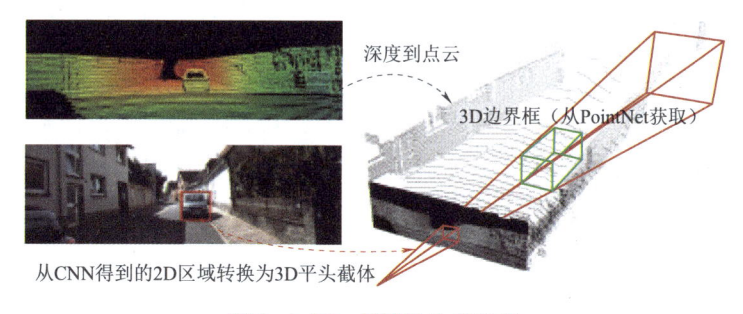

图 8-1-27 视锥体生成示意

如图 8-1-28 所示，F-PointNet 网络结构由 3 部分组成：视锥体生成、三维实例分割和三维边界框回归。

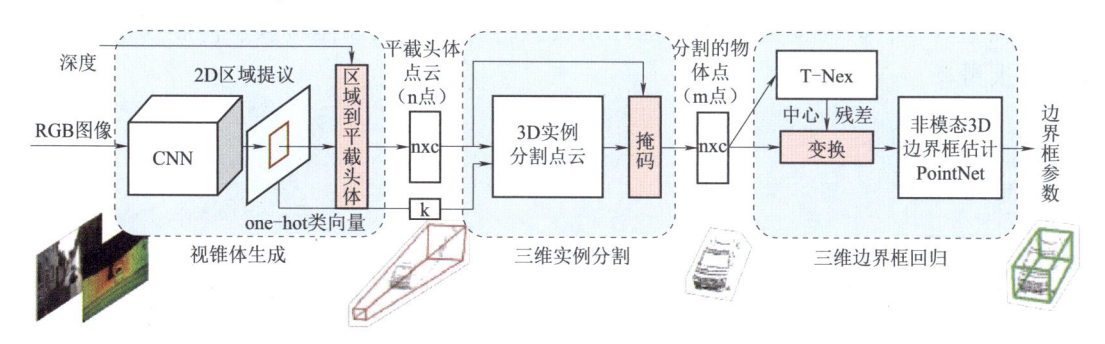

图 8-1-28 F-PointNet 网络结构

与其他三维传感器产生的数据相比，摄像头得到的 RGB 图像分辨率更高。F-PointNet 充分利用了 RGB 图像的这一优点，采用基于 FPN 的检测模型首先得到目标在二维图像上的边界框，然后按照已知的摄像头投影矩阵，将二维边界框提升到定义了目标三维搜索空间的视锥体，并收集锥体内的所有点构成锥体点云。由于视锥体可能有多个朝向，如图 8-1-29（a）所示，这将导致视锥点云有着较大的可变性，因此 F-PointNet 将其旋转至以中心视角为坐标轴的坐标系，来对视锥体做归一化，以提高算法的旋转不变性。如图 8-1-29（a）所示为相机坐标系，如图 8-1-29（b）所示为视锥坐标系，如图 8-1-29（c）所示为三维掩膜局部坐标系，如图 8-1-29（d）所示为 T-Net 预测的 3D 目标坐标系。

为了避免遮挡和模糊的问题，对锥体点云数据，F-PointNet 使用 PointNet（或 PointNet++）模型进行实例分割。因为在三维空间中，物体之间大都是分离的，三维分割更加可靠。此处的实例分割是一个二分类的问题，用于判断锥体内每个点是否属于目标物体。通过实例分割，可以得到目标物体的三维掩膜（即属于该目标的所有点云），并计算其质心作为新的坐标原点，如图 8-1-29（c）所示，转换为局部坐标系，以提高算法的平移不变性。

最后，对目标点云数据，F-PointNet 通过使用带有 T-Net（预处理转换网络）的 PoinNet（或 PointNet++）模型来进行回归操作，预测目标三维边界框的中心、尺寸和朝向，如图 8-1-29（d）所示，最终完成检测任务。T-Net 的作用是预测目标三维边界框真实中心到目标质心的距离，然后以预测中心为原点，得到目标坐标系。

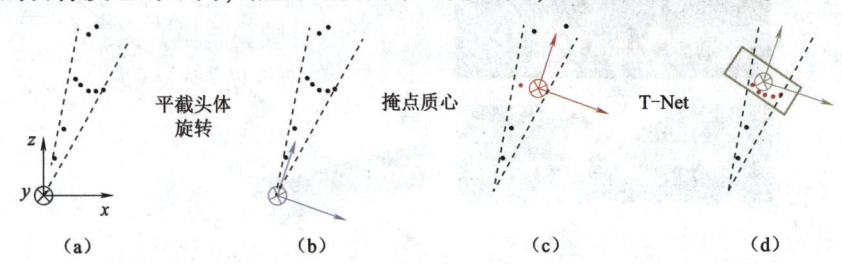

图 8-1-29 坐标系转换示意图

（a）相机坐标系；（b）视锥坐标系；（c）三维掩膜局部坐标系；（d）3D 目标坐标系

总而言之，F-PointNet 为了保证每个步骤点云数据的视角不变性和最终更加准确地回归三维边界框，共需要进行 3 次坐标系转换，分别是视锥体转换、掩膜质心转换和 T-Net 预测。

课后练习

1. 选择题

（1）对于环境的某个特征，可以通过多个传感器得到它的多份信息，这些信息是_____，并且具有不同的可靠性，通过融合处理，可以从中提取出更加准确和可靠的信息。

A. 丰富的　　　　　B. 互补的　　　　　C. 冗余的　　　　　D. 多余的

（2）不同种类的传感器可以为系统提供不同性质的信息，这些信息所描述的对象是不同的环境特征，它们彼此之间具有_____。

A. 互补性　　　　　B. 互融性　　　　　C. 可拓展性　　　　D. 交换性

（3）数据级融合又称为像素级融合，是_____的融合，其直接对传感器的观测数据进行融合处理，然后基于融合后的结果进行特征提取和判断决策。

A. 最低层次　　　　B. 多层次　　　　　C. 普通级层次　　　D. 最高层次

（4）多传感器融合系统分层，按照信息处理的流程，可将多传感器融合系统划分为数据层融合、特征层融合和_____。

A. 汇总层融合　　　B. 决策层融合　　　C. 多信息层融合　　D. 数据特征层融合

（5）前融合技术是指在原始数据层面，把所有传感器的数据信息进行_____，然后再根据融合后的数据信息实现感知功能，最后输出一个结果层的探测目标。

A. 多种信息融合　　B. 互补性融合　　　C. 间接融合　　　　D. 直接融合

2. 填空题

（1）多传感器信息融合技术就像人的大脑综合处理信息的过程一样，将各种传感器进行多层次、多空间的_____和_____，最终产生对观测环境的一致性解释。

（2）多传感器信息融合技术的特点主要包括：_____、_____、_____、_____。

（3）在信息融合处理过程中，根据对原始数据处理方法的不同，多传感器信息融合系统的体系结构主要有三种：_____、_____和_____。

（4）按照信息处理的流程，可将多传感器融合系统划分为_____、_____和决策层融合。

（5）融合定位系统对其 GNSS-RTK、惯性导航系统和地图匹配定位系统输入的数据进行_____、数据配准和_____等处理后，可输出汽车自身的速度、位置和姿态信息。

3. 简答题

（1）请根据本部分所学内容，结合多传感器融合的特点以及自身的理解，简要概述多传感器融合的过程。

（2）在多传感器融合系统中，来自多个传感器的数据通常要变换到相同的时空参照系中。但由于存在量测误差，直接进行变换很难保证精度来发挥多传感器的优越性，因此，在对多传感器数据进行处理时需要寻求一些传感器的配准算法，但配准误差也随之而来。那么多传感器配准误差的主要来源有哪些？

任务 2　多传感器融合系统调试

任务导入

通过对多传感器融合系统的调试，使控制中心在不同的工况和使用场景下，对接收到的多种不同传感器的信息进行融合，对相互矛盾的信息进行快速处理，过滤无用错误的信息，从而保证系统最终做出及时和正确的决策。

多传感器融合系统调试

任务目标

（1）能合理完成多传感器融合系统调试方案、工具设备、所需物料等的准备工作。
（2）能规范地完成相机到相机的融合及标定。
（3）能正确使用自动驾驶车辆维修手册和工作页等参考资料独立规范地完成功能验证。
（4）能掌握 7S 管理规范，并按照规范完成实训任务，养成良好的职业习惯。

任务知识

一、毫米波和相机融合方法

在中德诺浩环境感知教学实训平台上进行毫米波和相机融合，方法具体如下：
（1）单击启动界面的"毫米波和摄像头融合"按钮。
（2）进入相机标定界面。单击"相机标定"按钮，需一人手持标定板开始标定，待 Calibrate 变色后，单击"计算"按钮。
（3）等待内参矩阵出来后单击"关闭"按钮。
（4）单击"更改相机标定参数"按钮，把上面的相机内参矩阵在程序里做修改。
（5）修改完成后进行编译，单击"融合测试"按钮，查看结果。

二、无人驾驶循迹及停障试验方法

（1）打开桌面最左侧齿轮形状的设置图标，设置图标如图 8-2-1 所示。
（2）配置传感器参数，GPS 选择型号 NewtonM2，串口/dev/ttyS2；激光雷达型号选 RS-16；毫米波型号选 ARS408；超声波型号选 CH_8，参数设置界面如图 8-2-2 所示。
（3）根据前面测量的传感器坐标及底盘参数填写数据，传感器坐标及底盘参数填写界面如图 8-2-3 所示。
（4）选择运动规划选项，填写参数，并单击最下端"保存"按钮，填写参数界面如图 8-2-4 所示。

图 8-2-1　设置图标

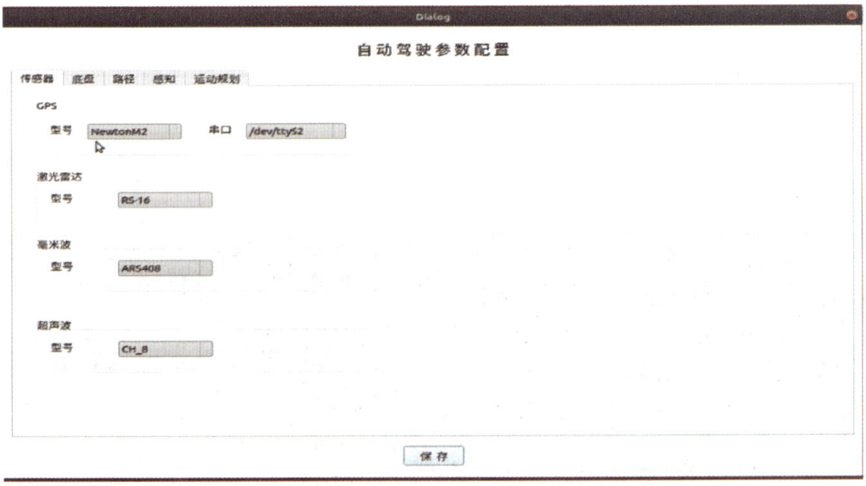

图 8-2-2　参数设置界面

图 8-2-3　传感器坐标及底盘参数填写界面

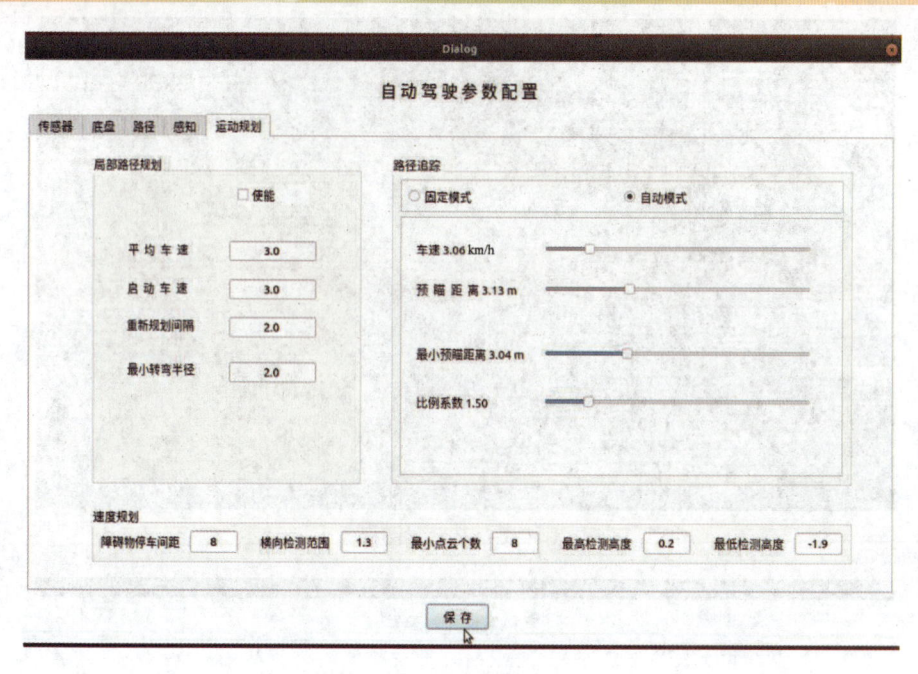

图 8-2-4　填写参数界面

（5）单击最左侧小车图形按钮，打开软件，如图 8-2-5 所示。

图 8-2-5　单击最左侧小车图形按钮，打开软件

（6）打开软件后进入基本功能界面（见图 8-2-6），单击"基本功能"选项卡，单击"传感器"按钮，此时右侧 GNSS 状态应为 FIX 状态。

（7）在基本功能界面单击"显示"选项卡打开显示界面，选择"3D"显示 3D 界面（见图 8-2-7），此时观察小车坐标是否符合实际。

（8）返回基本功能界面，单击"记录路径"按钮，如图 8-2-8 所示。

图 8-2-6　基本功能界面

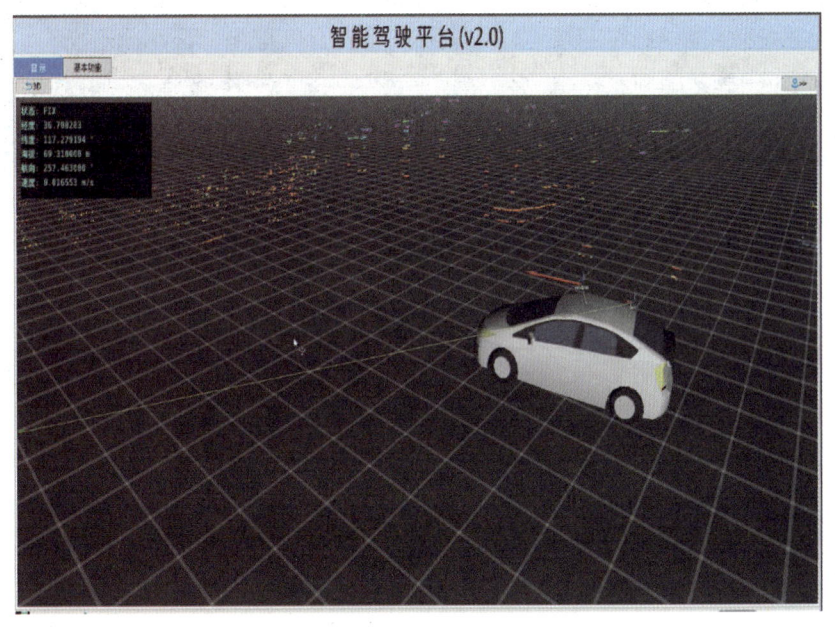

图 8-2-7　3D 界面

图 8-2-8　单击"记录路径"按钮

（9）返回显示界面，调整小车位置，用遥控器控制小车运动，此时 GPS 能够将小车的轨迹和运动速度进行记录。记录过程中小车起点与终点不要相隔过近。小车的轨迹显示界面如图 8-2-9 所示。

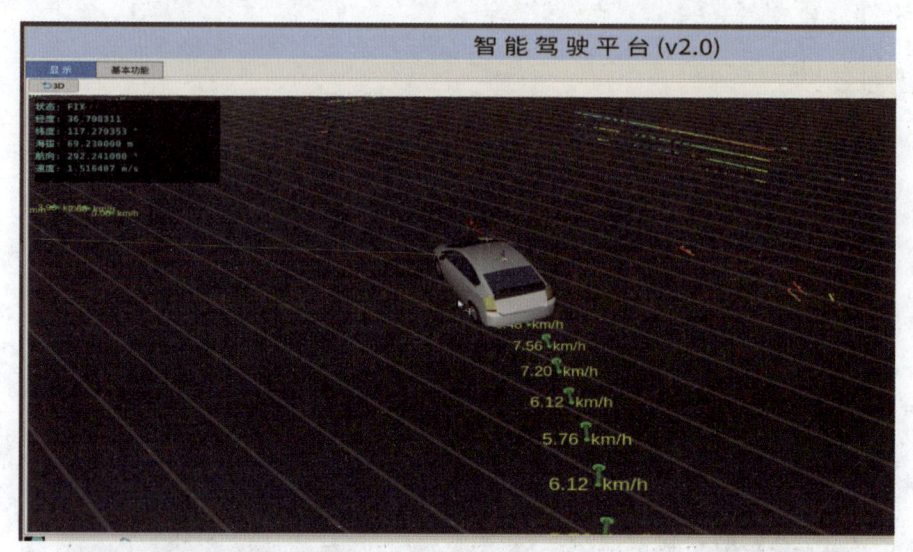

图 8-2-9　小车的轨迹显示界面

（10）返回基本功能界面，单击"记录路径"按钮，此时停止轨迹记录，并保存现有轨迹，如图 8-2-10 所示。

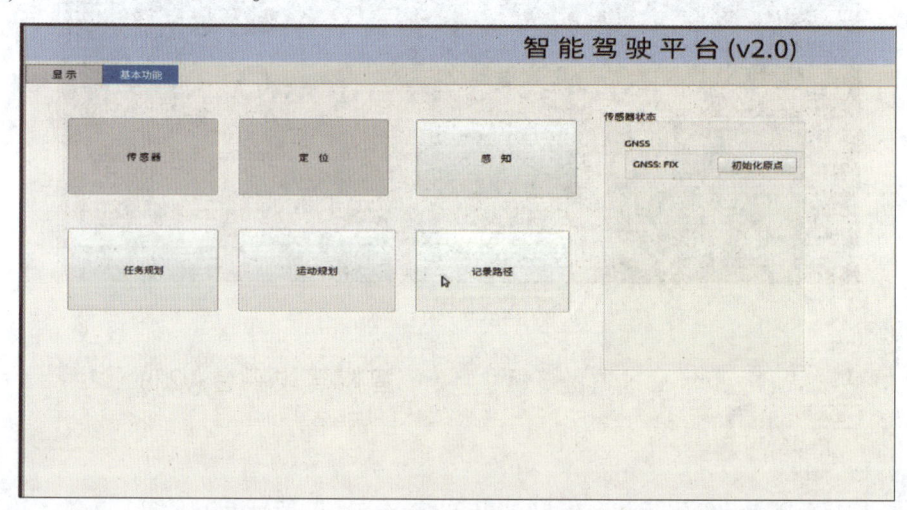

图 8-2-10　单击"记录路径"按钮停止轨迹记录

（11）返回显示界面，将小车遥控至起点位置，如图 8-2-11 所示。

（12）返回基本功能页面，单击"感知""任务规划""运动规划"按钮，如图 8-2-12 所示。

（13）返回显示界面，此时小车产生点云信息，并根据规划路径按记录速度行驶，行驶过程中如果遇到障碍物，可自行停止前进，障碍物离开后，继续前进。小车产生点云信息界面如图 8-2-13 所示。

项目八　多传感器融合系统调试

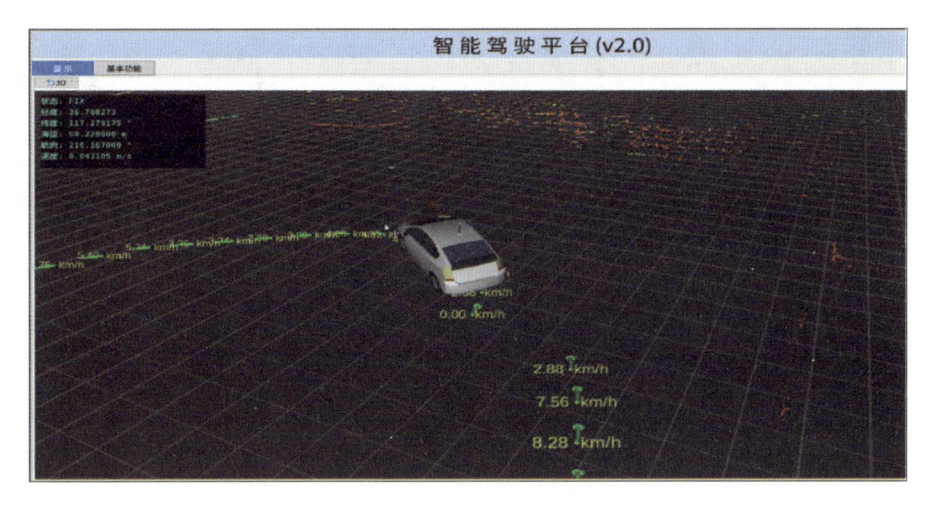

图 8-2-11　小车位置

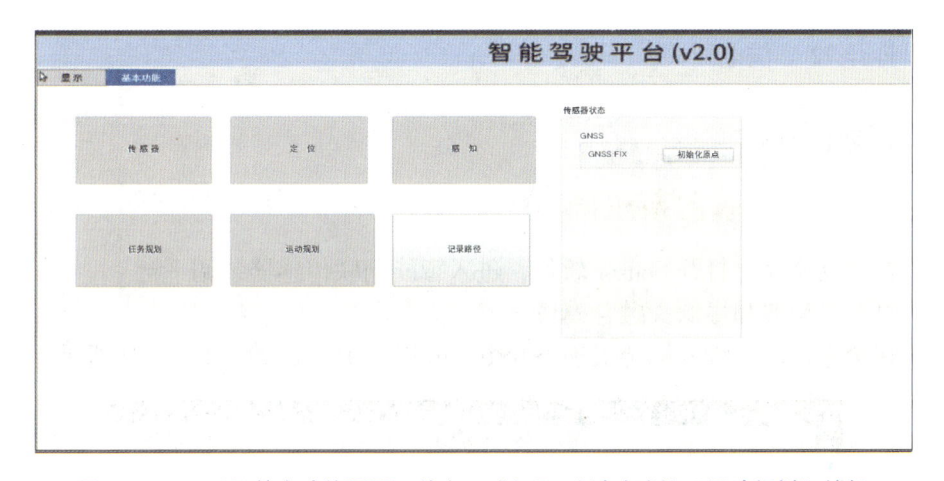

图 8-2-12　返回基本功能页面，单击"感知""任务规划""运动规划"按钮

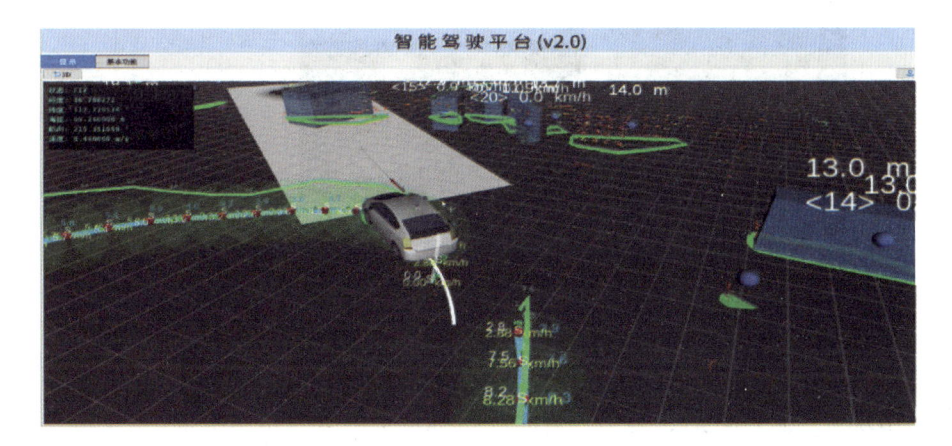

图 8-2-13　小车产生点云信息界面

> **任务准备**

设备	毫米波雷达传感器和摄像头、环境感知教学实训平台
耗材	静电手套
软件	Sensor

> **任务实施**

一、多传感器融合系统调试前准备工作

(1) 巡视车辆四周,确保车辆正常。
(2) 检查各传感器是否连接正常。
(3) 打开电池独立开关。
(4) 打开整车上电开关。
(5) 打开 72 V 供电开关。
(6) 打开工位机电源。
(7) 起动工位机。

二、多传感器融合系统调试

(1) 在电脑桌面上打开 Sensor 软件,进入智能网联传感器装调平台。
(2) 打开毫米波和摄像头融合模块。
(3) 在操作模块,输入标定板规格 8×6,边长 0.04 m,如图 8-2-14 所示。

图 8-2-14 输入标定板规格和边长

(4) 单击"相机标定"按钮,如图 8-2-15 所示。
(5) 出现灰色页面以后,请另一人将相机标定板,置于摄像头前。
(6) 将相机标定板左右前后,上下前倾进行一个移动,得到标定数据,如图 8-2-16 所示。

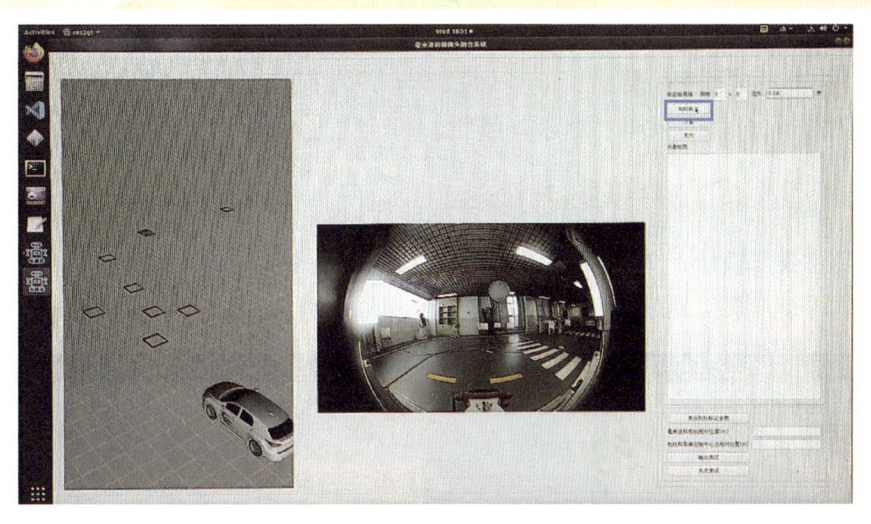

图 8-2-15 "相机标定"按钮

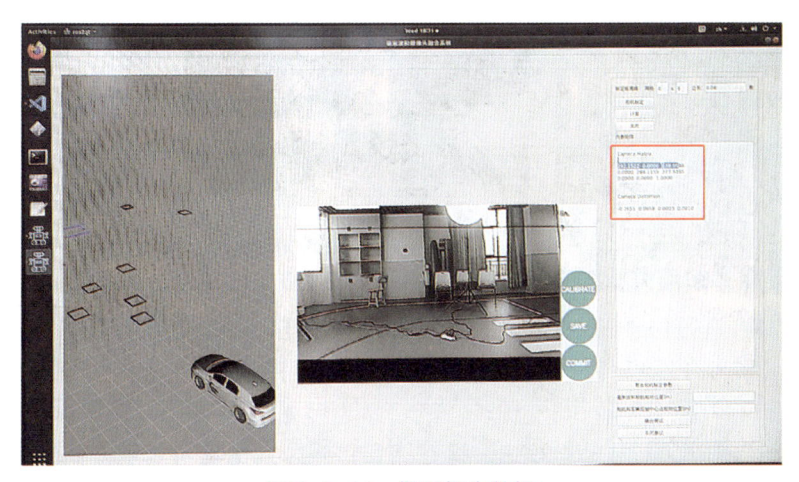

图 8-2-16 得到标定数据

(7) 单击"更改相机标定参数"按钮，进入更改页面。
(8) 找到需要更改的 9 个参数，如图 8-2-17 所示。

图 8-2-17 需要更改的参数

（9）回到操作页面，将标定的结果复制到更改的参数位置。

（10）核对参数是否有误。

（11）数据无误后，选择"编译"按钮。

三、多传感器融合系统调试验证

（1）回到操作模块，单击"关闭"按钮，点击"融合测试"按钮。

（2）邀请一人做真人测试，生成人物画像，可以识别到人的身高，如图8-2-18所示。

图 8-2-18 生成的人物画像

任务总结

多传感器融合系统调试的具体流程是：

1. 多传感器融合系统调试准备工作

2. 多传感器融合系统调试

（1）使用标定板标定。

（2）更改参数。

3. 多传感器融合系统调试验证

（1）邀请人在摄像头前。

（2）生成人物画像，读出人物身高。

参 考 文 献

[1] 刘义清,周明. 智能网联汽车概论 [M]. 北京:人民交通出版社,2022.
[2] 阎光虎,廖发良. 基于 MOST 总线的车载网络系统分析 [J]. 汽车实用技术,2012 (08):1-5.
[3] 李志鹏. 车载 MOST 网络构建及开发技术研究 [D]. 哈尔滨:哈尔滨工业大学,2013.
[4] 邓子豪. 无人驾驶智能车导航系统的研究与实现 [D]. 西安:西安工业大学,2014.
[5] 王杰,卢秀山,王胜利. 基于车载移动测量的 GNSS 定位方法 [J]. 测绘工程,2017,26 (11):60-64.
[6] 兰琛. 车载网专用短程通信和定位技术的研究与应用 [D]. 杭州:浙江大学,2014.
[7] 钟海兴. 特定场景下智能车的融合定位及导航策略研究 [D]. 广州:华南理工大学,2019.
[8] 朱敏慧. TomTom:高精度定位技术推进自动驾驶研发 [J]. 汽车与配件,2019 (01):67.
[9] 付廷强. 基于 GNSS/IMU/视觉多传感融合的组合定位算法研究 [D]. 上海:上海交通大学,2019.
[10] 邱佳慧. 车辆高精度定位技术研究 [J]. 信息记录材料,2019,20 (06):201-204.
[11] 李晨鑫. 车联网定位技术现状及展望 [J]. 移动通信,2020 (11):70-75.
[12] 杨晓明,王胜利,王海霞,等. 基于 EKF 的 GNSS/SINS 组合导航系统应用 [J]. 山东科技大学学报,2019,38 (06):114-122.
[13] 万玮,陈秀万,彭雪峰,等. GNSS 遥感研究与应用进展和展望 [J]. 遥感学报,2016,20 (5),858-874.
[14] 余贵珍. 自动驾驶系统设计及应用 [M]. 北京:清华大学出版社,2020.
[15] 崔胜民. 智能网联车新技术 [M]. 北京:化学工业出版社,2021.
[16] 李晓欢. 自动驾驶汽车定位技术 [M]. 北京:清华大学出版社,2019.
[17] 王平. 车联网权威指南:标准、技术及应用 [M]. 北京:机械工业出版社,2018.
[18] 克里斯托夫·佐默,法尔科·德雷斯勒. 车辆网联技术 [M]. 胡红星,等译.

北京：机械工业出版社，2017．

[19] 拉都·波佩斯库-泽雷延．车联网通信技术［M］．高卓，等译．北京：机械工业出版社，2016．

[20] 赖旭东．机载激光雷达基础原理与应用［M］．北京：电子工业出版社，2010．

[21] 全国汽车标准化技术委员会秘书处，中国汽车技术研究中心有限公司汽车标准化研究所．中国新能源汽车国家标准（2022版）［EB/OL］．2022-04-02［2024-02-01］．https：//mp.weixin.qq.com/s?__biz=MzU2MjI3NDcyNQ==&mid=2247505598&idx=1&sn=c91b755f78a322653066dae0d00266fd&chksm=fc6e9e74cb191762d5a47355a0d0d8ac52d6a0765a320e4589de106bd61bf8c7559fb4d2da57&scene=27．

[22] 中国汽车技术研究中心有限公司．国家车联网产业标准体系建设指南（智能网联汽车）（2023版）［EB/OL］．2023-07-27［2024-02-01］．https：//www.gov.cn/zhengce/202307/content_6894816.htm．

[23] 中国汽车工程学会，国家智能网联汽车创新中心．智能网联汽车专业建设白皮书（2021版）［EB/OL］．2021-04-30［2024-02-01］．http：//iot.china.com.cn/content/2021-05/08/content_41554962.html．

[24] 中国政府网．中国制造2025．［EB/OL］．［2024-02-01］．https：//www.gov.cn/zhuanti/2016/MadeinChina2025-plan/mobile.htm．

[25] 新华社．交通强国建设纲要．［EB/OL］．2019-09-19［2024-02-01］．https：//www.gov.cn/zhengce/2019-09/19/content_5431432.htm．

[26] 中国政府网．新能源汽车创新发展战略．［EB/OL］．［2024-02-01］．https：//www.gov.cn/xinwen/2020zccfh/39/mobile.htm．